Das Handbuch für den perfekten Papa

Alle Rechte vorbehalten
Originalausgabe unter dem Titel „The Dad Manual",
erschienen bei © Haynes Publishing 2007
© der deutschsprachigen Erstausgabe 2009 bei tosa
im Verlag Carl Ueberreuter, Alser Straße 24,
1090 Wien
Covergestaltung von Joseph Koó
Aus dem Englischen von Die Textwerkstatt/
Mag. Helmuth Santler
Druck: Delo tiskarna, Slovenia

www.tosa-verlag.com

Das Handbuch
für den perfekten Papa

Von Drachenbauen bis Fahrradreparieren:
Alles, was mit Ihren Kindern Spaß macht

ZAUBER
KARTEN

tosa

Inhalt

So werden Sie zum Super-Dad

Die wenigsten von uns sind außergewöhnliche Spitzensportler oder erleben steile Karrieren. Das ist großartig – für unsere Kinder. Denn den Überfliegern mangelt es in der Regel an dem, was es zuallererst für einen Super-Dad braucht – viel Zeit und Aufmerksamkeit für Ihr Kind.

In 50 Jahren werden die meisten heute Berühmten vergessen sein. Sie aber werden im Gedächtnis Ihrer Kinder weiterleben. Sie sind in der Lage, tolle gemeinsame Erinnerungen zu schaffen – und dabei jede Menge Spaß zu haben!

Wenn es gar nicht darum geht, super zu sein oder Dinge super zu erledigen, worum geht es dann? Um den Ausdruck Ihrer Liebe auf verschiedene Arten. Teils, indem Sie genug Zeit für Ihren Sohn oder Ihre Tochter haben, teils, indem Sie ihre Interessen teilen, etwas mit ihnen und für sie unternehmen. Dabei kann Ihnen dieses Buch helfen.

Die hier präsentierten interessanten und unterhaltsamen Aktivitäten sind vielfach auch sehr lehrreich. Sport und andere Spiele z. B. helfen Ihrem Kind, Selbstvertrauen zu fassen. Dinge gemeinsam zu bauen entwickelt Redegewandtheit, Fingerfertigkeit und die Fähigkeit der Interpretation. Das klingt vielleicht überraschend ernsthaft, wo Sie doch dachten, die Kinder hätten einfach nur Spaß!

Väter sind ein wichtiges männliches Rollenvorbild – wofür sie keine „männlichen" Dinge zu tun brauchen. So halten manche Kochen für eine Domäne der Mütter. Stimmt nicht; Väter können viel Spaß beim Kochen mit ihren Kindern haben. Umgekehrt hoffen wir, dass auch viele Mütter die Anregungen in diesem Buch nützlich und lustig finden.

Fürs Leben lernen

Manches hier kann die Belastbarkeit vergrößern; das hilft v. a. Mädchen, die sich häufig sehr stark auf Freundschaften stützen, die aber in die Brüche gehen können. Sie und Ihr Kind können lernen, Spiele zu gewinnen, aber ebenso mit Niederlagen umzugehen und sich mit anderen zu freuen.

Etwa ab 8 machen sich vorwiegend Jungs darüber Sorgen, mit den Gleichaltrigen nicht mithalten zu können. Animieren Sie sie zu einer Reihe von Aktivitäten: Finden Sie etwas, in dem sie wirklich gut sind, gibt das ihrem Selbstvertrauen einen Riesenschub (besonders wenn Fußball nicht ihr Ding ist).

Entwickeln Sie gemeinsame Interessen. Machen Sie, was Ihre Kinder mögen. Viele Anregungen in diesem Buch unterstützen echte Lebensinteressen. Ab etwa 7 sind Kinder wie Schwämme, die Ideen, Wissen und Fähigkeiten aufsaugen. Ab etwa 8 wollen v. a. Buben Fakten anhäufen und wahre Experten auf diversen Gebieten werden – von Fußball bis *Star Wars*. *Das ultimative Papa-Handbuch* hilft, ihre Interessen zu verbreitern.

Mädchen interessieren sich häufig für Dinge, die Väter nicht sonderlich fesselnd finden. Es geht ihnen häufig mehr darum, mit Freundinnen zu *sein* als etwas mit ihnen zu *machen*. Dennoch spielen Sie eine wichtige Rolle. Achten Sie auf Gelegenheiten. Dinge mit Ihrer Tochter zu unternehmen, ihre Interessen zu teilen, kann für viele glückliche Stunden sorgen – wie sehr sie sich auch für einen ganz anderen Weg zu interessieren scheint.

Im Teenageralter haben die meisten Kinder natürlich längst ihre eigenen Interessen entwickelt, vermutlich in ihren ganz eigenen Welten. Wenn Sie aber früher viel mit ihnen geteilt haben, stehen Ihre Chancen, dass Sie auch jetzt noch etliches von ihnen erfahren, weit besser.

Etwas für und mit Ihren Kindern unternehmen

Fragen Sie jemanden nach den schönsten Kindheitserinnerungen; wahrscheinlich wird es etwas sein, bei dem Dinge mit dem Vater unternommen wurden.

Bis in ihre Teenagerjahre hinein werden Ihre Kinder stolz verkünden: „Das hat mein Vater gemacht." Ab etwa 5 sind sie womöglich noch stolzer, sagen zu können: „Das hab ich mit meinem Vater gemacht." Und am liebsten ist ihnen, so ab 7: „Das habe ich gemacht." – und Sie dürfen auch stolz sein. (Ganz egal, wie viel Arbeit sie hineingesteckt haben – überlassen Sie ihnen einfach den Ruhm!)

Niemand ist perfekt

Super-Dads sind nicht perfekt. Sie müssen z. B. nicht endlos geduldig sein. Gestehen Sie den Kindern aber Zeit zu, um Dinge zu verstehen oder den Dreh herauszubekommen. Wenn der Vater ständig in Eile ist oder richtig ärgerlich wird, wenn etwas danebengeht, erschwert das dem Kind zu lernen, sich hartnäckig in eine Sache zu vertiefen.

Nehmen Sie sich Zeit. Langwierige, knifflige Aufgaben eignen sich gut für Gespräche. Und es ist niemals verlorene Zeit, sich mit seinem Kind zu unterhalten, selbst wenn Sie mit anderen Dingen vorankommen wollen.

Geben Sie ihnen mehr Zeit, um zu helfen oder etwas zu erledigen, und planen Sie zusätzliche Zeit ein, um Dinge wieder in Ordnung zu bringen, falls ein Fehler passiert oder das totale Durcheinander ausbricht.

Übernehmen Sie sich nicht

Manche Super-Dads verschwinden in ihrer Werkstatt, machen dies und das und wenden endlose Stunden für Projekte auf. Das ist aber gar nicht so entscheidend, denn die Zeit, um Dinge *mit* statt *für* die Kinder zu machen, ist vermutlich besser genutzt.

Erwachsene haben häufig hohe Qualitätsansprüche. Bedenken Sie das, wenn sie etwas mit Kindern machen. Verschwinden Sie nicht für Stunden in der Werkstatt, um den perfekten Drachen zu bauen – ein halbgares Ding, das in gemeinsamer Arbeit entstanden ist, ist viel besser.

Ab 8 oder 9 brauchen Kinder Ermutigung, um zu erkennen, was sie wirklich alleine bewältigen können. Sie müssen auch verstehen, dass sie noch nicht alt genug für manche Dinge sind, die sie gerne tun würden. Lassen Sie sie Fehler machen, aber schreiten Sie ein, wenn die Fehler allzu krass zu werden drohen.

Manche Super-Dads schaffen es, ihre Kinder lange zu beschäftigen, ohne selbst viel Zeit zu investieren. Das ist aber nicht einfach. Überlegen Sie, was Ihr Kind kann und wie sehr ihm etwas liegt. Sie könnten z. B. einmal gemeinsam Papiermaschee-Basteleien machen; vielleicht kann es Ihr Kind dann allein und beschäftigt sich stundenlang damit, ohne dass Erwachsene eingreifen müssen.

Positive Kritik

Bewusst oder unbewusst setzen viele Super-Dads positive Kritik ein. Eine wertvolle Technik, die es aber mit einigem Geschick zu erlernen gilt: Zu sehr sind wir an negative Kritik gewöhnt.

Positive Kritik arbeitet in der Beurteilung die schlechten und die guten Seiten heraus. Sie sprechen über Dinge, ohne jemanden runterzumachen. Anstatt das Aussehen von etwas zu kritisieren, können Sie fragen, warum es so aussieht. Anstatt zu betonen, wie falsch etwas gemacht wird, sagen Sie: „Auf die Art könnte es einfacher sein." Anstatt Mängel zu beanstanden, heben Sie das Gelungene hervor und formulieren Ihren Kommentar bezüglich der Fehler so, dass Ihr Kind widersprechen kann (was Teenager mit Sicherheit tun werden).

Hier einige Beispiele:
- Ihr Kind sagt: „Schau dir das Pferd an, das ich gemacht habe." „Das sieht überhaupt nicht wie ein Pferd aus." ist als Antwort nicht so gut wie: „Ich mag den Schweif."
- Ihr Kind zeigt Ihnen sein Auto. „Das hat doch nur drei Räder." ist als Reaktion weniger geeignet als: „Was für ein interessantes Modell. Erklär mir, wie es funktioniert."

Lob und Ermutigung

Ihr Kind wird sich (wie die meisten von uns) mit einer Mischung aus Lob, Ermutigung und positiver Kritik am besten entwickeln.

Was unterscheidet Lob von Ermutigung? Die meisten Eltern loben ihre Kinder, wenn sie etwas gut machen, und das ist soweit auch in Ordnung. Wer aber immer nur Lob erhält, kann von der lobenden Person abhängig werden. Man verlässt sich auf deren Denken – und das baut das eigene Selbstvertrauen nicht auf. Denn dazu braucht es eine gute Selbsteinschätzung.

Im Gegensatz dazu kann Ermutigung Ihr Kind in seinem Selbstvertrauen bestärken. In der Ermutigung steckt Unterstützung: positive Bemerkungen unabhängig von der Person, die diese fallen lässt. Sie können z. B. „Ich"-Sätze verwenden, wo es um Ihre Meinung geht, und nicht unargumentierbare Fakten vorlegen, und sich auf etwas Spezifisches konzentrieren.

Sie können z. B. sagen: „Das war eine gute Rückhand." Ermutigender wäre die Formulierung: „Ich fand, das war eine gute Rückhand, weil du genau richtig zum Ball gestanden bist." Das sagt Ihrem Kind: „Meine Rückhand ist gut – nicht weil mein Vater das sagt, sondern weil ich mich richtig bewege und mein Timing stimmt."

Sie könnten sagen: „Gut gemacht, ein nettes Bild." Ermutigender wäre: „Mir gefällt, wie fein du das ausgemalt hast." Das bedeutet nämlich (1) „Vater gefällt, was ich mache." und (2) „Ich kann gut ausmalen."

Mit etwas Übung wird es Ihnen leichtfallen, gute Formulierungen zu wählen, die Ihre Kinder wirklich ermutigen.

Und nun los!

Wir hoffen, dieses Buch ist Ihnen nützlich. Manche der Anregungen gehören seit Jahren zu den Favoriten von Vätern und Kindern. Andere werden Ihnen neu sein. Aber ein Super-Dad unternimmt viele verschiedene Dinge mit seinen Kindern. Ob Sie eine halbe Stunde oder ein ganzes Wochenende Zeit haben – blättern Sie in diesem Buch und Sie werden etwas entdecken, das Ihnen und Ihrem Kind Spaß macht.

Sicherheit

Manche Eltern glauben, ihr Kind vor allen Gefahren bewahren zu müssen. Andere finden es besser, die Kinder gewissen Risiken auszusetzen. Die meisten werden wohl zustimmen, dass das Thema Sicherheit vom Kind, der Situation und dem, was es macht, abhängt.

Ein guter Ansatz besteht darin, dem Kind Freiheit und Verantwortung entsprechend seinem Alter, seiner Reife und seinen Fähigkeiten zu geben. Werkzeug ist z. B. nicht per se unsicher. Es hängt davon ab, wie Sie oder Ihre Kinder es verwenden. Manche Achtjährige können mit einer Säge allein gelassen werden, andere begeben sich dabei in Gefahr.

Einige bewährte Grundregeln lauten:
- Erklären Sie Dinge gut und erklären Sie sie noch einmal.
- Zeigen und kennen Sie die Risiken und behalten Sie sie im Blick.
- Handeln Sie und erfreuen Sie sich am Tun, ohne sich von kleinen Risiken davon abbringen zu lassen.
- Machen Sie nichts auf eine Weise, die das Risiko unverhältnismäßig erhöht.

HAUSVERSTAND?

Sicherheit ist häufig eine Sache des Hausverstands, aber bedenken Sie, dass auch Hausverstand erst erlernt werden muss. Und Kinder haben eine bemerkenswerte Gabe, das Unerwartete zu tun.

Sie werden auf etlichen Seiten dieses Buches Sicherheitshinweise finden. Mitunter ist es gut, die möglichen Gefahren sehr deutlich zu machen. Wenn Sie Ihren Kindern Freiheiten lassen, könnten sie sich auch verletzen. Erlauben Sie ihnen z. B., ohne Aufsicht ein Messer zu verwenden; vielleicht schneiden sie sich in den Finger, was à la longue mehr Sicherheit bedeutet, weil eine Wiederholung unwahrscheinlich ist.

Mit mehr Kindern steigt das Sicherheitsrisiko gewöhnlich, und von Ihnen wird mehr Aufmerksamkeit verlangt. 1:1-Aktivitäten sind leicht zu überwachen, auch ein Erwachsener und zwei Kinder sollte kein Problem sein; aber 1:3 oder mehr kann schwierig werden; das hängt davon ab. 5 Kinder mit Jonglierbällen werden sicher sein, 5 Kinder mit Pfeil und Bogen eher nicht.

Spielzeug basteln

Stelzen

Kinder lieben es, auf Stelzen zu laufen. Wie beim Radfahren brauchen sie anfangs Hilfe, um das Gleichgewicht zu halten, haben aber sehr bald den Dreh heraus.

Sie benötigen:

- Netzbetriebene (Ständer)-Bohrmaschine
- Bohrer
- Schraubenzieher
- Hobel
- Zwingen
- Tischlerwinkel
- Senkkopfschrauben
- Gehrungssäge
- Stanleymesser
- Verstellbarer Schraubenschlüssel
- Holzleim
- Schleifpapier
- Klebeband
- Holz (siehe Materialien)
- 4 verzinkte Flachrundschrauben 10 x 75 mm

Wenn Sie die Stelzen für ein kleineres Kind anfertigen, müssen Sie die Holzmaße verkleinern: Die oberen Enden der Stelzen dienen als Griffe und die hier angegebenen Maße sind für kleine Hände ungeeignet.

Seien Sie beim Holzkauf wählerisch und vergewissern Sie sich, dass das Holz für die Beine frei von Astlöchern ist, weil Sie sonst fast garantiert Schwierigkeiten beim Bohren der Löcher für die Fußstützen bekommen.

Die Fußstützen dieser Stelzen sind verstellbar und werden mit den Flachrundschrauben fixiert. Um die Stützen zu verstellen, müssen nur die Schrauben gelöst werden, die Stützen zur nächsten Bohrung in den Beinen geschoben und wieder angeschraubt werden.

Materialliste

- Beine – 2 à 1.830 x 44 x 38 mm (Massivholz)
- Fußstützen – 4 à 152 x 102 x 12 mm (Sperrholz)
- Fußstützen (innen) – 2 à 108 x 44 x 38 mm (Massiv)

1 A Die Latten sind länger als nötig, um davon die Innenteile der Fußstützen abschneiden zu können. Klemmen oder tapen Sie die Latten zusammen. Markieren sie die Länge der Beine und der kurzen Stützenteile.

B Sägen Sie die Beine in der richtigen Länge ab.

C Sägen Sie die Stützenteile zurecht. Verwenden Sie eine Schneidunterlage wie im Bild.

2 Markieren Sie an den verbundenen Beinen die Positionen der Fußstützen; achten Sie auf gleichmäßige Abstände. Mit einem Winkel lassen sich beide Beine rundum markieren. Das Bohren der Löcher für die Flachrundschrauben kommt später.

3 Jede Stütze ist im Grunde ein „Holz-Sandwich", bestehend aus einer Balkenfüllung und zwei Scheiben Sperrholz.

4 Streichen Sie reichlich Holzleim auf beide Seiten der Balkenfüllung.

5 Setzen Sie das Sandwich zusammen und schrauben Sie es von beiden Seiten fest. Bedenken Sie, dass die Stücke jetzt zum Verrutschen neigen und achten Sie darauf, sie in exakter Position zu verschrauben.

6 **A** Klemmen Sie die Fußstütze an der Werkbank fest und schneiden Sie den schraffierten Teil nach Plan mit einer Gehrungssäge ab.

B Wenden Sie das Werkstück und sägen Sie den anderen Teil ab.

C Wickeln Sie Schleifpapier um ein überzähliges Stück Holz und entfernen Sie alle scharfen Kanten der Stützen. Bedenken Sie, dass die Knöchel und Beine der Kinder mit den Stützen in Kontakt kommen werden; wenn Sie diese Arbeit nicht gut machen, werden sie sich aufschrammen.

7 **A** Nehmen Sie eine der Fußstützen und bringen Sie ihre Oberkante mit den Markierungen aus Schritt 2 in Übereinstimmung. Klemmen Sie Bein und Stütze mit einer

Zwinge zusammen und markieren Sie die Stellen für die Bohrung. Bohren Sie mit der richtigen Bohrergröße für die Flachrundschrauben. Die besten (exaktesten) Ergebnisse erzielt man mit einer Ständerbohrmaschine.

B Ist das erste Paar Löcher fertig, bewegen Sie die Fußstütze bis zur nächsten Markierungslinie und markieren und bohren Sie das nächste Paar Löcher. Wiederholen Sie das, bis alle benötigten Löcher gebohrt sind.

8 **A** Fixieren Sie die Fußstützen mit den verzinkten Flachrundschrauben. Der Vierkantansatz unter dem Schraubenkopf greift ins Holz, wenn die Schraube auf der anderen Seite mit einer Mutter befestigt wird.

B Ziehen Sie die Muttern an (Schraubenschlüssel).

9 Die fertigen Stelzen mit den beiden fixierten Fußstützen. Um den Verschleiß der Unterseiten der Beine zu vermeiden, schrägen Sie alle Kanten mit einem Hobel ab. Auch die Oberseiten sollten gerundet sein. Wenn Sie die Stelzen bemalen wollen, ist es besser, den Bereich der Stützen auszulassen: Farbe macht die Beine dicker, weshalb sie von den Stützen wieder abgeschabt wird.

Pfeil und Bogen

Ein einfacher Flitzbogen macht Kinder für eine ganze Weile glücklich. Nehmen Sie einen dünnen Ast, binden Sie eine Schnur dran und los geht's. Bloß ist altes Holz oft brüchig; Jungholz muss vom Baum geschnitten werden, was Ihnen den Unmut des Waldbesitzers eintragen könnte.

Sie benötigen:

- 2 x 2,4 m-Holzlatten, etwa 30 mm breit und 5 mm dick
- Kleine Säge
- Bohrer
- Kugelschreiber
- Messer
- Schnur
- Sandpapier
- Elastischer Holzleim – ein PVA-haltiger Leim oder Ähnliches
- Material für den Griff (z. B. ein Stück eines Tennis- oder Badminton-Griffbands, ein Stück Leder oder Stoff, Isolierband)

Der Bogen

Sofern Sie das Glück haben, einen Eiben-, Eschen-, Stechpalmen- oder Apfelbaumstandort zu kennen, haben Sie eine Quelle für elastische Zweige. Die meisten werden jedoch mit dem auskommen müssen, was der nächste Baumarkt zu bieten hat; da diese Hölzer nicht dazu gedacht sind, gebogen zu werden, brauchen sie etwas Verstärkung.

Dieser Bogen ist einfach zu bauen, Kinder können helfen.

Wenn Sie es eilig haben, können Sie die Latten sofort zusammenleimen, an einem Ende des längsten Stückes ein Loch bohren und am anderen eine Kerbe schnitzen. Die Schnur drauf und Sie sind schussbereit! Wenn Ihr Kind aber geduldig ist, zahlt sich etwas mehr Zeit für die Konstruktion aus, weil der Bogen dann länger hält.

Die Angaben gelten für einen 1 Meter langen Bogen. Ihr Bogen sollte Ihrem Kind bis in Augenhöhe reichen, dementsprechend könnten die Angaben anzupassen sein.

1 Schneiden Sie vier Lattenstücke: 2 x 1.000 mm; 2 x 300 mm. Markieren Sie 350 mm auf einem der Meterstücke. Setzen Sie die beiden Meterstücke zusammen und legen Sie die 300-mm-Stücke an der Markierung oben auf.

2 Bohren Sie im Mittelpunkt (bei 150 mm der 300-mm Stücke) ein kleines Loch. Das muss nicht besonders genau sein.

3 Legen Sie die vier Stücke nebeneinander und tragen Sie auf einer Seite jedes Stückes reichlich Holzleim auf.

4 Kleben Sie die Stücke zusammen, die 300er außen und die beiden 1.000er in der Mitte. Schrauben Sie die Stücke mit einer kleinen Schraube durch das Loch aus Schritt 2 zusammen und legen Sie sie Kante an Kante zurecht.

5 Nehmen Sie etwa 2,5 Meter Schnur und legen Sie sie um beide Bogenenden und wieder zurück. Eine eingeschnittene Kerbe oder ein kleines Bohrloch an den Enden kann helfen, die Schnur in Position zu halten. Ziehen Sie fest an der Schnur, sodass das Holz sich biegt, und verknüpfen Sie sie. Das Ausmaß der möglichen Biegung hängt von der Holzqualität ab.

6 Verwenden Sie Zwingen oder Konstriktorknoten (S. 45) entlang der gesamten Länge, um die Latten fest zusammenzuhalten. Trocknen lassen. Entfernen Sie alle Zwingen bzw. die Schnur. Schnitzen Sie den Griff zurecht.

7 Bohren Sie an beiden Enden Löcher und schneiden Sie in ein Ende eine Kerbe.

8 Wickeln Sie Material um den Griff und befestigen Sie es (Leim, Isolierband).

9 Binden Sie eine Endacht (S 43) in ein neues Stück Schnur und fädeln Sie die Schnur durch das Loch am unteren Bogenende; knüpfen Sie eine Schlinge (Palstek, S. 44), die Sie über das obere Bogenende legen.
Lösen Sie die Sehne nach der Verwendung, um sie zu entspannen.

Der Pfeil

Verwenden Sie 5–6 mm Rundhölzer oder dünnen Bambus. Die Stücke müssen gerade sein. Auch dünne Zweige sind nach dem Entfernen der Rinde möglich. Egal was Sie verwenden: Der Pfeil sollte etwa 100 mm länger als der Arm des Schützen sein.

Ein guter Pfeil muss (a) gerade und (b) kopflastig sein und am Ende (c) eine Befiederung und (d) eine Kerbe (Nocke) haben. Kerben Sie diese mit einem Messer oder einer Feile ein.

Sie werden mit verschiedenen Gewichten experimentieren müssen. Versuchen Sie Klebepads, metallene Kuli-Kappen, Isolierband, Schrauben usw. Wenn Sie einen Schlitz einschneiden, sind auch dünne Metallstücke möglich.

Pfeilspitzen – die Kappe eines Kulis, eine Schraube, ein mit Isolierband befestigter Bohrer und ein festgehämmerter Kronenkorken.

Gutes Material für die Befiederung ist schwer zu finden. Truthahn-, Schwanen- und Gänsefedern eignen sich. Die meisten anderen sind zu weich, sehen aber vielleicht gut aus und gefallen einem Kind. Wenn Sie es schaffen, gute Federn aufzutreiben:

1 Entfernen Sie Flaum, indem Sie die Feder in Wuchsrichtung durch die Finger ziehen.

2 Halbieren Sie den Kiel längs, stückeln Sie.

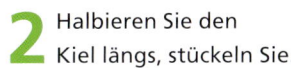

3 Kleben oder binden Sie die Stücke am Schaft fest. Die Befiederung sollte immer dreiteilig und gleichmäßig um den Schaft verteilt sein. Eine (farbig markierte) Feder sollte im rechten Winkel zur Kerbe stehen.

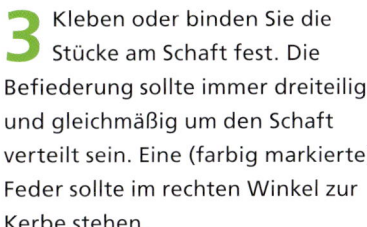

Die „Befiederung" kann aus Federn, angeklebter Pappe o. Ä. gemacht werden.

Ziele

Damit Ihr Kind gern zielen übt, braucht es gute Ziele. Keksdosen-Deckel scheppern toll und bewegen sich, wenn sie getroffen werden. Auch Papierkörbe und Mülleimer sind gute Ziele. Werden Punkte für Treffer vergeben, wird die Sache zum Wettkampf.

1 Für Katapulte. Man stelle sich vor, Felsbrocken in eine Burg zu schleudern. Dieses Ziel ist sehr einfach aus Wellpappe und Küchenrollen-Röhren zu machen.

2 Totenschädel-Ziel aus Wellpappe und Alufolie. Treffer machen ein zufriedenstellendes Geräusch!

3 Wie kann man genau wissen, wo man getroffen hat? Dieses Ziel fängt die Geschosse, wodurch die Wettkämpfer wissen, wer wo getroffen hat. Es besteht aus Wellpappe, Holz und einem Joghurtbecher.

4 Dreiteiliges Reihen-Ziel aus Wellpappe und Joghurtbechern.

Sicheres Schießen

Beim „richtigen" Bogenschießen ist es üblich, die Sehne bis zur Wange des Schützen zu spannen. Für unseren Bogen könnte das allerdings zu viel des Guten sein: Ein Spannen bis auf Schulterhöhe sollte ausreichend sein, um den Pfeil über eine ordentliche Distanz zu schießen.

Kinder können den Pfeil mit Daumen und Zeigefinger halten, allerdings ist so das Risiko, dass er sich unbeabsichtigt löst und in die falsche Richtung fliegt, recht groß. Besser ist es, Zeige- und Mittelfinger zu verwenden. Die anderen Finger sollten sich nicht um die Sehne krümmen.

Beim Schießen steht man seitlich zum Ziel und dreht den Kopf, um es ins Auge zu fassen. Spannen Sie den Bogen mit dem aufgesetzten Pfeil, schließen Sie ein Auge und schauen Sie über den Pfeil zum Ziel. Der Bogenarm sollte ruhig gehalten werden, bis der Pfeil abgeschossen wurde.

WICHTIG – SICHERHEITSREGELN

Selbst die klapprigste Pfeil-und-Bogen-Ausführung kann gefährlich sein. Man sollte Kindern vier strenge Grundregeln vermitteln und je nach Situation noch ein paar Extrabestimmungen hinzufügen:

- Zielen Sie niemals mit Pfeil und Bogen auf eine Person, auch wenn er nicht schussbereit ist!
- Schießen Sie niemals einen Pfeil ab, wenn jemand – auch seitlich – vor Ihnen steht!
- Zeigen Sie mit einem schussbereiten Bogen so lange zum Boden, bis Sie tatsächlich schießen!
- Schießen Sie niemals, wenn Sie nicht sehen, wo der Pfeil landet (d. h. kein Schießen über Mauern, Felsen usw., hinter die man nicht sehen kann)!

Diese Regeln gelten auch für Katapulte, Armbrüste, Luftgewehre usw. Bringen Sie Ihren Kindern diese Grundregeln bei, dann werden sie, wenn sie aufwachsen, auch mit gefährlicheren Dingen umgehen können.

Wäscheklammern-Katapult

Ideal auch für die ganz Kleinen. Manche Kinder etwa ab 7 können diese Katapulte ganz ohne Hilfe selbst anfertigen.

Sie benötigen:

- Hölzerne Wäscheklammern mit Feder
- Stiel von einem Eislutscher oder ein ähnliches Stück Holz
- Kleiner Holzblock (Balsa): 70 mm x 30 mm x 20 mm
- Größerer Holzblock (Balsa): 150 mm x 50 mm x 30 mm
- Kleiner Deckel eines Marmeladeglases
- Klebstoff – Epoxidharz, starker Holzleim oder Heißkleber

1 Schneiden Sie die beiden Holzblöcke zurecht und kleben Sie den kleineren auf den größeren, ca. in der Mitte. Obendrauf wird die Klammer geleimt.

2 Kleben Sie den Deckel auf den Holzstiel, sodass ca. 20 mm an einem Ende überstehen.

3 Kleben Sie den Stiel auf die Klammer; der Deckel sollte 10 mm oder mehr Abstand zur Klammer haben.

4 Sie sind bereit zum Feuern: Haselnüsse, Maltesers, Bohnen u. dgl. zu Hause, Steinchen und Murmeln im Freien.

Erbsenkanone, leicht gemacht

SIE BENÖTIGEN

DIN A4-großes Blatt; Klebeband; geeignete Munition – Trockenerbsen, kleine feuchte Papierkügelchen, Erdnüsse, Smarties etc.

So eine Erbsenkanone ist im Nu fertig und macht jede Menge Spaß; wenn sie feucht wird, dreht man sich einfach eine neue.

- Rollen Sie das Papier der Breite nach um einen Stift zusammen.
- Kleben Sie es mit dem gewünschten Durchmesser zusammen – er sollte etwa 2 mm über der Größe der Projektile liegen. Fertig!

Was die Schusstechnik betrifft – einfach reinblasen führt schon zu guten Resultaten. Es geht aber noch besser: Jeder, der Flöte spielen gelernt hat, wird die Technik wiedererkennen. Man legt die Zungenspitze vor das Ende der Erbsenkanone, beginnt zu blasen und Druck aufzubauen. Dann bewegt man das „Zungenventil", um die ganze Luft auf einen Schlag freizusetzen.

Pizza-Flieger

Zur Verpackung vieler Fertigpizzas gehört eine dünne Polystyrol-Scheibe; dieses ultraleichte Material ist ideal für den Bau eines simplen Gleiters. Der hier gezeigte Plan ist einfach auszuführen (messen, schneiden, zusammensetzen). Haben Sie es mit einem ca. 11-Jährigen ein-, zweimal gemacht, kann dieser vermutlich die Produktion solo aufnehmen – sofern es sicher ist, ihn allein mit einem Messer hantieren zu lassen.

Sie benötigen:

- Sehr scharfes Messer
- Lineal (zum Messen) und Metallleiste (zum Schneiden)
- Papier oder Pappe (z. B. die Pizzaschachtel)
- Einige Nadeln und / oder Klebstoff (z. B. zäher Leim)
- Klebepads, Plastilin, Kaugummi oder ähnlich klebriges Zeug

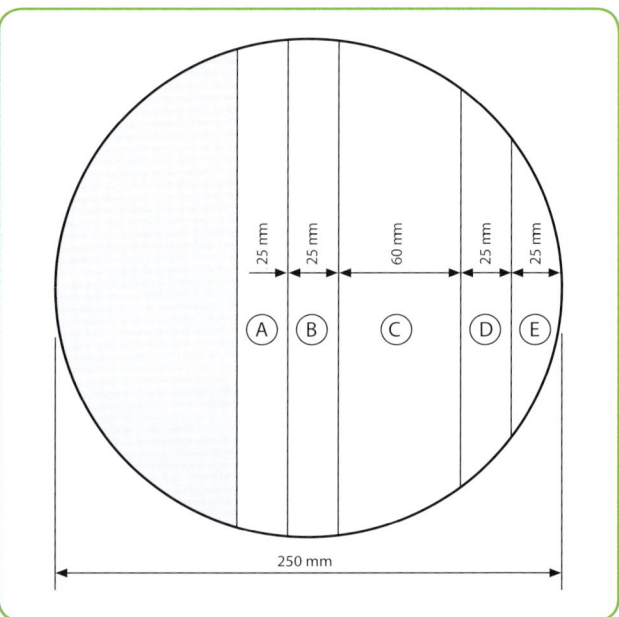

25 mm   25 mm   60 mm   25 mm   25 mm

Ⓐ   Ⓑ   Ⓒ   Ⓓ   Ⓔ

250 mm

1 Legen Sie die Scheibe auf ein etwas größeres Stück Papier oder Pappe und zeichnen Sie den Umriss nach. Zeichnen Sie den Plan wie oben angegeben auf das Papier. Die Angaben hier gelten für eine 250-mm-Scheibe. Manche Pizzascheiben sind 225 oder 300 mm groß: Wenn Sie so eine verwenden, müssen Sie die Maße anpassen, entweder durch Reduktion um 10 % oder Vergrößerung um 20 %.

2 Die Scheibe aufs Papier kleben.

3 Schneiden Sie mit der Leiste die Streifen nach Plan aus. (Die Abschnitzel als Ersatzteile zur Seite legen.)

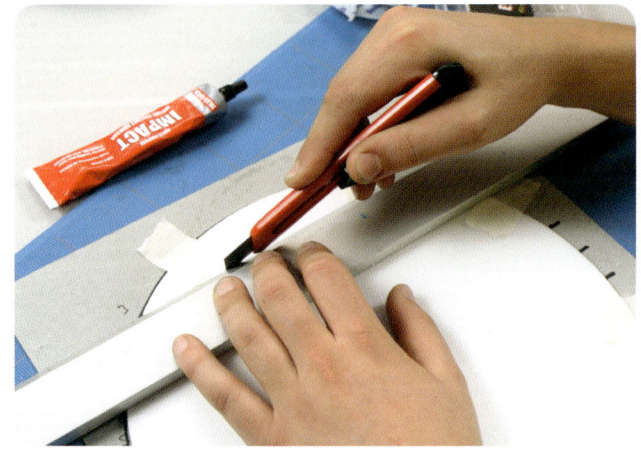

4 Kleben oder nadeln Sie die beiden Rumpfstücke (A und B) zusammen.

5 Stecken Sie die Seitenflosse (E) zwischen die Rumpfstücke und kleben oder nadeln Sie es fest.

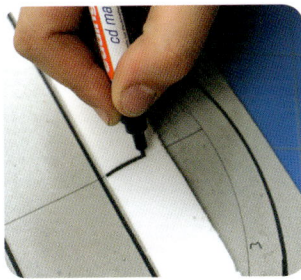

6 Markieren Sie die Mitte der Flügel (C) und des Höhenruders (D).

7 Befestigen Sie (mit Kleber oder Nadeln) die Flügel auf und das Höhenruder unter dem Rumpf.

8 Pappen Sie etwas klebriges Zeug auf die Nase und Sie sind bereit für den ersten Testflug. Wenn der Flieger zu rasch sinkt, nehmen Sie Gewicht von der Nase weg. Wird der Anstellwinkel zu groß, Gewicht hinzufügen. Probieren Sie es aus; mit einer sanften Anschubbewegung sollten Flüge über 10 m möglich sein. Kinder können auf einem Sessel stehend starten (behalten Sie sie im Auge, damit sie nicht herunterfallen).

Wenn Sie mit der Grundversion gute Resultate erzielt haben, können Sie mit verschiedenen Flügel- und Höhenruder-Proportionen und anderen Tragflächen-Winkeln experimentieren. Versuchen Sie z. B. einmal, das Höhenruder mittig durch den Rumpf zu montieren.

Papierflieger

Für diese Version des Klassikers braucht es nur wenig Geschick. Mit nicht mehr als 9 Faltungen erhält man einen stabilen, gut gleitenden Flieger.

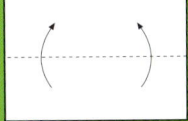

1 Falten Sie ein Blatt A4 der Länge nach. Entfalten Sie es wieder.

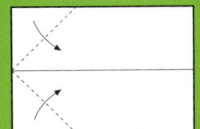

2 Falten Sie die Ecken zum Mittelfalz wie im Diagramm gezeigt, so genau wie möglich.

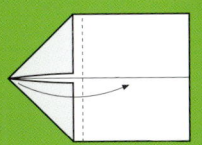

3 Falten Sie die Spitze zum Ende, etwa 20–30 mm vom Papierrand entfernt.

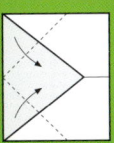

4 Falten Sie die Ecken genau zum Mittelfalz; ein kleines Dreieck bleibt sichtbar.

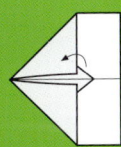

5 Falten Sie das Dreieck nach oben (es verhindert, dass die Flügel im Flug lose flappen).

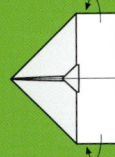

6 Wenden Sie das Blatt und falten Sie es zusammen, sodass das Dreieck außen ist.

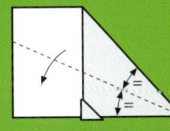

7 Falten Sie den einen Flügel so genau wie möglich zur Außenkante.

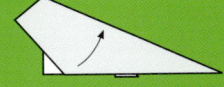

8 Wenden und wiederholen.

9 Öffnen Sie beide Flügel. Ein kleines Stück Klebeband erhöht die Flugstabilität.

Drachen

Drachen sind heute in allen Variationen im Geschäft zu bekommen, aber selbst gemacht ist anders. Ihre Kinder werden es lieben. Dieses einfache Modell sollte Sie nur eine halbe Stunde kosten (etwas mehr, wenn die Kinder helfen).

Sie benötigen:

- Ein Stück starke PE-Folie oder ein fester Müllsack; etwa 1 Meter im Quadrat ist ausreichend
- 2 × 1 m Holzstäbchen (5–6 mm dick) oder dünner Bambus
- Etwa 1,3 m dünne Schnur, um den Drachen zu bauen, und an die 30 m, um ihn steigen zu lassen
- Sehr festes Isolierband, am besten ein Gewebeband (Panzerband)
- Lineal
- Scharfes Messer oder Schere
- Eine Form zum Ausschneiden von Kreisen – z. B. eine Blechdose

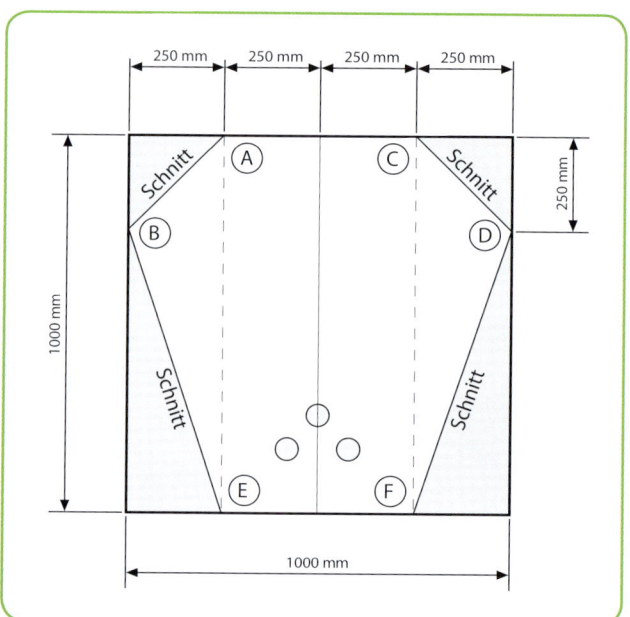

1 Schneiden Sie sich 1 m² PE-Folie zurecht. Wenn Sie den vollen Meter nicht schaffen, müssen Sie alle Maßangaben proportional anpassen. Falten Sie die Folie in der Mitte; wieder entfalten. Falten Sie nun die Seiten zum Mittelfalz (Halbierung der eben gebildeten Hälften). Falten Sie die oberen (Falze A–B und C–D) und unteren Ecken (Falze E–B und F–D). Schneiden Sie alle Randdreiecke ab.

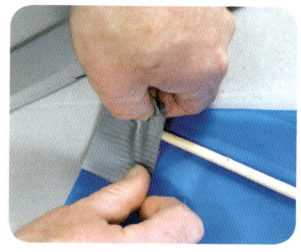

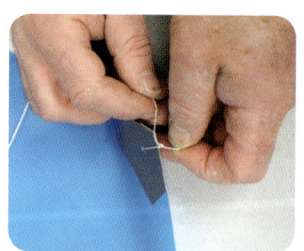

2 Breiten Sie die Folie aus und kleben Sie die Stäbe an den Enden und mittig entlang der Linien A–E und C–F fest. 10 cm große Gewebebandstücke sollten gerade passen. Die jungen Helfer können die Stücke vorbereiten und beim Festkleben helfen. Ein kleines Stück kommt auch auf die Flügelecken; dort, ca. 1–2 cm vom Rand entfernt, machen Sie ein Loch. Verknoten Sie durch die Löcher an B und D das 1,3 m lange Stück Schnur. Schneiden Sie drei Löcher in die Plane – von Hand oder mithilfe einer Blechdose oder Ähnlichem.

3 Binden Sie die 30-m-Schnur an die kurze Schnur und auf geht's!

Auf und davon?

Kaum etwas lässt einen Vater schlechter aussehen als ein Drache, der nicht steigen will. So gelingt's:

STARTEN

Es macht Spaß, mit einem Drachen zu rennen, damit er steigt, funktioniert aber nicht gut. Prüfen Sie stattdessen die Windrichtung, halten Sie den Drachen auf Armeslänge in den Wind und lassen Sie los.

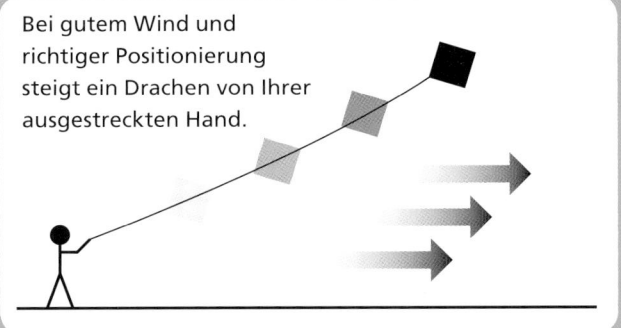

Bei gutem Wind und richtiger Positionierung steigt ein Drachen von Ihrer ausgestreckten Hand.

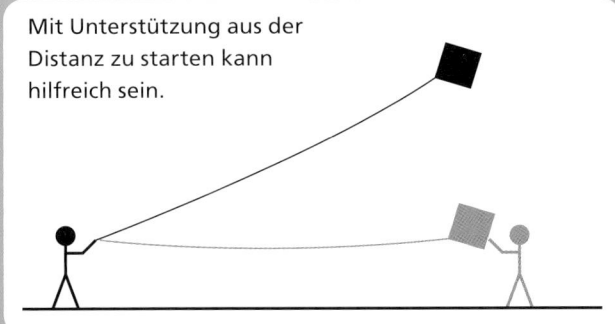

Mit Unterstützung aus der Distanz zu starten kann hilfreich sein.

Falls das nicht klappt, kann Ihnen jemand helfen, der etwa 5 m entfernt steht und den Drachen sanft – nicht werfen – in die Luft entlässt. Geben Sie etwas Schnur, aber bleiben Sie auf Zug. Gehen Sie langsam rückwärts, die Leine straff, aber bereit, sie rasch loszulassen. Wird das wieder nichts, versuchen Sie es woanders – oder an einem anderen Tag.

WINDRICHTUNG

Stellen Sie sich mit dem Rücken zum Wind auf. Der Drachen muss genau im Wind sein, sonst steigt er nicht.

Die Wolken zeigen die Windrichtung hoch oben an, aber am Boden kann alles anders sein. Ihre Kinder können die Windrichtung auf vielerlei Arten herausfinden: Gras in die Luft werfen; den Finger ablecken und feststellen, welche Seite kalt wird (erklären Sie ihnen, dass dies die Richtung ist, aus der Wind weht); ein Stück Papier oder ein Band hochhalten; schauen wie sich die Bäume bewegen; den Rauch eines Feuers oder Kamins beobachten (was auch die Windgeschwindigkeit deutlich macht).

WINDGESCHWINDIGKEIT, STEIGVERHALTEN

Ein Drachen braucht den Wind zum Steigen und für Flugstabilität; dieser aber hängt von den Verhältnissen am Boden ab. Das Gelände, Gebäude und Bäume beeinflussen Bodenwinde – so kann selbst eine leichte Brise über höckerigem Grund turbulent werden; ein gut gewähltes Startgelände kann dafür ein Extrabonus sein.

Die Luft weist bis etwa 15 m über Grund viele Turbulenzen auf, wird aber ab 30 m recht stabil; erreicht Ihr Drachen diese Höhe, sollte er sich dort halten können. Auch die Windgeschwindigkeit wird mit der Höhe tendenziell größer. Die Richtung kann sich ändern, seien Sie also bereit, ihre Position zu verändern. Nach hinten sollten Sie genügend Platz haben, um rückwärts gehen zu können und den Drachen so höher zu bringen.

Am besten eignen sich große, ebene Flächen mit stabilen Windverhältnissen. Strände, Seeufer, große Wiesen und Felder sind gut. Achten Sie auf Pfosten, Stromkabel, Wäscheleinen, Bäume und Helikopter, da sich nichts davon mit Drachen verträgt …

Bäume und Gebäude können Turbulenzen verursachen. Stellen Sie sich immer auf der Luvseite auf.

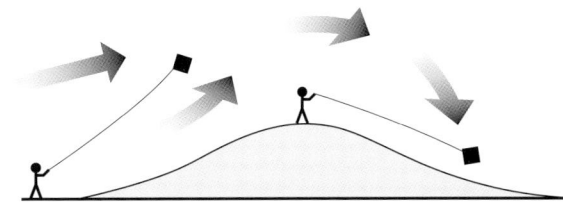

Auf der Luvseite von Hügeln herrschen sehr gute Aufwindverhältnisse. Die Turbulenzen auf der Leeseite machen das Fliegen schwierig.

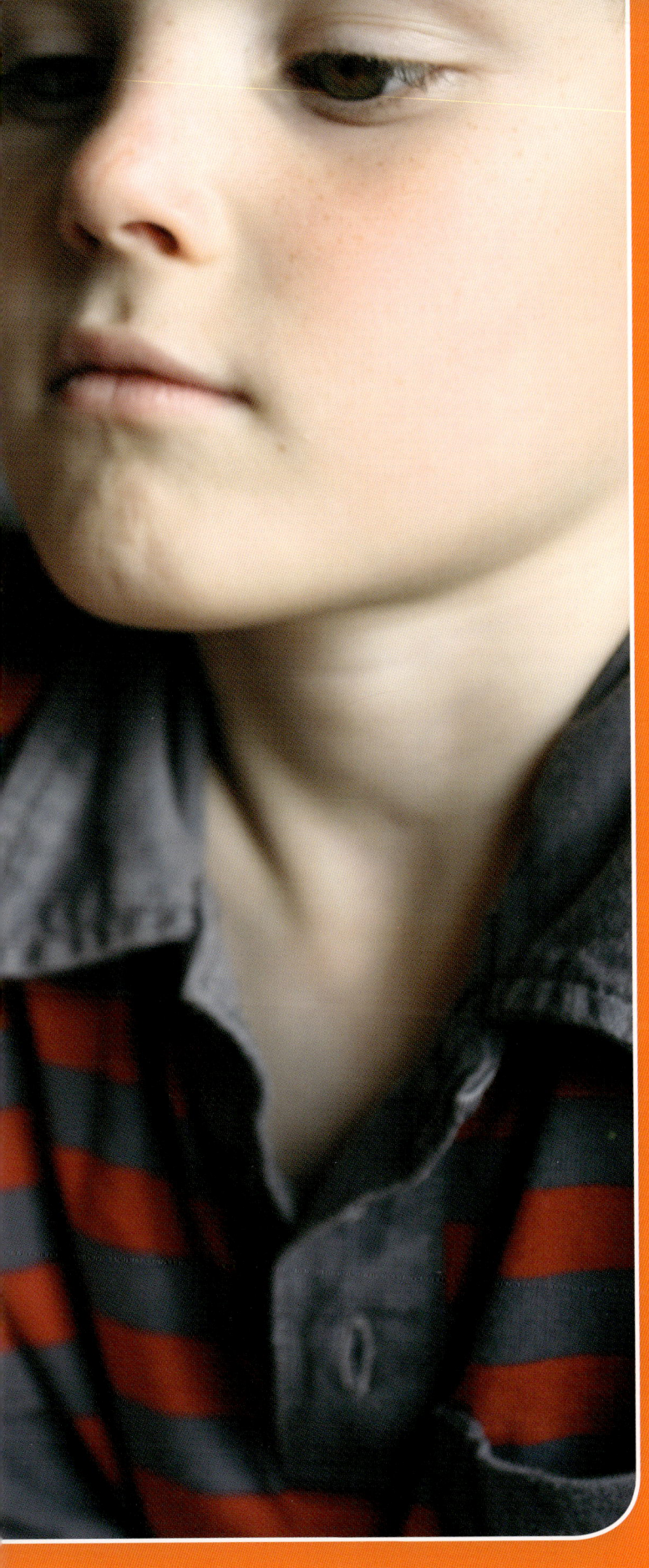

Einfach Spaß

Tiere aus Papier basteln

Mit den Kindern Tiere zu basteln kann richtig lustig sein. Lassen Sie sich nicht von dem Glauben abhalten, Sie müssten künstlerisch begabt oder kreativ sein. Ihre Menagerie wird Ihrem Kind gefallen, egal wie geschickt Sie sind. Sie müssen weder zeichnen können noch exakt arbeiten. Selbst wenn Ihre Tiere ganz und gar nicht echt aussehen, wird die Sache dennoch ein Erfolg sein.

DAS ERFOLGSGEHEIMNIS

Als Erwachsene haben wir meist sehr genaue Bilder im Kopf. Kinder denken anders. Damit ein Basteltier ankommt, braucht es nicht präzise zu sein: es genügt, wenn ein oder zwei bestimmende Merkmale zu erkennen sind. Das Auffälligste an z. B. einem Tukan ist dessen enormer Schnabel – das lässt sich mit ein wenig Karton bestens darstellen. Schafe wiederum können mit zwei Eigenschaften charakterisiert werden: weiß und wollig.

Ein Schaf entsteht

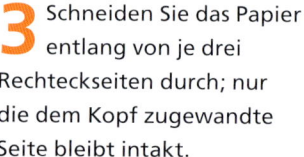

Sie benötigen:
Zwei Blatt DIN A4 weiß, Stift, Messer, ein Streichholz

1 Zeichnen Sie ein Oval mit gewellter Linie, einen Schafskopf und Beine. Denken Sie nicht zu viel darüber nach, wie genau ein Schaf auszusehen hat. Jeder Klecks mit einem Kopf und Beinen tut es.

2 Zeichnen sie am ganzen Schafskörper ca. 30–40 mm breite und 8–10 mm hohe Rechtecke, mit gerade noch sichtbaren Strichen.

3 Schneiden Sie das Papier entlang von je drei Rechteckseiten durch; nur die dem Kopf zugewandte Seite bleibt intakt.

4 Erklären Sie, wie Locken entstehen, indem man die Streifen ums Streichholz wickelt.

5 Wenn alle Schaflocken gewickelt sind, kleben Sie das Tierchen auf ein neues Blatt Papier.

Ein Tukan entsteht

Sie benötigen:
Papier in Schwarz, Rot, Weiß und Orange oder weißes Papier und Farbe; WC-Papier-Rolle Klebstoff, Messer oder Schere; eventuell Beutelklammern

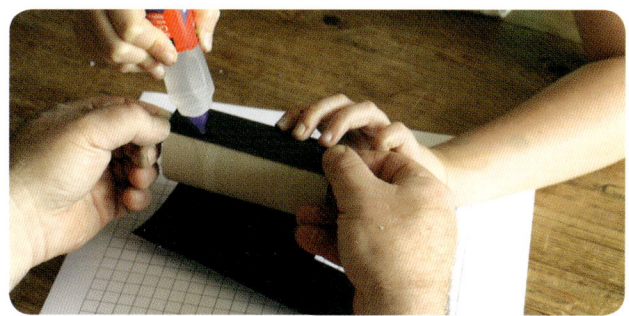

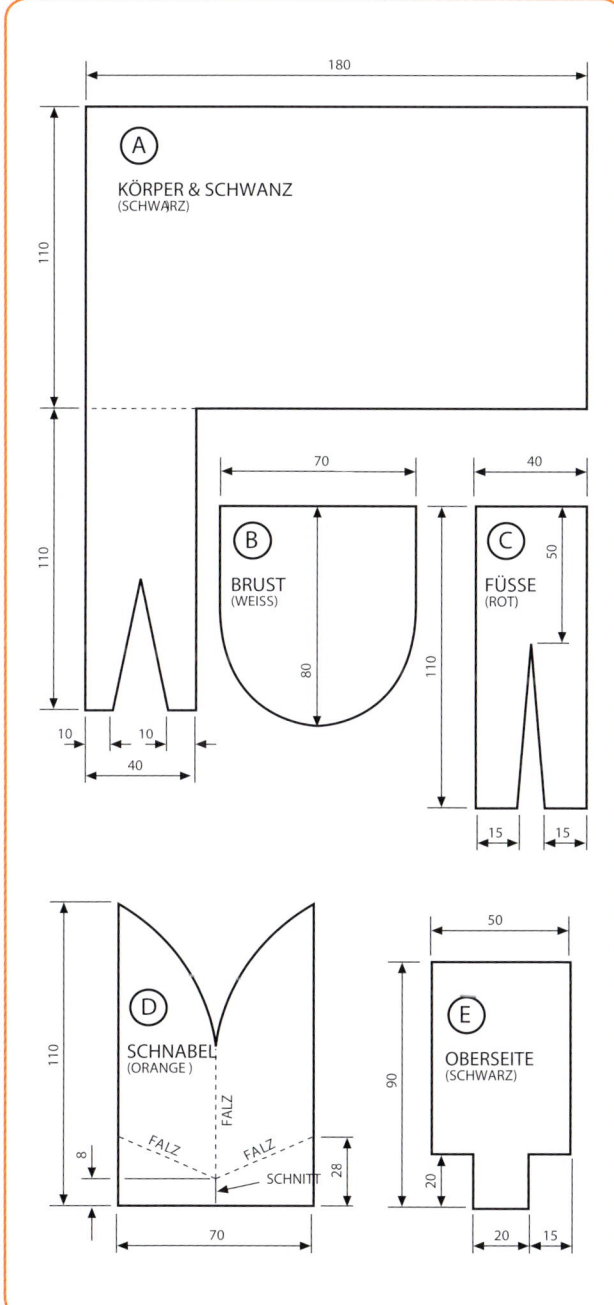

A — **KÖRPER & SCHWANZ** (SCHWARZ)
180
110
110
10 10
40

B — **BRUST** (WEISS)
70
80

C — **FÜSSE** (ROT)
40
50
110
15 15

D — **SCHNABEL** (ORANGE)
110
8
FALZ FALZ FALZ
SCHNITT
28
70

E — **OBERSEITE** (SCHWARZ)
50
90
20
20 15

1 Schneiden Sie die fünf Formen aus.

2 Bekleben Sie mit Teil A die Pappröhre.

3 Kleben Sie Teil B Kante an Kante auf Teil A.

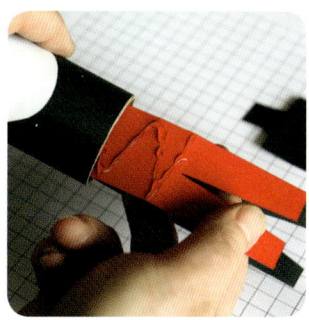

4 Tragen Sie bis zum „Schritt" von Teil C, den Füßen, Kleber auf und kleben Sie es zur Hälfte in die Röhre.

5 Falten Sie Teil D: Kleben Sie die Schnabelhälften zusammen.

6 Tragen Sie Kleber auf und kleben Sie den Schnabel an. Bohren Sie zwei Löcher und stecken Sie Beutelklammern als Augen hinein (oder aufmalen).

7 Kleben Sie Teil E mit der kleinen Lasche hinten innen in die Röhre und falten Sie den großen Überstand nach hinten. Damit der Tukan sicher steht und nicht umfällt, kleben Sie ein kleines Gewicht hinein oder befestigen ihn mit Klebepads am Boden.

Tiere aus Papiermaschee

Es einmal mit Papiermaschee zu versuchen, ist eine wirklich gute Idee. Man kann sehr schnell schöne Ergebnisse erzielen, und wenn Ihre Kinder erst einmal daran hängen bleiben (was sie mitunter buchstäblich tun werden), können sie immer bessere und einfallsreichere Kreationen entwerfen. Hat es sie erwischt, helfen Sie ihnen mit Büchern und Magazinen voller kreativer Ideen weiter. Hier einmal zwei Projekte zur Einführung.

sie benötigen:

- Zeitungspapier
- Tapetenkleister
- Frischhaltefolie
- Kleine Rührschüssel
- Eimer oder Schüssel zum Anrühren des Klebers
- Kleines Stück Wellpappe
- Abdeckband
- Stift
- Schere oder Messer
- Farben, Pinsel, Marmeladengläser

Schildkröte

Dieses Modell nützt zwei Papiermaschee-Techniken. Beide sind toll, um eine ordentlich klebrige Sauerei zu veranstalten, was den Spaß an der Sache gewaltig erhöht.

1 Wählen Sie eine kleine Schüssel als Form für die Schildkröte. Wickeln Sie sie außen mit Frischhaltefolie ein und stellen Sie sie auf einen Teller.

2 Füllen Sie Leim und, falls nötig für eine cremige Konsistenz, etwas Wasser in eine Rührschüssel. Reißen Sie das Papier in Streifen (ca. 20 x 80 mm) und lassen Sie einen Teil davon im Leim komplett durchweichen.

3 Legen Sie die feuchten Streifen kreuz und quer über die Schüssel. Fügen Sie noch mehr Leim hinzu (mit einem Pinsel) und weitere Papierstreifen, bis eine durchgehende, etwa 6 Schichten starke Papiermasse die Form bedeckt. Das kann Kinder schon mal langweilen, hier müssen Sie also vielleicht eingreifen. Eine lustige Arbeit in Mühsal zu verwandeln, hilft nicht weiter!

4 Lassen Sie es an einem warmen Ort trocknen (kann 2–3 Tage dauern) und heben Sie es dann von der Form ab. Manchmal ist es einfacher, wenn man zuerst den Rand abschneidet.

Glätten Sie den Rand und schneiden Sie an jedem Ende etwa 2–3 cm heraus, um Platz für Kopf, Beine und Schwanz zu bekommen.

5 Für Kopf, Beine und Schwanz fertigen Sie Papiermaschee-Röllchen auf dieselbe Weise wie für das rechts beschriebene Monster von Loch Ness an. Vier gleiche Röllchen ergeben die Beine, ein dickeres den Kopf und ein leicht konisches den Schwanz.

6 Malen Sie die getrockneten Teile an, wobei Sie der Farbe etwas Holzleim beimengen. (Die Pinsel nach Gebrauch sehr gut auswaschen!)

7 Schneiden Sie eine Basis aus Karton zurecht, mit etwa 1–3 cm kleinerem Durchmesser als der Panzer, und kleben Sie den Kopf, die Beine und den Schwanz darauf.

8 Nun den Panzer drauflegen (oder kleben oder feststecken) und die Schildkröte ist fertig.

Monster von Loch Ness

Auch für kleine Kinder ganz einfach.

1 Zerreißen oder - schneiden Sie eine Zeitung in Stücke kleiner als 10 x 30 mm. (Ein Reißwolf ist ideal: Schreddern Sie etwa eine halbe Zeitung). Mischen Sie Holzleim und Wasser zu einer Konsistens zwischen Milch und Sahne. Weichen Sie das Papier darin ein und matschen und kneten Sie es zu einer feuchten Masse.

2 Machen Sie vier Schlangen, etwa 20–40 mm dick und 120–200 mm lang.

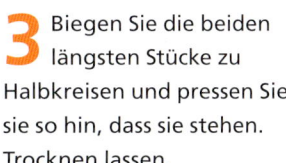

3 Biegen Sie die beiden längsten Stücke zu Halbkreisen und pressen Sie sie so hin, dass sie stehen. Trocknen lassen.

4 Formen Sie aus den beiden anderen Teilen den Schwanz und den Kopf. Für den Kopf kann man entweder das Ende einfach in Form drücken oder beliebig kompliziert mit weiterer Papiermaschee hantieren. Stellen Sie es mit den beiden Mittelstücken zum Trocknen an einen warmen Platz. Nach dem Trocknen beliebig bemalen.

Zu den Waffen!

In keinem Heim mit Kindern zwischen 7 und 11 sollten ein paar Piratenwaffen fehlen!

TEUFELSDOLCH

Aus einem Stück Balsaholz schnitzen, bauen und leimen Sie einen Dolch.

SCHWERTER UND KRUMMSÄBEL

Wellpappe ist ideal für diese „Waffen". Formen lassen sich leicht ausschneiden und ein paar Schichten schnell zusammenkleben oder -heften. Sie gehen zwar im Eifer des Gefechts rasch kaputt, sind aber fast ebenso schnell ersetzt. Mit Holz steigt das Verletzungsrisiko deutlich.

STEINSCHLOSSPISTOLE

Mit Holz und Wellpappe lässt sich leicht eine Pistole basteln, die richtig gut aussieht.

TELESKOP

Die zwei essenziellen Eigenschaften eines Teleskops sind, dass man (a) hindurchsehen und es sich (b) auf- und zuschieben lässt. Mit Papprollen leicht unterschiedlichen Durchmessers oder dünnem, gerolltem Karton ist das schnell gemacht. Die Teleskopbewegung lässt sich auf diverse Arten umsetzen; in Karton wird sie nicht lange möglich sein, aber doch hoffentlich lange genug.

PIRATENHAKEN

Davon werden Jungpiraten, die gern andere erschrecken, begeistert sein. Man braucht dazu ein Stück eines Metall- oder Plastikkleiderbügels, das Ende einer PET-Flasche und eine Menge kräftiges Klebeband. Schneiden Sie die Flasche knapp unterhalb der Schulter ab und den Haken des Kleiderbügels mit ca. 30 mm Stängel. Den stecken Sie durch die Flaschenöffnung und wickeln jede Menge Klebeband um den Haken und die Flasche. Bemalen nach Geschmack. Von innen fasst man den abstehenden Bügel-Stängel und hält so den Haken.

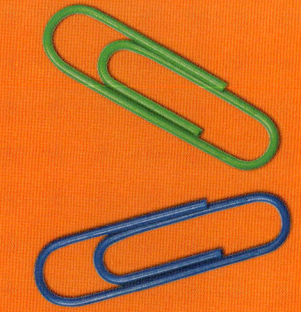

Grusel-Requisiten

Kinder, vor allem Jungs, mögen häufig grauslich-gruseliges Zeugs; hier ein paar Anregungen dafür.

KNOCHEN

Nehmen Sie ein paar echte vom Sonntagsbraten und kochen Sie sie, um alle Fleisch- und Knorpelreste zu entfernen. Ein paar eingeritzte Zeichen erhöhen den Schreckensfaktor. Dunkles Wachs oder Schuhcreme einreiben.

BLUTGETRÄNKTE KLEIDUNG

Einfach ein altes weißes T-Shirt oder Tuch großzügig mit Ketchup oder roter Tinte besprenkeln und trocknen lassen.

GIFTFLASCHE ODER MAGISCHES PARFÜM

Suchen Sie sich eine kleine Glasflasche. Mischen Sie einen heftig und dunkel gefärbten Trank (mit Wasser und Lebensmittelfarbe) und fügen Sie, wenn vorhanden, Mandelaroma hinzu. Erklären Sie Ihren Kindern, dass eines der hässlichsten Gifte, die es gibt, Zyanid, nach Bittermandeln riecht und schmeckt. Füllen Sie die Flasche mit der Mixtur; nicht vergessen, mit ‚GIFT' zu etikettieren, komplett mit Totenkopf und gekreuzten Knochen.

Um stattdessen ein Fläschchen eines himmlischen oder gar magischen Parfüms aus Aladins Höhle zu bekommen, färben Sie Ihre Tinktur heller, vielleicht in einem zarten Pink, und geben ein paar Tropfen eines stark riechenden, billigen Aromaöls dazu. Einige hübsche Schleifen um die Flasche gebunden, ein Etikett mit einem Zauberspruch drauf und fertig.

ZAUBERTRÄNKE UND -PULVER

Lassen Sie der Fantasie Ihrer Kinder freien Lauf, wenn Sie die Welt der magischen Tränke und Arzneien erforschen.

Sie brauchen nicht mehr als ein paar kleinere Gefäße, Etiketten und etwas Inspiration. Erfinden Sie Geschichten: würzige Curries können Sie im Geist nach Indien versetzen; gemahlener Kümmel kann als gemahlenes Haar durchgehen; Hafer- als Knochenmehl; übrige gekochte Spagetti, grün gefärbt, sind prächtig grausige Würmer… mit jedem Blick in den Küchenschrank werden Ihnen und Ihrem Kind neue Ideen kommen. Vergessen Sie nicht, die Gefäße dramatisch zu beschriften.

Indischer Seiltrick

Das ist für die meisten von uns faszinierend, besonders Mädchen und Jungs unter 13 (Ältere wissen vielleicht schon „alles" von der Schule).

> *Sie benötigen:*
> Tisch, starker Magnet, dünner Faden, Büroklammer, Lineal, ein paar Bücher, Klebeband

Sie können natürlich ein richtiges Gestell bauen, aber diese improvisierte Version tuts auch.

Binden oder kleben Sie den Magneten an ein Ende des Lineals, legen Sie das andere auf einen Bücherstapel und beschweren Sie es.

Binden Sie ein Stück Faden an die Büroklammer – etwas kürzer als der Abstand vom Magneten zum Tisch, an dem Sie das andere Fadenende festkleben. Die Kraft des Magneten sollte die Büroklammer dazu bringen, scheinbar frei in der Luft zu schweben, was magisch aussieht.

Jetzt kann man damit experimentieren, was das Magnetfeld beeinflusst – z.B. Papier, Finger, Plastik, eine Feder, Wellpappe, Alufolie, eine Münze, ein Nagel usw.

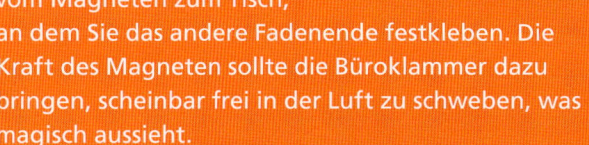

Fertigkeiten

Rad fahren: An die Pedale, fertig, los

Rad fahren zu lernen ist für die meisten Kinder ein Meilenstein und gibt vielen einen Vorgeschmack von Unabhängigkeit. Anfangs kann es einschüchternd, frustrierend und geradezu erschreckend sein, für Eltern und Kind. Es braucht Zeit und Entschlossenheit, das Gefühl fürs Gleichgewicht zu bekommen und das Gerät richtig zu bedienen; für viele Kinder die bis dato größte Herausforderung. Haben sie aber den Dreh erst einmal heraus, ist diese Errungenschaft samt der Sensation der ersten selbstständigen Fahrten etwas Unvergessliches.

Das passende Fahrrad

Die meisten beginnen als Kleinkinder mit einem winzigen, aber schweren, billigen Eingangrad mit Stützen. Die machen echt Spaß, sind aber nicht mehr als Spielzeug für den Garten und die Garagenauffahrt. Um fahren zu lernen, sind sie *nicht* gut geeignet, weil es dazu ein richtiges, an den Fahrer anpassbares Rad mit luftgefüllten Reifen braucht. Eine Schaltung ist anfangs nicht wichtig, sondern womöglich eher hinderlich.

Das Dilemma besteht darin, dass Kinder ihrem ersten richtigen Rad schnell entwachsen und es daher verführerisch ist, etwas Billiges zu kaufen. Was sie für einen guten Start aber wirklich brauchen ist ein hochwertiges, leichtes Rad. Wenn Sie eine wachsende Familie haben, ist die Anschaffung eines hochwertigen Geräts eher gerechtfertigt, weil Sie es weitergeben können. Im Fahrradfachgeschäft findet sich vielleicht etwas Geeignetes, das jemand in Zahlung gegeben hat; man kann davon ausgehen, dass sich Fachgeschäfte nicht mit minderwertigen Produkten abgeben.

Haben Sie das Rad erworben, entfernen Sie als Erstes sämtliche Stützen. Tun Sie das nicht, wird Ihr Kind das Rad weiterhin als gloriosen Dreiradler verwenden und nie ein Gefühl für Balance entwickeln. Passen Sie das Rad für den Fahrer an: Das Kind sollte halbwegs aufrecht sitzen, mit beiden Füßen den Boden erreichen können und sich nicht strecken müssen, um den Lenker zu fassen. Prüfen Sie auch, ob es die Bremshebel gut bedienen kann – auch diese kann man häufig einstellen (oder durch einstellbare ersetzen). Auch dabei wird Ihnen ein Fachgeschäft mit Rat und Tat zur Seite stehen.

Vorbereitungen

Generationen von Eltern haben Stunden damit verbracht, hinter einem auf dem Rad im Kampf ums Gleichgewicht wackelnden Kind herzulaufen. Von elterlichen Rückenschmerzen abgesehen: Bei den meisten Kindern funktioniert das. Sie brauchen nur eine größere freie Fläche (mit möglichst glattem, griffigem Untergrund). Ausdauer ist entscheidend – sobald Sie spüren, dass das Kind mehr oder weniger selbstständig balanciert, können Sie den Sattel für immer längere Intervalle loslassen, bis das Kleine allein loslegt. Das Problem für manche Kinder ist, dass es tatsächlich mehrere Dinge zu lernen gilt, und das alles auf einmal zu bewältigen ist schwierig. Bedenken Sie, was der Nachwuchs-Biker alles lernen muss:

- Die Bedienung der Vorder- und Hinterradbremse.
- Dass man ein Rad nicht durch Einschlagen des Lenkers lenkt – auch wenn genau das der Fall zu sein scheint.
- Wie man das Pedaletreten und evt. Schalten meistert.

Das ist wirklich eine ganze Menge, es mag deshalb besser sein, sich dieser Fertigkeiten der Reihe nach anzunehmen. Am schwierigsten sind die Balance und anfangs auch das Lenken. Daher sollten Sie sich darauf zuerst konzentrieren – macht es bei den Jungpedalrittern einmal klick, folgt der Rest fast wie von selbst.

Beginnen Sie damit, alles Unbenötigte zu entfernen: Schrauben Sie die Pedale ab (an der Verbindung zur Tretkurbel). Sie benötigen dafür einen passenden Maulschlüssel. Das rechte Pedal ist mit einem gewöhnlichen Rechtsgewinde angeschraubt, wird also gegen den Uhrzeigersinn gelöst; das linke muss hingegen nach rechts aufgeschraubt werden. Stellen Sie nun den Sattel so tief, dass Ihr Kind mit beiden Füßen flach auf dem Boden stehen kann. Fürs eigentliche Radfahren passt das nicht, versetzt aber den Schwerpunkt tiefer und verschafft so Sicherheit und bessere Kontrolle.

Sie haben nun eine moderne Version der Draisine oder des Tretrades, auf dem der Fahrer sitzt und sich mit den Füßen am Boden abstößt. Dieses Gerät wurde vor 200 Jahren erfunden und ist heute fast vergessen. Doch es ist ein ausgezeichnetes Hilfsmittel, um das Halten der Balance zu lernen. Unsere Version wird anschließend wieder zu einem Fahrrad zurückgebaut.

Das erste Mal

Einige erste Übungen können Sie überall durchführen, weil das Rad sich dafür gar nicht zu bewegen braucht. Setzen Sie Ihr Kind aufs Rad, sodass es sich wohlfühlt. Lassen Sie es nun die Füße heben, um zu erleben, wie das Rad auf die eine oder andere Seite kippt. Je besser ein Kind balanciert, desto länger kann es seine Füße in der Luft behalten.

Zwei Dinge erreichen Sie damit: Zum einen bekommt Ihr Kind ein Gefühl für die Balance – in den Momenten, in denen das Rad sich auf keine Seite neigt. Diese ist natürlich nicht von Dauer; die kleinste Schwankung, und Rad und Reiter verlieren sofort wieder das Gleichgewicht. Aber es zeigt, wie Balance sich *anfühlt,* und das ist wichtig. Zum anderen lernt Ihr Kind das Gewicht des Rads kennen und damit, wie leicht man es stützen bzw. wieder aufrichten kann, wenn es zu kippen beginnt. Versuchen Sie bei all dem Spaß zu haben – holen Sie Ihr eigenes Rad und testen Sie, wer länger balancieren kann.

Als Nächstes müssen Sie ein richtig gutes Übungsgelände finden. Ideal sind große, ruhige, sehr plan asphaltierte Flächen wie ein privater Parkplatz oder ein Schulhof. Alternativ eignen sich auch sehr ruhige Straßen oder längere Auffahrten. Viel Verkehr oder Hindernisse sind strikt verboten – Sie wollen sich beide auf nichts als Ihre Aufgabe konzentrieren.

Die Kinder sollten einen Fahrradhelm und Handschuhe tragen (bei einem Sturz setzen sie instinktiv ihre Hände zum Schutz ein); Knie- und Ellbogenschützer können helfen, kleinere Kratzer und Schrammen zu vermeiden.

Leiten Sie Ihr Kind an, sich mit den Füßen abzustoßen und zunächst sehr langsam vorwärts zu bewegen. Man kann jetzt auch mit dem Bremsen beginnen. Beschleunigen Sie vorsichtig, bis Ihr Kind eine gute Sekunde mit den Füßen in der Luft schafft. Zusammen mit den zuvor beschriebenen Steh-Balanceübungen sollten schließlich kurze Rollphasen möglich sein, während denen Ihr Kind wirklich im Gleichgewicht ist. Ermutigen Sie Ihren Sprössling, und bald wird er herumflitzen und die Füße als Stützen nicht mehr brauchen. Lassen Sie sich mit dem Wiederanbringen der Pedale Zeit – gönnen Sie dem Kind den Spaß und lassen Sie es Vertrauen fassen, ohne die Verkomplizierung durch das Treten.

Wenn es bereit ist, bringen Sie die Pedale wieder an (beachten Sie: das linke Pedal hat ein Linksgewinde, also nicht verwechseln!). Sie müssen auch den Sattel wieder heben, sodass die Beine des Kindes am tiefsten Punkt des Pedals nicht ganz durchgestreckt sind. Machen Sie das schrittweise, weil es sich zunächst unsicher anfühlt. Ergonomisch richtig ist die Höhe, wenn der Fahrer mit den Zehenspitzen den Boden berühren kann; Ihr Kind will aber vermutlich mehr Bodenhaftung. Die ersten Versuche, Balance und Pedale zu verbinden, werden wackelig ausfallen, achten Sie deshalb auf genügend freie Fläche. Wenn der Jungradler so weit ist, versuchen Sie ihn dazu zu bringen, ganz langsam zu fahren: Sagen Sie ihm, dass jeder rasen kann, aber nur wirklich gute Radfahrer auch langsam fahren können.

Es wird noch reichlich über Sicherheit auf der Straße, Verkehrszeichen usw. zu lernen geben, aber wenn erst die Grundschritte getan sind, kann das Training auf ruhigen Landstraßen fortgesetzt werden, wo Erfahrung und Ermutigung den Kindern helfen werden, sichere und selbstbewusste Radler zu werden. Auch Radverkehrs-Übungskurse sind empfehlenswert.

Rad selbst reparieren

Radeln macht Spaß, ist ein super Training und verhilft vielen Kindern zu ihrem ersten Gefühl von Unabhängigkeit. An Rädern ist jedoch mitunter etwas zu reparieren, deshalb ist es von Vorteil, mit den gängigsten Problemen vertraut zu sein. Hinzu kommt ein Minimum an Wartung, um nicht buchstäblich auf der Strecke zu bleiben.

Reifenpanne

DEMONTAGE DES LAUFRADS

Lockern oder lösen Sie die Bremskabel, damit das Laufrad leicht zwischen den Bremsklötzen durchpasst. Bei einem Schnellspanner wird der Hebel geöffnet und aufgeschraubt. Ist die Radnabe mit Muttern befestigt, benötigt man Maulschlüssel für beide Seiten, die man gegen den Uhrzeigersinn dreht.

Das Vorderrad kann nun entfernt werden; dazu muss man das Bike nur noch ein wenig anheben.

Hinterräder sind komplizierter. Bei Dreigangrädern muss das Schaltkabel gelöst werden – die Gewindescheibe erlaubt Ihnen, es beim Wiedereinbau korrekt zu positionieren. Heben Sie das Fahrrad und lockern Sie das Laufrad frei. Bei Rädern mit Kettenschaltung bewegen Sie das Laufrad vorwärts, um Kette und Ritzel zu entwirren. Wenn Ihnen Kettenschaltungen nicht vertraut sind, zahlt sich eine schnelle Skizze (Digitalfoto) aus; dies erweist sich als hilfreich, um die Kette beim Wiedereinbau des Laufrades richtig um Ritzelpaket und Schaltwerk zu legen.

RADMANTEL ABNEHMEN

Entfernen Sie das Staubkäppchen und den Befestigungsring vom Ventil. Lassen Sie falls nötig jede noch verbliebene Luft im Reifen aus. Bei Rennventilen schrauben Sie dazu die kleine Rändelmutter ganz auf und drücken auf das Ventil. Bei Autoventilen drückt man auf den Stift in der Ventilmitte. Das immer noch häufigste Normal- oder Dunlop-Ventil wird aufgeschraubt und der Ventileinsatz entfernt.

Pressen Sie den Reifen zusammen, um ihn von der Felge abzulösen.

Haken Sie einen Mantelheber unter den Reifenrand, am besten gegenüber dem Ventil. Achten Sie darauf, dabei nicht den Schlauch einzuklemmen. Hebeln Sie den Rand über die Felge und haken Sie den Mantelheber an einer Speiche ein.

Wiederholen Sie das mit einem zweiten Mantelheber in einiger Entfernung und lösen Sie dann damit rundum den Reifen, bis eine Seite frei ist (außerhalb der Felge). Stoßen Sie das Ventil durch die Felge und entfernen Sie den Mantel.

DAS LOCH FLICKEN

Lokalisieren Sie das Loch, indem Sie etwas Luft einfüllen. Falls nötig, den Schlauch unter Wasser halten und nach Luftbläschen suchen. Trocknen Sie den Schlauch und markieren Sie das Loch. Spüren Sie entlang der Innenseite des Mantels und entfernen Sie alles, was darin steckt.

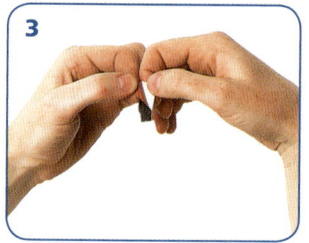 

Säubern und trocknen Sie den Schlauch rund um das Loch und rauen Sie die Oberfläche mit Schleifpapier etwas auf. Einen dünnen, gleichmäßigen Film Vulkanisierflüssigkeit auftragen (mit dem Finger verteilen). Etwa 5 Minuten trocknen lassen.

Die Folie vom Flicken abziehen und diesen auf die berührungstrockene Stelle pressen. Mit dem Fingernagel oder dem Mantelheber vollkommen glätten. Das Zellophan vom Flicken abziehen (der Flicken darf sich dabei nicht lösen). Mit Kreidestaub verhindern Sie, dass der Schlauch am Reifen klebt.

REIFENMONTAGE

Pumpen Sie gerade genug Luft in den Schlauch, um ihn zu runden. In den Mantel legen und das Ventil durch die Felge stecken. Drücken Sie den Mantel mit der Hand über den Felgenrand. Ein Mantelheber kann für die letzten Zentimeter nützlich sein. Etwas mehr aufpumpen und durch drücken prüfen, ob der Mantel nirgends den Schlauch einklemmt. Den empfohlenen Luftdruck herstellen.

RADMONTAGE

Kehren Sie den Demontagevorgang um, wobei Sie auf korrekten Sitz der Kette achten. Bei Rädern mit Kettenschaltung legen Sie die Kette um den kleinsten Zahnkranz und die Radnabe in die Aussparungen im Rahmen. Prüfen Sie den korrekten Sitz des Laufrads, bevor Sie es festschrauben. Bei Dreigangrädern das Schaltkabel in die Ausgangsposition bringen. Prüfen Sie auch, ob das Laufrad zentriert ist und die Kettenspannung stimmt (nur ein geringes vertikales Spiel ist zulässig). Danach in jedem Fall die Bremsen wieder verbinden und einstellen. Überprüfen Sie, ob alles richtig funktioniert, bevor Sie das Rad Ihrem Kind übergeben.

WIE MAN REIFENPANNEN VERMEIDET

- Reifen korrekt aufgepumpt halten – zu weiche Reifen werden leicht durchstochen.
- Die Mäntel regelmäßig auf Risse prüfen und eingefahrene Splitter und dgl. entfernen.
- Kaufen Sie Reifen mit Durchstichschutz – sie kosten mehr, sind das aber auch wirklich wert.

Größe und Einstellung

Soll Ihr Kind sicher Rad fahren lernen, braucht es ein richtig dimensioniertes Rad. Ein Modell zu kaufen, in das Ihr Kind hineinwachsen kann, mag verlockend sein, ist aber keine gute Idee – der zu große Radstand macht die Kontrolle schwierig. Am besten wählt man etwas in der richtigen Größe und gibt es in Zahlung, wenn ein größeres Rad gebraucht wird. Viele Fachgeschäfte bieten das an; sollten Sie allerdings im (Online-)Versandhandel bestellen, müssen Sie das zu klein gewordene Fahrrad selbstständig loswerden.

Kinder gibt es in allen Formen und Größen, für Fahrräder reicht die folgende Einteilung nach Laufradgrößen:

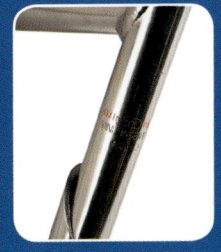

14 Zoll	Bis 5 Jahre
16 Zoll	5–8 Jahre
20 Zoll	8–11 Jahre
24 Zoll	11 bis fast erwachsen

Wenn Sie ein Rad kaufen, prüfen Sie, ob es für Ihr Kind passt. Der Sattel sollte so hoch wie möglich gestellt werden; nur die Zehenspitzen sollten bis zum Boden reichen (in der Lernphase etwas tiefer). Die ideale Position für leichtes Treten ist gegeben, wenn das Bein am tiefsten Punkt des Pedals noch ganz leicht gebeugt ist. Ist der Sattel zu tief, fällt das Treten weitaus schwerer.

Der Lenker sollte ziemlich hoch eingestellt werden, damit Ihr Kind sich nicht extrem nach vorne beugen muss. So hat es mehr Kontrolle und bessere Sicht. Die meisten Räder haben verstellbare Lenkerstangen, fixiert von einer zentralen Schraube. Ziehen Sie die Stange nicht höher als die Markierung für die maximale Höhe und vergewissern Sie sich, keine Kabel zu spannen. Ziehen Sie die Feststellschraube gut an, nachdem Sie sich überzeugt haben, dass der Lenker im richtigen Winkel zum Vorderrad steht. (Einige wenige Kinderräder haben eine andere, kompliziertere Verstellmöglichkeit; fragen Sie bei Problemen in Ihrem Fachgeschäft nach, dort sollte man die Einstellung vornehmen können.)

Schaltung

DREIGANG-NABENSCHALTUNG

Die Ur-Dreigang-Nabenschaltung funktioniert mit einem Kabel, mit dem ein Stift an die richtige Stelle des Schaltverteilers gebracht wird. Prüfen Sie bei Problemen die richtige Kabeleinstellung: Legen Sie den 2. Gang ein und schauen Sie durch die Öffnung in der Radmutter, wo die Gangwechsel-Kette auf den Verteiler trifft – die Kette ist mit einem Stift verbunden, beides sollte sich in dieser Einstellung auf gleicher Höhe mit der Achse befinden. Andernfalls die Kette justieren, bis es passt. Probieren Sie die Schaltung im Fahren aus und justieren Sie alle 3 Gänge.

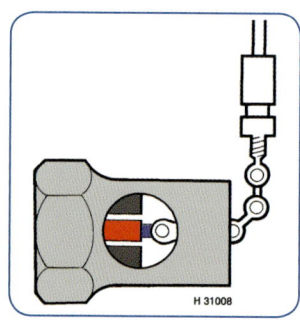

KETTENSCHALTUNGEN ...

sehen komplizierter aus, als sie sind. Beim Gangwechsel wird einfach die Kette von einem Zahnkranz zum anderen bewegt und dabei die korrekte Kettenspannung aufrechterhalten. Die Hauptsache bei einer Kettenschaltung ist, alles sauber und gut geschmiert zu halten (das schließt die Bowdenzüge

mit ein), und nicht mit den Einstellschrauben herumzuspielen. Diese limitieren die Bewegungsfreiheit, damit die Kette nicht vom Zahnkranz fliegen kann. In der Regel gibt es keinen Grund, an diesen Einstellungen zu drehen, außer vielleicht nach einem Sturz oder weil jemand doch daran gedreht hat.

HINTERE KETTENSCHALTUNG

Das häufigste Problem bei Kettenschaltungen ist die unpräzise Zuordnung, durch die nicht mehr sauber geschaltet wird. Die meisten Ketten- sind Indexschaltungen: Am Schaltgriff ist die Position für jeden Gang angegeben. Durch den Gebrauch benötigt das System mit der Zeit kleinere Justierungen, damit es weiterhin stimmt. Dazu dienen die Feineinstellschrauben an der Schaltung und/oder dem Schaltgriff.

Wenn die Kettenschaltung die Kette zu wenig weit bewegt, schabt die Kette am Rand des Zahnkranzes entlang. Um das zu korrigieren, drehen Sie die Feineinstellschraube eine Vierteldrehung gegen den Uhrzeigersinn und schalten

dann erneut bzw. justieren weiter, bis sich der Gang sauber einlegen lässt. Überzieht die Schaltung, muss die Feineinstellschraube entsprechend *im* Uhrzeigersinn gedreht werden.

An den mit ‚H' bzw. ‚L' gekennzeichneten Einstellschrauben wird das Limit beim kleinsten bzw. größten Zahnkranz eingestellt. Die Buchstaben beziehen sich auf die Geschwindigkeit, weshalb man mit der ‚H'-Schraube das Limit für den kleinsten Zahnkranz im höchsten Gang justiert. Wenn die Kette von diesem Ritzel fällt, ziehen Sie die H-Schraube etwa eine halbe Drehung an (nach rechts) und testen Sie, ob das Problem damit behoben wurde.

Wenn die Kette sich über das größte Ritzel hinaus bewegt, drehen Sie die ‚L'-Schraube im Uhrzeigersinn, bis es kaum mehr möglich ist, den niedrigsten Gang einzulegen, dann drehen Sie die Schraube ein Stückchen zurück, bis sauber geschaltet werden kann. An den meisten Schaltwerken finden Sie noch eine dritte Schraube, die Sie am besten einfach nicht anrühren.

Rutschende Gänge sind häufig die Folge einer abgenutzten Kette. (Die Kette verschleißt in dem ganzen System weitaus am schnellsten; wird sie nicht rechtzeitig gewechselt, macht sie auch das Ritzelpaket und/oder die Kettenblätter unbrauchbar.) Prüfen Sie die Kette, indem Sie sie vom Kettenblatt ziehen – wenn das ganz leicht geht und ein Spalt zwischen Kette und den Zähnen entsteht, muss sie gewechselt werden. Im Zweifelsfall hilft Ihnen Ihr Fachgeschäft.

VORDERE KETTENSCHALTUNG

Diese wird bei Rädern mit mehr als einem Kettenblatt verwendet und macht ziemlich genau dasselbe wie ihre hintere Schwester. Auch sie hat ‚H'- und ‚L'-Stop-Schrauben, um Schaltlimits zu setzen. Rutscht die Kette vom größten Blatt, ziehen Sie die ‚H'-Schraube in Vierteldrehungen an, bis das Problem behoben ist. Dasselbe machen Sie mit der ‚L'-Schraube, wenn die Kette vom kleinsten Blatt fällt.

Wenn Sie an mehr Informationen über die diversen Schaltsysteme und -typen interessiert sind, empfiehlt sich der Rat eines Fahrradmechanikers oder ein Buch wie Chris Sidwells *Bike-Reparaturhandbuch*.

Bremsen

Allzu viel kann bei den Bremsen nicht schiefgehen, da sie aber mit das wichtigste Sicherheits-Feature des Rades darstellen, kann man bei Arbeiten daran gar nicht umsichtig genug sein. Zögern Sie nicht, professionelle Hilfe hinzuzuziehen.

BACKEN

Die meisten Kinderräder sind entweder mit einer Cantilever- oder einer V-Bremse ausgestattet. Die Backen sind in beiden Fällen Verschleißteile – Markierungen auf ihren Oberflächen zeigen an, wann ein Wechsel nötig ist. Die Aufhängung der Backen unterscheidet Cantilever-Bremsen (Mittelzug) von V-Bremsen (Seitenzug). Beide sind einfach zu demontieren, um sie zu prüfen und zu reinigen. Achten Sie aber darauf, dass alles an seinem Platz ist! Bei der Gelegenheit kann man auch die Leichtgängigkeit des Bremshebels testen und gegebenenfalls mit einem teflonhältigen Schmiermittel im Gelenk verbessern.

Die Bremsfläche von teilweise verschlissenen Backen sollte auf Schleifpapier flach geschliffen werden; sind die Backen ungleichmäßig abgenutzt, können die Bremsen nicht eingestellt werden. Danach lose anbringen, in wenigen Millimetern Abstand von der Felge und nach vorne näher, um Quietschen zu vermeiden. Ideal sind hinten 2 und vorne 1 mm Abstand. Ein Stück dicker Karton kann bei der Positionierung helfen. Ist diese erfolgt, werden die Backen fixiert.

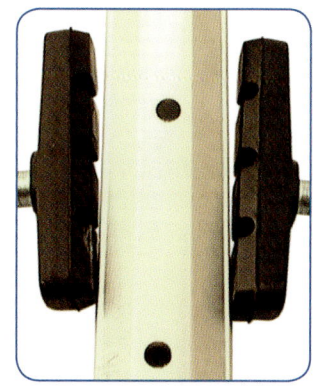

Ziehen Sie den Bremshebel, um zu kontrollieren, ob die Backen die Felge zuerst vorne berühren. Zudem sollten die Backen auf der Felge aufsitzen und den Reifen in keiner Weise berühren. Prüfen Sie auch, ob beide Backen die Felge simultan berühren. Bei manchen Rädern gibt es Stellschrauben (am Bremshebel), um eine allfällige Ungleichheit dieser Art zu korrigieren.

ZÜGE

Überprüfen Sie die Bowdenzüge (Kabel) regelmäßig auf ausgefranste Stellen und Rost. Entdecken Sie etwas in der Art, muss der Zug sofort ausgetauscht werden. Am besten nimmt man beim Kauf der Ersatzzüge das Rad mit zum Geschäft: So kann man sicher sein, passende Ersatzteile zu kaufen. Das Wechseln der Züge ist recht einfach, achten Sie aber sehr darauf, hinterher die Bremsen richtig einzustellen (siehe oben).

FEHLERDIAGNOSE

Problem	Ursache	Lösung
Quietschen	Backen nicht nach innen weisend montiert	Justieren (siehe Abschnitt „Backen")
	Schmutzige oder schmierige Felgen	Säubern und entfetten
Schlenkern oder holpern	Seitenschlag (Achter) oder Hochschlag im Reifen	Zentrieren (siehe Fachbuch oder Fachhandel) oder Reifen ersetzen
Schwergängigkeit	Schmutzige/ korrodierte Züge/ Gelenke	Säubern und schmieren
	Schadhafte Züge	Sofort ersetzen
Übergroßes Spiel (Hebel)	Schlechte Einstellung	Einstellen

Skateboard: Grundlagen

Skateboarden ist eine tolle Sache, um überschüssige Energien loszuwerden, und fasziniert v. a. Jungs von 8–18+. Die wollen wahrscheinlich Ihre Hilfe möglichst gar nicht in Anspruch nehmen, aber es hilft, wenn Sie ein wenig Bescheid wissen …

BRETT
DECK

ROLLEN
WHEELS
KUGELLAGER
BEARING

ACHSE
TRUCK

Aufbau eines Skateboards

Der hölzerne Teil ist das *Deck* (Brett); das vordere Ende wird *Nose*, das hintere *Tail* genannt. Die meist vorhandene leichte Wölbung nach innen ist die *Concave*. Auf das Deck wird Griptape aufgeklebt, ein rutschfester, sandpapierartiger Belag. Es erfüllt den Zweck, verschleißt aber zudem erstaunlich schnell die Schuhsohlen.

Die metallenen Teile darunter sind die *Trucks*: Rollen, die mit Kugellagern und hexagonalen Muttern an den Achsen befestigt sind. Zum Truck gehört je ein *Kingpin* (Spezialschraube) und *Bushings* (Lenkgummis). Diese sorgen für ein einstellbares Spiel zwischen Truck und Deck und damit für die Lenkbarkeit, justiert über die Kingpin. Die Trucks werden am Deck festgeschraubt (*bolts*), in der Regel mit Einstellmöglichkeiten. Die ebenfalls hexagonalen Bolts helfen, die Füße richtig zu positionieren.

Zwischen der *baseplate* der Trucks und dem Deck sind in der Regel *(Shock)pads* eingebaut, Kunststoff- oder Gummiplatten zur Stoßabsorption nach den gewagten Sprüngen der Skateboarder.

Die Auswahl: Board und Zubehör

Jüngere Kinder empfinden normale, große Boards als riesig und schwer. Kleine Skateboards sind aber meist nicht viel wert und auch schwieriger zu beherrschen. Zwar gibts es Profi-Miniboards, aber die sind schwer zu finden. Wie auch immer: Ab etwa 8 können Kinder mit einem großen Board umgehen, viele auch schon früher.

Für die ersten Schritte braucht das erste Skateboard eines Kindes lediglich ‚gut genug' zu sein, beste Qualität ist nicht erforderlich. Erst mit einiger Erfahrung, so ab 10 oder 11, wird Ihr Kind wirklich von einer besseren Ausrüstung profitieren.

SET ODER EINZELTEILE?

Ein fixfertig montiertes, komplettes Skateboard wird Set genannt. Das ist zumeist eine günstige Möglichkeit: Die Pakete aus Deck, Trucks und Rollen funktionieren in aller Regel gut und kosten weniger, als jedes Teil extra zu kaufen. Kaufen Sie aber bei einem Skateboard-Spezialisten, nicht im Spielzeug- oder Sporthandel: dort dürfen Sie nicht das billigste, aber ein preiswertes Gerät samt guter Beratung erwarten. Sets aus dem nichtspezialisierten Handel können zwar sehr wenig kosten, sind aber nicht selten eine große Enttäuschung.

DECKS (BRETTER)

Decks variieren in Größe und Form für die jeweils persönliche Vorliebe. *Blanks* – unbedruckte Decks, erhältlich in den meisten Skateboard-Shops – sind ein sehr gutes Geschäft und nicht selten von erstaunlich hoher Qualität. Die Decks mit tollen aufgedruckten Designs kosten meist viel mehr – und das neueste Design garantiert keine guten Fahreigenschaften.

TRUCKS (KOMPLETTACHSEN)

Trucks können sehr teuer sein. In der Regel sind die teuersten auch die widerstandsfähigsten, konstruiert für ältere, schwerere Boarder, die ihr Gerät heftig quälen. Anfangs empfehlen sich günstigere Modelle. Wenn Ihr Kind Fortschritte gemacht hat, können Sie sich die Anschaffung eines höherpreisigen überlegen. Deren Design, Kingpins und Bushing kann sich besser als bei den billigen anfühlen.

BEARINGS (KUGELLAGER)

Gute Lager sind wichtig für geschmeidiges Fahren und Geschwindigkeit, aber erneut rentiert sich die Investition in teure Lager für Anfänger kaum. Die Präzision wird in ‚ABEC‘ (1–9) angegeben – ab ca. ABEC 7 wird es erheblich teurer, ohne wirklich großen Einfluss auf die Performance.

ROLLEN (WHEELS)

Auch Rollen, erhältlich in Durchmessern von 50–60 mm, sind Geschmackssache. Fürs Rampenskaten gelten 53–55 mm-Rollen als ideal, für die Straße 53 mm und weniger. 52–54 mm sind daher ein gutes Allroundmaß.

Dünnere, kleinere Räder fühlen sich rauer und ‚körniger‘, größere fester an. Bis Ihr Anfänger einiges gelernt hat gibt es keinen Grund, teure Rollen zu wählen. Manche Sets haben allerdings ganz schlechte Gummi- oder Komposit-Rollen: Diese durch günstige Polyurethan-Rollen zu ersetzen ist die Sache auf jeden Fall wert. Coole, toll bedruckte Rollen zu kaufen ist verführerisch, bringt aber meist wenig außer höheren Kosten – die Unterschiede sind entweder nur kosmetischer Natur oder so subtil, dass nur erfahrene Skater sie bemerken. Zumindest was Novizen betrifft sind sie einfach nichts anderes als Geldverschwendung.

SKATEBOARD-SCHUHE

Unglücklicherweise hilft es wirklich, gute Skateboard-Schuhe zu tragen – und die sind alles andere als billig. Sie sorgen für gute Federung und stützen den Knöchel, schützen und begünstigen die Ausführung von Tricks. Billige Skateboard-Schuhe sind auch für Anfänger ratsam, weil sie nicht so rasch verschleißen. Billige oder auch nicht ganz billige Schuhe, die nicht eigens fürs Skaten designt wurden, fallen in der Regel weit schneller auseinander.

Skate-Sicherheit

Skateboarden ist gefährlich – aber nicht sehr gefährlich. Wegen Fußball-Verletzungen enden Woche für Woche weit mehr Jugendliche in der Ambulanz von Unfallkrankenhäusern.

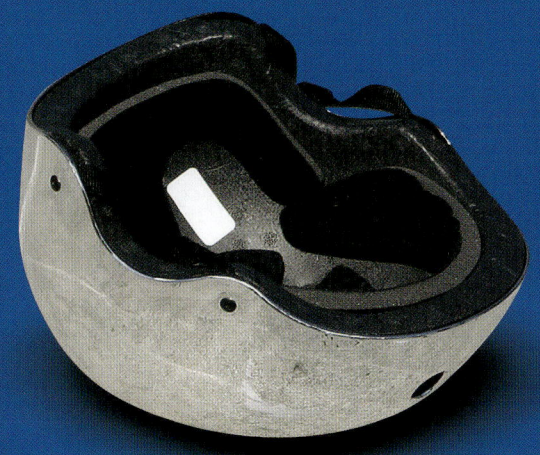

Schutzausrüstung ist eine gute Idee, aber nicht essenziell. Es hängt davon ab, welche Risiken Sie eingehen wollen. Handgelenksschützer sind jedenfalls empfehlenswert; Brüche an dieser Stelle gehören zu den häufigsten Skateboard-Unfallfolgen.

Jüngere Boarder werden gerne einen Helm tragen, weil sie sich damit cool und sicher fühlen. Selbst Ältere setzen einen auf, weil er sie nicht behindert. In Indoor-Skateboardparks besteht generell Helmpflicht, weil die Versicherung darauf bestehen, aber Fakt ist, dass Kopfverletzungen bei Skateboardern selten sind. Zum Teil liegt das daran, dass nur wenige Tricks dazu führen, mit dem Kopf zuerst aufzuschlagen. Rollerskaten und Mountainbiken sind diesbezüglich weit riskanter.

Ein Vollschutz – Knie-, Ellenbogen-, Handgelenksschützer und Helm – ist eine ausgezeichnete Idee, wenn Ihr Kind sich erstmals in die Rampe wagt.

Eine der besten Sicherheitsmaßnahmen ist ein guter Bail (Absprung): vom Board zu steigen und ins Laufen zu verfallen, wenn ein Trick zu misslingen scheint. Das können Sie in jedem Skaterpark beobachten. Eine großartige Fertigkeit, die jeder junge Skater beherrschen sollte.

Jeder Skateboarder erlebt Stürze. Es ist nützlich, zu lernen, auf Hände und Knie zu fallen, weil der Aufprall so besser abgefangen werden kann. Stürze auf den Rücken oder die Seite können weit gefährlicher sein.

Skateboard: Wichtige Tricks

Der Ollie

Der Basistrick beim Skateboarden ist der Ollie genannte Sprung.

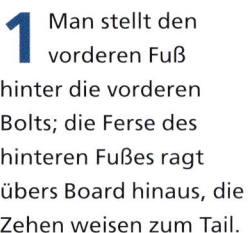

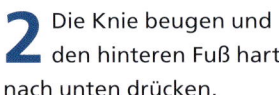

1 Man stellt den vorderen Fuß hinter die vorderen Bolts; die Ferse des hinteren Fußes ragt übers Board hinaus, die Zehen weisen zum Tail.

2 Die Knie beugen und den hinteren Fuß hart nach unten drücken.

3 Wenn der Tail den Boden berührt hochspringen und dabei den vorderen Fuß mit dem hochsteigenden Board mitführen.

4 Beide Füße sollten auf gleicher Höhe sein.

5 Bei der Landung sollten beide Füße flach auf ihren Bolts stehen.

50–50 Grind

Rutscht man mit einem oder zwei Trucks über eine Kante, spricht man von einem Grind. Wachsen der Kante erlaubt.

1 Mit einem Ollie mit beiden Trucks auf einen Sims oder die Kante einer Grind-Box springen.

2 Während des Grinds über das Metall das Gewicht zentriert und ausbalanciert halten.

3 Um aus dem Grind zu kommen, beginnt man mit dem Anfang eines Ollie: den Tail drücken, den Vorderfuß heben. Etwas Richtung Tail lehnen, aber nicht zu viel; parallel zum Metall stehen ist wichtig. Zentral über dem Board stehen, die Füße parallel und rechtwinklig zum Deck halten. Den Führungsfuß leicht anheben, das hintere Bein ein wenig beugen. Die Beine sollten nie durchgestreckt sein, sondern immer locker bleiben.

4 So flach wie möglich landen und bereit sein, geradeaus oder eine Kurve zu fahren.

Der Kickflip

Bei Flips wird das Board um die Längsachse gedreht. Sie sind weit schwieriger als Ollies und brauchen sehr viel Übung, besonders bei der Landung.

1 Die Grundstellung ist wie beim Ollie, nur dass der Vorderfuß weiter vor den Bolts, mittig und in einem 45-Grad-Winkel nach vorne weisend gesetzt wird.

2 Die Knie beugen wie bei einem Ollie, dann den Vorderfuß nach vorne und (abhängig von der *concave*) etwas zur Seite kicken, um einen Drehimpuls zu erzeugen.

3 Man versucht, das Board mit beiden Füßen zugleich zu erwischen und vierrädrig auf den Bolts stehend zu landen. Manchen fällt es leichter, das Board mit einem und einen Sekundenbruchteil später dem anderen Fuß zu fangen.

Knoten knüpfen

Kinder erwarten von ihren Vätern oft so ‚simple' Dinge wie Sachen zusammenbinden, Schaukeln an Bäumen montieren oder Strickleitern basteln. V. a. Jungs lieben es, Knoten zu knüpfen. Das ist schon seit Jahrtausenden so.

In diesem Kapitel werden wir uns einige nützliche Knoten ansehen. Alles, was Sie brauchen, ist eine Schnur. Vermeiden Sie aber harte Plastikware und wählen Sie besser weicheres, elastischeres Material. Mit Stärken zwischen 4 und 8 mm lassen sich sehr zufriedenstellenden Knoten knüpfen. Schuhbänder sind eine Alternative, wobei Sie sich für lange und besser runde als flache entscheiden sollten. Die damit entstehenden Knoten sind allerdings recht klein.

Sehr nützlich ist ein Hilfsmittel, um Knoten wieder zu öffnen. Besonders Kindern fällt es schwer, Knoten zu öffnen, und ein festsitzender Knoten ist frustrierend. Vielleicht entdecken Sie einen Marlspieker – ein Spezialwerkzeug für die Arbeit mit Seilen – oder finden ein Seglermesser, bei dem so etwas eins der Werkzeuge ist. Ein guter Ersatz sind Häkel- oder dicke Stricknadeln, auf ca. 100 mm abgeschnitten.

AUSFRANSEN VON SEILEN VERHINDERN

Mit einem ausgefransten Seil kann man nicht vernünftig arbeiten. Eine einfache Methode, das Ausfransen zu verhindern, ist der Konstriktorknoten (S. 45). Bei einem Synthetikseil lässt sich das Ende mit einer Kerzen- oder Feuerzeugflamme in wenigen Sekunden verschmelzen. Das sollten Sie allerdings niemals Kinder unbeaufsichtigt machen lassen: Manche Seile können erstaunlich rasch Feuer fangen; außerdem besteht immer die Gefahr, dass sehr heißes, schmelzendes Plastik auf sie oder auf den Boden tropft.

INTERESSANTE TERMINOLOGIE

Technisch gesehen gilt alles ab einer Dicke über 10 mm als Seil. Dünnerer Stoff (ja, ‚Stoff' ist der korrekte Ausdruck für diese Materialien) wird Flechtschnur, Schnur, Faden oder Zwirn genannt. Ein Seil aus drei Strängen ist eine Trosse, während Kletterseile aus einem Kern aus verflochtenen Fasern in einer schützenden Ummantelung bestehen.

Dünnere Seile werden seemännisch als Leinen bezeichnet.

Knoten zum Verbinden von zwei Seilen werden Knoten oder Stiche genannt; Knoten, die erst in Verbindung mit einem festen Gegenstand (Pfosten, Ring, anderes Seil) funktionieren, sind Steks; und Stopper fixieren Seilenden oder vergrößern den Querschnitt, um ein Durchrutschen durch Ösen zu verhindern.

Eine U-förmige, offene Schlaufe ist eine Bucht; überkreuzen sich die Enden, spricht man von einem Auge. Außerdem ist es oft hilfreich, Knoten mitten in ein Seil zu knüpfen (z. B. um eine Leine zu verkürzen) oder ‚auf Slip zu legen', d.h. mit einer Endschlaufe zu binden (Schuhschleife).

WICHTIG – SICHERHEITSREGELN

Mit Knoten zu spielen ist ungefährlich, aber andere zu fesseln ist es nicht. Es ist sehr wichtig, das den Kindern klarzumachen. Sogar sich zum Spaß eine Schnur um den Finger zu binden kann gefährlich sein, wenn es die Blutzirkulation unterbricht. Und bei Missbrauch kann jeder Knoten – und ganz besonders der Konstriktorknoten (S. 45) sogar sehr gefährlich sein.

Einfache Knoten

ÜBERHANDKNOTEN

Ein guter Stopper, sehr einfach zu knüpfen, aber schwer zu lösen, wenn man ihn fest zuzieht.

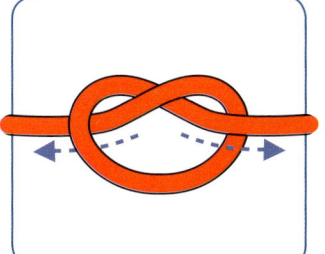

ACHTKNOTEN

Der bessere, weil leichter lösbare Stopper. Gut, um in eine Kletterseil geknüpft zu werden (besserer Griff) oder in ein Seil zum Tauziehen.

WIEDERHOLTE ACHTKNOTEN

Das scheint fast ein wenig magisch zu sein. Man bereitet ein Seil vor, zieht sachte daran und schwupps – mit ein wenig Glück hat man eine hübsche Reihe von Endachten. Dazu gibts auch ein bisschen Geschichte. Achtknoten wurden früher in gleichmäßigen Abständen, mitunter über mehrere hundert Meter, in Seile geknüpft, eine multiple Knüpftechnik sparte so eine Menge Zeit. Mit solchen Knotenreihen maß man die Wassertiefe oder die Schiffsgeschwindigkeit (die Maßeinheit dafür heißt auch heute noch ‚Knoten').

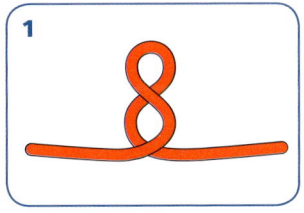
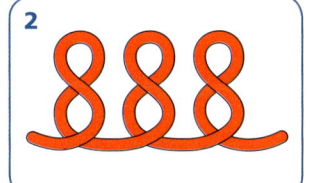

Seile verbinden

KREUZKNOTEN

Einer der ältesten und bekanntesten Knoten, aber kein guter! Die größten Nachteile sind, dass er unter Zug festsitzt und für das Verbinden von Seilen unterschiedlicher Dicke ungeeignet ist.

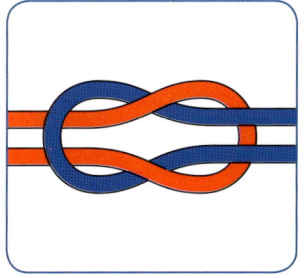

EINFACHER SIMON

Dieser Knoten ist viel besser als der Kreuzknoten und fast genauso einfach. Damit lassen sich zwei Seile gleicher oder unterschiedlicher Dicke sicher und leicht verknüpfen. Erfunden wurde er von Harry Asher in den 1980ern.

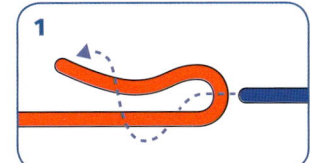

FISCHERKNOTEN (SPIERENSTICH)

Noch besser: Wie wärs mit einem Knoten, der zwei Seile fest verbindet und ganz leicht zu lösen ist? Dieser Knoten ist einfacher, als er aussieht. Er besteht aus zwei ineinander verschlungenen Überhandknoten und hält zwei Leinen sehr sicher zusammen. Dann einfach an den kurzen Enden ziehen und die Knoten sind ganz leicht zu öffnen. Hält auch rutschige Leinen zusammen.

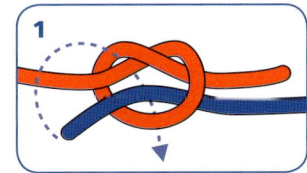
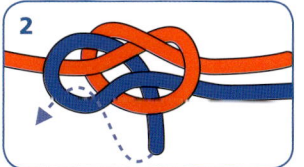

Knoten zum Festmachen: Steks

WEBELEINENSTEK

Dieser ist ebenso rasch geknüpft wie gelöst. So lange der Zug im richtigen Winkel erfolgt, hält er ausgezeichnet, verlassen Sie sich aber nicht bei seitlichem Zug auf ihn.

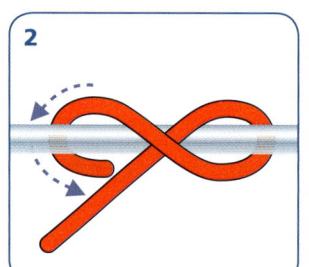
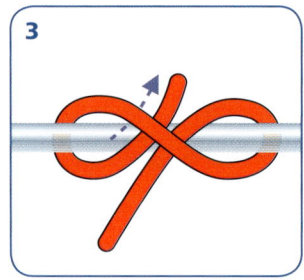
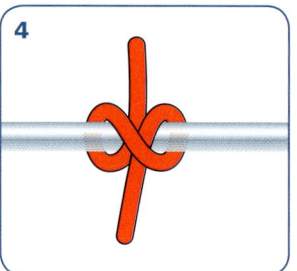

RORINGSTEK (ANKERKNOTEN)

Einfach und zuverlässig ist dieser Knoten besser als der Webeleinenstek. Er hält bei Zug in jede Richtung bombenfest und ist daher z. B. als Schaukelbefestigung bestens geeignet. (Ein Roring ist der Ring am Ankerschaft, an dem die Ankertrosse befestigt wird.)

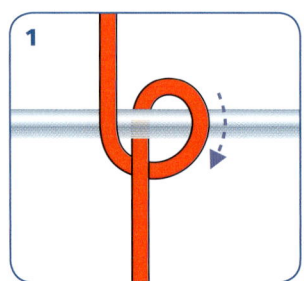
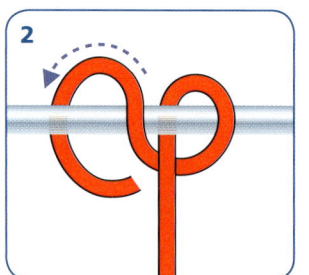
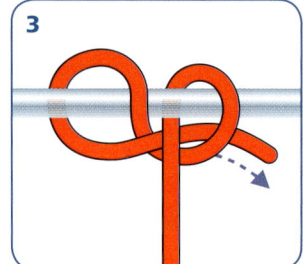
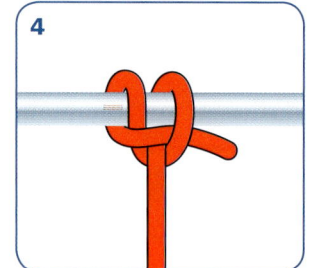

An den Pfosten

PALSTEK

Ein einfacher, klassischer Weg, zu einer festen Schlinge zu kommen (die sich nicht zusammenzieht). „Pal" steht für neuhochdeutsch „Pfahl".

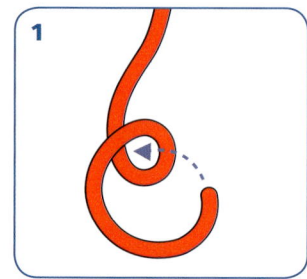
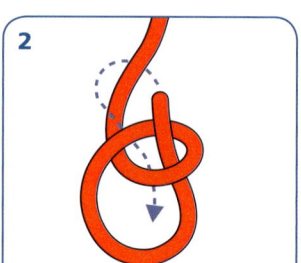

PFAHLSCHLINGE

Ein schnell ‚in der Buch' (also ohne freies Seilende) gelegter und über einen Pfahl oder Poller geworfener Knoten. Braucht etwas Übung, ist aber nicht schwierig. Wie sich alles zusammenlegt, hat etwas Magisches.

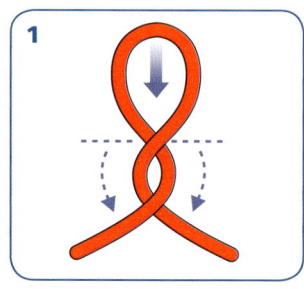
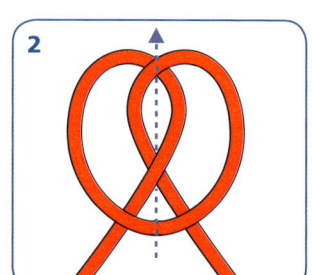
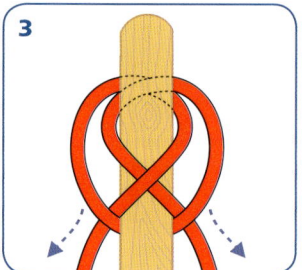
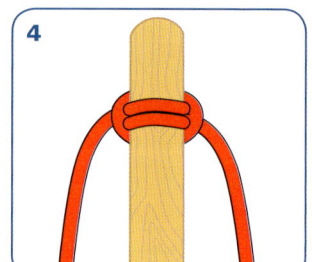

TROSSENSTEK

Ein starker, ernsthafter Arbeitsknoten, der dennoch nicht schwer zu knüpfen ist. Er kann enorme Trossen und Kabel verbinden, die mitunter dicker als Bäume sein können – auf Fährschiffen u. dgl. ist er manchmal zu sehen. Er stellt eine clevere Lösung für dieses schwierige Problem dar, weil sich die Seile nicht allzusehr zu biegen brauchen. Seine Vorzüge werden denn auch erst bei wirklich dicken Tauen erkennbar.
.

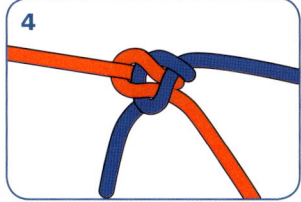

Extrafest geknüpft

KONSTRIKTORKNOTEN

Dieser Knoten ist bestens geeignet, um etwas unverrückbar fest zusammenzubinden – sodass, sollten Sie die Verbindung je wieder trennen wollen, wohl nur ein Messer hilft. Ein seit Tausenden von Jahren eingesetzter, uralter Knoten, der Holz so fest verbindet wie eine Zwinge.

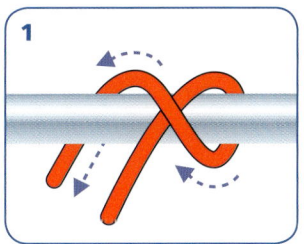
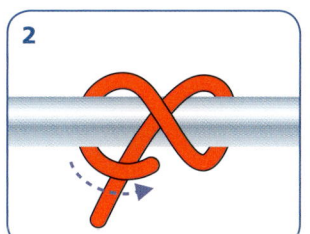
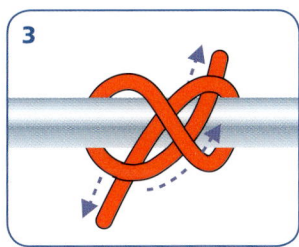
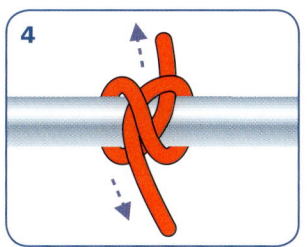

Schmuckknoten Trossenstekmatte

Dies braucht etwas Übung, erfüllt einen aber mit großer Zufriedenheit. Als reine Dekoration oder Getränke- sowie Tischuntersetzer geeignet – und damit vielleicht ein tolles Weihnachtsgeschenk!

Die Trossenstekmatte ist eine Art Webarbeit. Wenn Ihnen das Muster aus den Schritten 1–3 einmal geläufig ist, geht es wie von selbst: das Seil läuft parallel zum Strang zu seiner Linken, sodass Sie mit einem Dreifachstrang-Muster enden. Beenden Sie die Arbeit, indem Sie das Seil abschneiden oder reinstopfen und unterhalb ankleben oder -nähen. Wenn Sie mit einer Schlaufe abschließen, lässt sich die Matte aufhängen.

Jonglieren für Anfänger

Jonglieren gehört zu den Dingen, die man immer wieder übt, bis man evt. den Dreh herausbekommt. Es macht Spaß, ob man es kann oder nicht.

Im Allgemeinen sind Kinder nicht sehr gut darin, sich in Dinge wirklich zu vertiefen; beim Jonglieren ist das häufig anders. Gemeinsam mit den Eltern ist es ein besonderes Vergnügen – sie genießen deren Verzweiflung, wenn ihnen nichts gelingt, sind aber auch die Ersten, die vor ihren Freunden stolz erzählen: ,Mein Vater (meine Mutter) kann jonglieren!'

Unter 7 scheitern die meisten Kinder: es fehlt an der nötigen Koordination. Sind Kinder aber erst einmal geschickte Werfer und Fänger, hat auch das Jonglieren eine Chance.

WAS MAN BRAUCHT

Jonglierbälle, die sich weich in die Hand schmiegen, sind perfekt und auch in kleinen Größen erhältlich. Alternativ lassen sich auch selbsttätig Beutel mit Reis oder Linsen füllen. Sie finden es vielleicht einfacher, mit farblich unterschiedlichen Bällen zu jonglieren. Tennisbälle sind nicht sehr geeignet – sie sind relativ hart und für die meisten zu groß, um ein Paar gut in einer Hand halten zu können. Außerdem springen oder rollen sie weg, wenn man sie fallen lässt, so dass Sie viel Zeit beim Zusammensuchen verschwenden.

Los geht's

Knien Sie bei Ihren ersten Versuchen. Auf die Art müssen Sie sich nicht ständig bücken, um Bälle aufzuheben. Positionieren Sie sich höchstens einen Meter vor einer Wand; das hilft, senkrecht zu werfen, und verhindert, dass die Bälle allzu weit davonfliegen.

1 Beginnen Sie mit nur einem Ball. Versuchen Sie, in einem gleichmäßigen Bogen weich von links nach rechts und von rechts nach links zu werfen. Das ist kein Kinderkram: Selbst Profis beginnen häufig so ihre Übungen, um den Bogen zu perfektionieren und in den Rhythmus zu kommen.

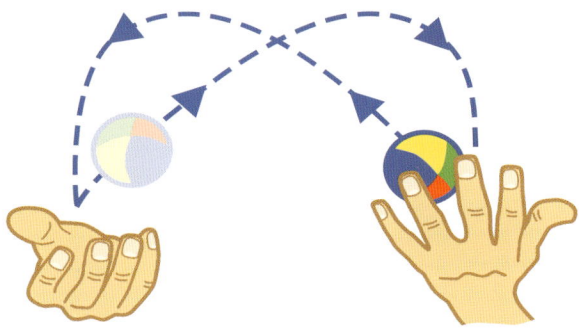

2 Jetzt versuchen Sie es mit zwei (unterschiedlich gefärbten) Bällen. Werfen Sie, beginnend mit der rechten Hand, auf Augenhöhe nach dem Muster wie oben abgebildet. Wechseln Sie von Zeit zu Zeit die Hand, mit der Sie beginnen.

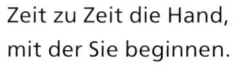

3 Gehen Sie jetzt zur Dreiballjonglage über. Halten Sie in einer Hand zwei, in der anderen einen Ball. Werfen Sie als Erstes einen von den zwei Bällen in einer Hand, und zwar den äußeren (näher bei den Fingerspitzen). Versuchen Sie jetzt, laut ‚eins, zwei, drei' zählend, in das Wurfmuster für drei Bälle zu kommen. Mit Übung und Geschick gelingt es Ihnen, alle drei Bälle in einem gleichmäßigen Rhythmus zu werfen und zu fangen.

Tempo und Takt müssen passen. Konzentrieren Sie sich auf das Werfen mehr als aufs Fangen. Als Erstes muss der Bogen stimmen, entsprechend dem unten gezeigten Muster. Machen Sie sich nichts aus runterfallenden Bällen. Mit genügend Praxis wird das Fangen ganz einfach, solange der Rhythmus und der Wurfbogen stimmen.

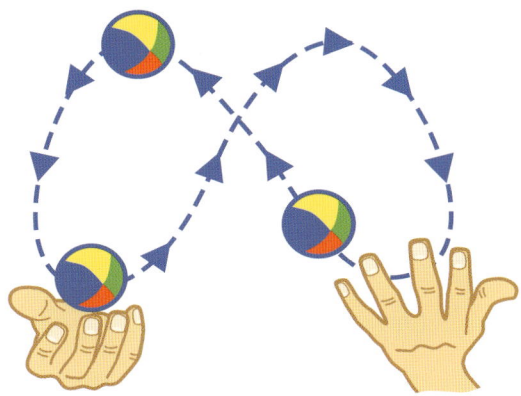

Drei Bälle zu zweit

Das ist eine gute Übung und einfacher als alleine zu jonglieren, weil man sich auf nur eine Hand zu konzentrieren braucht. Außerdem macht's viel Spaß.

Zwei Personen stehen nebeneinander, mit den inneren Armen am Rücken. Größenunterschiede ausgleichen (z. B. durch knien). Beginnen Sie mit zwei Bällen, die Sie hin und her werfen, als wären Sie ein einziger Jongleur.

Für die Dreiballjonglage hält Person A zwei Bälle, Person B einen Ball. A wirft den äußeren Ball (näher bei den Fingerspitzen) in einem Bogen zur Hand von B. Wenn der Ball am höchsten Punkt ist, wirft B seinen Ball im Bogen zur Hand von A und zählt ‚eins, zwei, drei' wie beim Solo-Jonglieren.

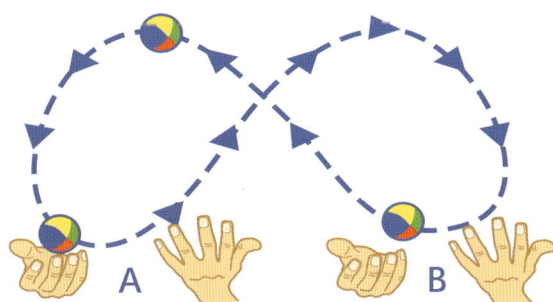

Jonglieren im Kreis

Das hat mit richtigem Jonglieren eigentlich nichts zu tun, ist aber eine lustige Gruppenaktivität, die das Geschick beim Fangen und Werfen zu steigern hilft. Außerdem sieht es nett aus. Das Ziel des Spiels besteht darin, dem oder der Nächststehenden den Ball in einem schönen Bogen zuzuwerfen, damit er gefangen wird. Man braucht mindestens fünf Mitspieler und drei Bälle – Tennisbälle, Schaumgummi- oder Jonglierbälle.

Bilden Sie einen Kreis, in dem jeder von jedem etwa 2 m Abstand hat. Der erste wirft den Ball im Bogen nach rechts, wo er gefangen und weitergeworfen wird. Hat man den Kreis ein paar Mal umlaufen und einen Rhythmus etabliert (was mit jüngeren Kindern eine Weile dauern kann) wird ein weiterer Ball eingebracht, sodass die Spieler rasch vom Fangen zum Werfen umschalten müssen.

Jetzt kann noch ein dritter Ball dazu, in dieselbe oder sogar entgegengesetzte Richtung. Mit einiger Übung kann es die Gruppe auf mehrere Minuten ununterbrochenes Werfen und Fangen bringen.

Sportliche Grundlagen

Fußball

Fußball wird gerne als das ‚schöne Spiel'
bezeichnet und ist der bei Weitem populärste
Sport der Welt. Kinder lieben es, und mit dem
Vater zu kicken ist eine altehrwürdige Tradition.
Ein guter Teil der Faszination beruht auf seiner
Einfachheit – selbst die unbeholfensten Kinder
(oder Väter) können gegen einen Ball treten.

DIE REGELN

Fußball wird in Elferteams auf einem rechteckigen Feld mit
Toren an beiden Enden gespielt. Das Spielziel ist es, mehr
Tore als der Gegner zu erzielen. Die zehn Feldspieler der
Teams dürfen den Ball nur mit den Füßen, dem Kopf oder
dem Körper berühren. Nur der Torhüter darf auch die Hände
einsetzen, jedoch nur innerhalb des Strafraums, der vor dem
Tor markiert ist.

Fußball ist relativ simpel, hat ein einfacheres Regelwerk
als viele andere Sportarten und ist deshalb leicht zu erlernen.
Eine Regel sorgt indes für Verwirrung: das Abseits. Sie
besagt, dass sich ein angreifender Spieler bei der Ballabgabe
eines Mitspielers auf ihn nicht näher beim Tor des Gegners
als irgendeiner von dessen Feldspielern befinden darf. Bei
Abseits erhält der Gegner einen Freistoß.

SPIELABLAUF

Ein Spiel dauert zweimal 45 Minuten; das Team mit den
meisten Toren gewinnt. Haben beide Teams dieselbe Anzahl
an Toren geschossen, endet das Spiel unentschieden.

Bei manchen K.o.-Bewerben muss es jedoch einen Sieger
geben, weshalb bei einem Unentschieden zweimal 15
Minuten verlängert wird. Steht der Sieger dann noch immer
nicht fest, entscheidet ein Elfmeterschießen, bei dem das
beste Resultat aus je 5 Penalties den Sieger kürt.

ERLERNEN DES SPIELS

Nichts ist einfacher als Fußball zu spielen; alles was Sie
brauchen, ist ein Ball, einen Vater und ein oder zwei Kinder.
Wenn Ihr Kind noch nie gespielt hat, kicken Sie anfangs
ein bisschen hin und her, um ein Gefühl für die Sache zu
bekommen. Als Nächstes können Sie schon ein Tor bauen
– legen Sie einfach zwei Pullis in 3,4 m Abstand auf den Boden
– und den Goalie geben, wobei Sie nicht allzu gut abwehren
sollten. Kinder sind begeisterte Torschützen, besonders gegen
den Vater!

In der Nachbarschaft finden sich meist etliche fußball-
verrückte Kinder; versuchen Sie, mit anderen Familien
zusammen ein Spielchen im nächsten Park zu organisieren!
Achten Sie nur darauf, dass nicht allzu ehrgeizige Väter sich
überengagieren.

WEITERKOMMEN

In jeder Schule wird Fußball gespielt, Spielpartner und
-möglichkeiten sind also leicht zu finden. Selbst im kleinsten
Dorf kann es einen Club geben, so finden sich auch abseits
der Schule genügend Möglichkeiten. Viele Profivereine
veranstalten Schnupperkurse oder Tage der Offenen Tür. Sie
werden sicher das Richtige finden.

POSITIONEN

Beim Fußball sind die Spielsituationen fließend, nicht so starr wie in anderen Teamsportarten. Es gibt vier Grundpositionen: Tor, Verteidigung, Mittelfeld und Sturm.

VERTEIDIGUNG

Wenn Ihr Kind geschickt darin ist, anderen den Ball abzujagen, könnte die Abwehr das Richtige sein. Verteidiger sollen die Angriffe des Gegners aufs Tor unterbinden und den Ball aus der Gefahrenzone bringen. Dieser Job ist nicht gerade glamourös, sollte Ihr Kind also Talent zum Abwehrspieler haben, sollten Sie das Beste tun, um es zu ermutigen – lassen Sie sich den Ball abnehmen.

MITTELFELD

Mittelfeldspieler verbinden Abwehr und Sturm und müssen daher beides können. Sie nehmen die einflussreichste Position am Feld ein und sollten selbstlos spielen und gute Pässe schlagen können, die genau beim geplanten Abnehmer (dem eigenen Stürmer) landen.

STURM

Die Stürmer sind die, die den Job zu Ende bringen. Ihre Aufgabe ist es, den Ball in die Maschen des Tornetzes zu treten. Das ist natürlich die aufregendste Position am Feld – jedes Kind möchte Tore schießen.

Ein guter Stürmer braucht exzellente Sicht und Ballkontrolle und muss schnell reagieren und genau schießen können. Der Vater eines jeden heranwachsenden Stürmers sollte sich darauf einstellen, lange Stunden im Tor unter Beschuss zu stehen.

TORHÜTER

Torhüter müssen das Spiel lesen können und gut im Fangen und Parieren des Balls sein. Sie brauchen auch einen kräftigen Schuss, da der Torabstoß häufig das Spiel wieder in Gang bringt. Wenn Ihr Kind ein Goalie sein könnte, testen Sie es mit verschiedenen Schüssen – langsame, harte, hohe und tiefe. Ermutigen Sie es, auf den Ball zuzugehen: das verkleinert den Schusswinkel für den Angreifer und erschwert ihm so das Treffen.

SCHIEDSRICHTER

Es kann auch sein, dass sich Ihr Kind mehr für die Spielregeln interessiert als für das eigentliche Spiel. Dann ist es vielleicht zum Schiedsrichter geboren! Da es im Amateurfußball derzeit an Schiedsrichtern mangelt, sollte jedes Schiri-Talent nach Kräften gefördert werden.

Tennis

Tennis ist die beliebteste Racketsportart der Welt. Es wird auf einem speziell markierten Feld mit einem niedrigen Netz in der Mitte gespielt. Das primäre Ziel des Spiels besteht darin, den Ball so übers Netz zu befördern, dass ihn der Gegner nicht mehr zurückspielen kann.

DIE REGELN

Jeder Ballwechsel beginnt mit einem Service: Der Aufschläger spielt den Ball von hinter der Grundlinie ins diagonal gegenüberliegende Aufschlagfeld. Der andere Spieler muss den Ball retournieren, nachdem er einmal und bevor er ein zweites Mal aufgesprungen ist; ab dann kann er auch ohne aufzuspringen gespielt werden. Ein Ballwechsel endet, wenn ein Spieler den Ball verfehlt, ins Out (außerhalb der Feldbegrenzung) oder ins Netz schlägt.

ERLERNEN DES SPIELS

Tennis ist einfach zu spielen und ideal für Kinder. Anfangs braucht man weder einen Tennisplatz noch ein Netz. Kaufen oder borgen Sie sich einfach ein Paar billige Schläger und spielen Sie den Ball auf einer betonierten Fläche hin und her (oder im Garten, wenn der Boden sehr fest ist). So lernt Ihr Kind die Grundlagen, bevor es auf den Court geht.

Ignorieren Sie am Platz fürs erste die Linien – es kann für Kinder schwierig genug sein, den Ball überhaupt übers Netz zu bringen, ohne sich auch noch um In oder Out zu kümmern. Spielen Sie den Ball per Grundschlag ein und versuchen Sie einfach, ihn möglichst oft hin und her zu schlagen.

ZÄHLEN

Das Zählsystem im Tennis ist verwirrend. Um ein Match zu gewinnen muss ein Spieler eine gewisse Anzahl an ‚Sätzen' für sich entscheiden. Jeder Satz besteht aus einer Anzahl an ‚Spielen' und jedes Spiel aus einer Anzahl an ‚Punkten'. Die meisten Amateur-Tennismatches gehen über drei Sätze.

Am Anfang jedes Spiels halten beide Spieler bei 0, was im Tennis-Englisch ‚love' genannt wird. Der erste erzielte Punkt zählt 15, der nächste bringt den Gesamtscore auf 30 und der dritte auf 40. Der Punktestand des Aufschlägers wird immer zuerst genannt, steht es also 15:40 bedeutet das, dass der Aufschläger einen und der Rückschläger drei Punkte erzielt hat. Einen Gleichstand von 40:40 nennt man ‚Einstand' (‚deuce'). Um das Spiel zu gewinnen, muss ein Spieler jetzt zwei Punkte hintereinander machen: nach dem ersten hat er ‚Vorteil' (‚advantage'), nach dem zweiten gewinnt er das Spiel. Verliert er diesen Punkt, herrscht wieder Einstand.

6 gewonnene Spiele bedeuten den Gewinn eines Satzes – es sei denn, der Gegner hat genau 5 Spiele gewonnen. In dem Fall muss der Spieler mit 6 Spielen noch eines gewinnen, um den Satz mit 7:5 für sich zu entscheiden, da ein Satz nur mit zwei Spielen Unterschied entschieden werden kann. Damit sich die Sache nicht endlos in die Länge zieht, wird aber beim Stand von 6:6 ein entscheidendes Spiel, das Tiebreak, gespielt. Im Tiebreak zählt jeder Punkt 1 und es gewinnt der Spieler, der zuerst 7 Punkte erzielt. Jedoch gilt wieder die Zwei-Punkte-Abstandsregel.

WEITERKOMMEN

Zwar ist Tennis in Deutschland als Schulsport praktisch nicht vorhanden, Spielmöglichkeiten (Tennisplätze) gibt es jedoch so gut wie überall. Wer Tennis ernsthafter als als Freizeitbeschäftigung betreiben will, ist auf professionelle Unterstützung durch Trainer, Vereine oder eine der zahlreichen Tennisschulen angewiesen. Der Dachverband des deutschen Tennis ist der Deutsche Tennis Bund www.dtb-tennis.de

TENNISPLÄTZE

Tennisplätze gibt es im Freien und in der Halle, mit unterschiedlichsten Belägen.

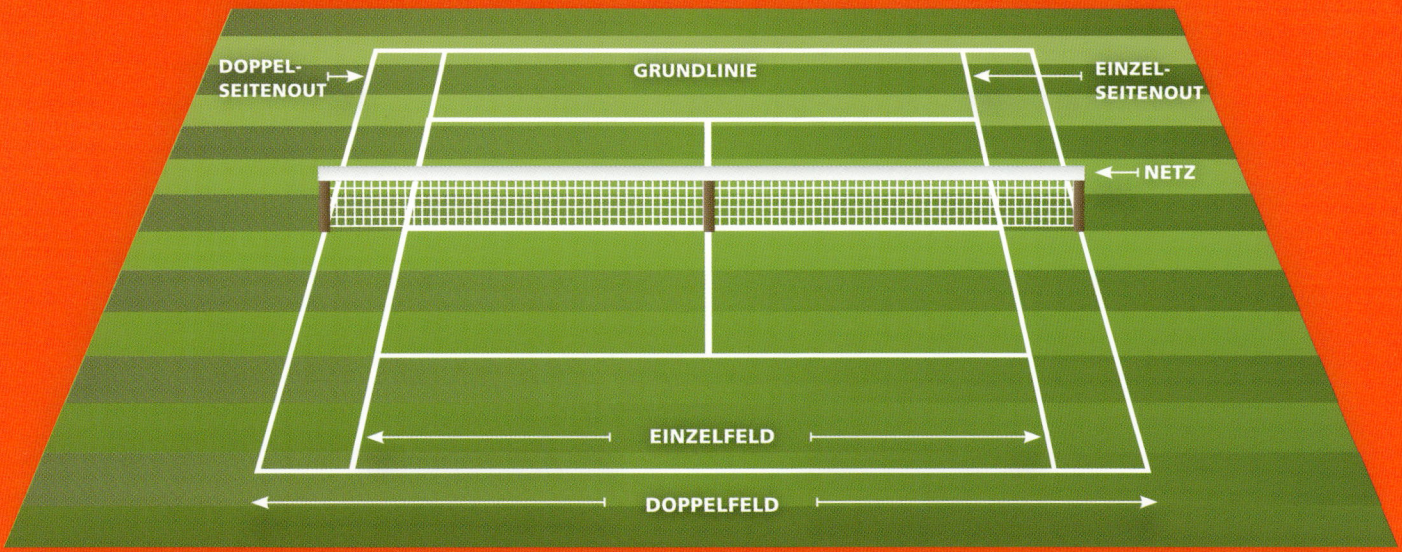

AUFSCHLAG

Der Aufschlag (Service) eröffnet jedes Spiel. Anfangs sollten Sie per Grundschlag beginnen, was einfacher zu machen und zu retournieren ist. Wenn Ihrem Kind aber Tennis zusagt und es wettkampfmäßig spielen will, muss es den Überkopf-Aufschlag meistern.

Die richtige Haltung beim Service ist ein schulterbreiter Stand seitlich hinter der Grundlinie. Der Ball wird hochgeworfen, über dem Kopf geschlagen, und muss im Aufschlagfeld diagonal gegenüber landen, ohne das Netz zu berühren.

Der Aufschlag ist sehr schwierig zu erlernen, daher braucht ein Vater sehr viel Geduld, wenn er ihn lehrt. Stellen Sie sich auf lange Stunden als Zielscheibe auf der anderen Seite des Platzes ein.

DIE VORHAND

Der wichtigste und gebräuchlichste Schlag beim Tennis; daher auch der Grundschlag, auf den sich Ihr Kind zuallererst konzentrieren sollte. Um einen Ball gut zu retournieren, steht man mit Blick aufs Netz und holt mit dem Schläger aus, sobald der Ball das Racket des Gegners verlassen hat. Nun verlagert man das Gewicht auf das hintere Bein und zieht den Schläger in einer geschmeidigen Bewegung in Richtung Ball durch, wobei man das Gewicht nach vorne verlagert. Für Kinder ist es einfacher, Bälle zu schlagen, die aufgesprungen und schon wieder in der Abwärtsbewegung sind.

DIE RÜCKHAND

Der andere häufig eingesetzte Grundschlag, die Rückhand, ist schwieriger, weil dabei das Racket quer vor dem Körper ist. Anfänger verfehlen dabei sehr oft den Ball, ermuntern Sie deshalb Ihr Kind, genau auf den Ball zu schauen und den Griff beim Schlag besonders fest zu packen.

Es zahlt sich aus, bei jedem Spiel die Rückhand gezielt zu trainieren. Wenn Ihr Kind in diesen Schlag kein Vertrauen hat, wird es versuchen, ihn zu umlaufen und alles mit der Vorhand zu spielen.

ANDERE SCHLÄGE

Im Tennis gibt es noch eine Vielzahl weiterer Schläge. Von einem Volley spricht man, wenn der Ball gespielt wird, bevor er den Boden berührt; ein Schlag, der das Spiel sehr schnell macht und den Gegner unter Druck setzt. Ein Lob ist ein Bogenschlag, bei dem der Ball lang und hoch über den Gegner gespielt wird. Ist der Gegner weit hinter der Grundlinie, bietet sich ein Stopp-Ball an: ein ganz kurz, evt. mit Unterschnitt gespielter Ball, der gleich hinter dem Netz zu Boden fällt.

Konzentrieren Sie Ihre Bemühungen zunächst auf Vorhand und Rückhand, wenn Ihr Kind aber Fortschritte macht, sollten Sie es ermutigen, ihr Schlagrepertoire zu erweitern. Dadurch wird nicht nur ihr Spiel besser, es macht auch durch die größere Abwechslung mehr Spaß.

French Cricket

In dieser Cricket-Fun-Version wird der Ball aus der Hüfte auf die Beine eines anderen Spielers geworfen, der das Wicket ersetzt. Das Lustigste daran ist, dass man nicht mehr als einen Tennisball und einen Schläger braucht, um zu spielen.

Jede beliebige Anzahl ab zwei kann spielen. Einer ist am Schlag, alle anderen im Feld. Der Werfer versucht, die Beine des Schlagmanns mit dem Ball zu treffen. Man bestimmt anfangs einen Werfer, der nächste ergibt sich von selbst, je nachdem welcher der rundum stehenden Feldspieler den Ball nach dem ersten Wurf bekommt.

Der Schlagmann ist raus, wenn seine Beine unterhalb der Knie getroffen werden, und wird durch den erfolgreichen Werfer ersetzt.

Man kann das Spiel in zwei Varianten spielen, je nachdem ob es dem Schlagmann gestattet ist, sich in Wurfrichtung zu drehen oder nicht. Kleineren Kindern sollte es immer möglich sein, zum Wurf zu blicken, weil sie mit Würfen von hinten oder der Seite allzugroße Schwierigkeiten haben.

Um ein bisschen mehr Wettkampf einzubringen, kann man auch ,Runs' einführen: Der Schlagmann lässt den Schläger um den Körper kreisen, bis der Ball von einem Feldspieler aufgenommen worden ist. Jede Umdrehung zählt einen Punkt.

Badminton

Badminton kann man entweder als Einzel (zu zweit) oder als Doppel (zu viert) spielen. Die Spieler schlagen einen Federball über ein Netz, bis einer schließlich den Ball verfehlt.

Wie im Tennis wird diagonal von einem Aufschlagfeld ins andere serviert. Nach der neuen Zählweise punktet man bei jedem Ballwechsel (früher konnte nur der Aufschläger punkten), dafür geht ein Satz jetzt bis 21 Punkte (früher 15). Für den Satzgewinn sind 2 Punkte Unterschied erforderlich. Anders als beim Tennis kann sofort losgespielt werden – die leichten Schläger und Bälle erlauben auch kleineren Kindern ein sofortiges Spielerlebnis. Nur zum Spaß kann praktisch überall gespielt werden; soll es sportlich herausfordernder werden, muss man jedoch eine Halle mit Badminton-Courts aufsuchen, in der der Wind den Federball nicht dauernd verbläst. Spielen Sie anfangs hohe Bälle, damit Ihr Kind reichlich Zeit zum Reagieren hat.

Schlagball

Das Schlagball-Spiel hat Ähnlichkeiten mit Cricket und Baseball. Sie brauchen dazu nur einen Tennisball und einen Schläger. Wenn kein richtiger Schlagball-Schläger verfügbar ist, tut es auch ein Cricket- oder Tennisschläger.

Schlagball ist ein Familienspiel und rundet oft ein Picknick oder einen Parkbesuch ab. Markieren Sie vier ‚Bases' im Karo. Teilen Sie die Spieler in zwei Teams auf und entscheiden Sie, welches Team zuerst am Schlag ist. Eine Person aus diesem Team schwingt den Schläger, die anderen warten, bis sie an der Reihe sind. Das Feldteam nominiert einen Werfer und teilt sich dann auf, so dass bei jeder Base jemand steht; die anderen nehmen irgendwo im Feld Aufstellung.

Der Schlagmann versucht den Ball so gut zu treffen, dass er alle vier Bases ablaufen kann, bevor die Feldspieler den Ball zurückbringen. Er ist sicher, sobald er eine Base erreicht, jedoch out, wenn der Gegner an der Base den Ball zuerst bekommt. Ein neuer Schlagmann rückt nach, die bisherigen starten ihre Läufe nun von der Base, auf der sie gerade stehen. Beendet ein Schlagmann eine volle Base-Runde, erringt er einen Punkt. Schlagmänner sind auch out, wenn ihr Ball aus der Luft gefangen wird.

Je sechs Spieler pro Team sind ideal, aber Spaß macht es auch mit mehr oder weniger.

Tischtennis

Tischtennis (‚Ping-Pong') ist, wie der Name schon sagt, eine Miniaturversion von Tennis. Es wird auf einem rechteckigen Tisch mit einem niedrigen Netz in der Mitte gespielt. Der Ball ist sehr leicht, die Schläger haben einen Gummibelag.

Ein großer Spielspaß für Kinder und sehr leicht zu erlernen. Im Unterschied zum richtigen Tennis muss der Ball beim Aufschlag auf beiden Tischplattenseiten einmal aufspringen. Beim Ballwechsel muss der Ball auf der Rückschlagseite genau einmal aufspringen; ermuntern Sie Ihr Kind, den Ball eher nach unten zu schlagen, damit er nicht in hohem Bogen über die Tischlänge hinausfliegt.

Tischtennistische sind relativ teuer, sie finden sich aber zur Genüge in Freitzeitzentren, Parks und Jugendclubs. Wenn Sie keinen finden können, versuchen Sie es auf dem Esstisch – damit gelangen Sie zugleich an die Ursprünge des Spiels zurück.

Spiele

Kartenspiele

Kartenspiele sind bestens geeignet, um Kinder glücklich beschäftigt zu halten. Ein Paket Spielkarten ist billig und immer dabei.

WAS KINDER WISSEN SOLLTEN

Buben, Könige und Damen werden Bildkarten genannt.

Das **Ass** ist in manchen Spielen wertvoller (höherrangig) als der König, in anderen die niedrigste Karte von allen, unter einer Zwei.

Der **Rang** einer Karte entspricht der Zahl bzw. dem Titel.

Es gibt vier **Farben**: Herz, Kreuz, Pik und Karo.

Der **Wert** eines Sets Karten ist die Summe aller Zahlen sowie aller Bildkarten, soferne diesen im konkreten Spiel ein Zahlenwert zugeordnet wird.

Ein **Ablagestapel** wird im Lauf des Spiels immer größer, weil hier die nicht benötigten Karten landen.

Ein **Nachziehstapel** verschwindet in dem Maß, wie Spieler ihm neue Handkarten für sich entnehmen.

Spiele variieren, für alle hier vorgestellten kann aber gelten: es beginnt entweder der jüngste oder der Spieler links vom Geber. Gespielt wird im Uhrzeigersinn.

Achten

Für alle Altersstufen ab 8+

2–8 Spieler. Ein Deck Karten für bis zu vier Spieler, zwei Decks für mehr.

Ein traditionsreiches Spiel mit einigen Ähnlichkeiten zum weithin populären *Uno*. Das Ziel besteht darin, alle seine Karten loszuwerden, indem man sie passend zu Rang oder Farbe der obersten Karte auf den Ablagestapel legt.

Verwenden Sie ein Standard-Kartendeck mit 52 Blatt (oder zwei durchmischte für mehr als vier Spieler). Der Geber teilt jedem 5 (7 bei nur zwei Spielern) Karten zu. Die übrigen, verdeckt abgelegten Karten bilden den Nachziehstapel. Dessen oberste Karte wird offen daneben gelegt und bildet die erste Karte des Ablagestapels.

Jeder Spieler muss nun entweder eine passende Karte ablegen oder eine Karte ziehen. Folgendes ist möglich:

1. Jede Karte, die dem Rang oder der Farbe der obersten Karte am Ablagestapel entspricht. Auf das Karo-Ass kann man z. B. jedes andere Ass oder jedes andere Karo legen.
2. Die Acht ist eine Ausnahme. Eine Acht kann man immer spielen und erhält dann das Recht, die Farbe zu bestimmen, die als Nächstes zu spielen ist.

Wer zuerst alle Karten abgelegt hat, gewinnt. Wenn man Punkte zählt, erhält dieser Spieler 0 und die anderen Strafpunkte: 50 für eine Acht, 10 für jede Bildkarte und die anderen entsprechend ihrem Wert.

Letzte Karte – Hat ein Spieler nur noch eine Karte, muss er die anderen warnen. Das Wort oder die Geste dafür macht man sich selbst aus (z. B. ‚Otto' (8 auf Italienisch) oder ‚Leka' rufen oder kräftig auf den Tisch klopfen). Wer auf die Warnung vergisst, muss zur Strafe zwei Karten ziehen.

Optional: Spezialkarten – Damit wird das Spiel ein wenig komplizierter, bleibt aber einfach genug für Kinder etwa ab 9.

Dame – Aussetzen – Wird eine Dame gespielt, wird ein Spieler ausgelassen; der übernächste Spieler ist an der Reihe.

Ass – Richtungswechsel – Nach einem Ass wird gegen den Uhrzeigersinn gespielt (bis zum nächsten Ass).

Zwei – zwei nehmen – Wird eine Zwei gespielt, muss der Nächste entweder zwei Karten ablegen oder zwei nehmen.

Frag den Nachbarn

Für alle Altersstufen ab 6+

Zwei Spieler, Standard-52-Karten-Deck.

Dieses Spiel erfordert kein Geschick, nur Sinn für Humor. Das Ziel ist, so viele Karten wie möglich zu sammeln. Kinder lieben die Einfachheit der Sache. Väter sollten nicht vergessen, sich ab und an ‚aufzuregen', weil sie alle ihre wertvollen Karten verlieren; das macht dann noch mehr Spaß!

Teilen Sie das Paket in zwei annähernd gleich große Hälften. Jeder nimmt nun abwechselnd von seinem Stapel die oberste Karte und legt sie auf einen gemeinsamen Ablagestapel.

Es gibt zwei Sorten von Karten – Zahlkarten und Gewöhnliche. Asse und Bildkarten sind Zahlkarten, die anderen gewöhnliche Karten.

Das Spiel schreitet voran, bis jemand eine Zahlkarte ablegt. Der andere Spieler muss jetzt ‚zahlen', sprich weitere Karten auf den Stapel legen, und zwar wie folgt:

4 Gewöhnliche für eine Ass

3 Gewöhnliche für einen König

2 Gewöhnliche für eine Dame

1 Gewöhnliche für einen Buben

Ist die Zahlung erfolgt, nimmt der erste Spieler den ganzen Stapel vom Tisch und schiebt ihn, Bildseite nach unten, unter seinen Spielstapel.

Wird jedoch beim Zahlen eine weitere Zahlkarte aufgedeckt, annulliert das die erste Zahlkarte und der Gegner ist jetzt mit Zahlen dran.

Es gewinnt der Spieler, der alle Karten an sich raffen kann – oder der zumindest die meisten Karten hat, wenn man mit einem Zeitlimit spielt; dieses Spiel kann nämlich so gut wie ewig dauern.

Lügen

Für alle Altersstufen ab 8

2–4 Spieler: ein Kartendeck; 5–8 Spieler: zwei Decks.
Mischen und alle Karten austeilen. Wenn manche 1 oder 2 Karten mehr haben: das ist in Ordnung. Das Ziel beim Lügen ist es, alle Karten loszuwerden.

Ein Spieler beginnt den Ablagestapel, indem er eine Karte *verdeckt* auf den Tisch legt und sagt, um welche es sich handelt – was aber gelogen sein kann.

Der nächste Spieler kann nun Karten desselben oder eines eine Stufe darüber- oder darunterliegenden Rangs ablegen.

Da die Karten verdeckt abgelegt werden, muss man die Karten, die man ablegt, nicht notwendigerweise auch haben. Wenn Sie z. B. Zehn, Bube oder Dame ablegen könnten, aber nichts dergleichen auf der Hand haben, kann es auch jede andere Karte sein. Einfach lügen!

Aber Vorsicht vor Kontrolle. Wer immer glaubt, eine andere als die behauptete Karte liege auf dem Stapel, kann den Ableger fordern. Er ruft: ‚Lüge!', woraufhin die zuletzt abgelegte Karte aufgedeckt werden muss. Liegt dort, was gesagt wurde, ist die Herausforderung gescheitert und der Herausforderer muss den ganzen Ablagestapel nehmen; wird aber tatsächlich eine Lüge aufgedeckt, kommt der Lügner in den Genuss des ganzen Stapels.

Nach einer Herausforderung wird das Spiel vom nächsten Spieler forgesetzt, der mit irgendeiner Karte einen neuen Ablagestapel beginnt.

Wer zuerst alle Karten ablegen und alle Herausforderungen überstehen konnte, gewinnt. Gerade die letzten Karten können deshalb den Untergang bedeuten – bei diesen wird zwangsläufig besonders oft gelogen und zwangsläufig immer herausgefordert ...

Verlieren lernen

Kartenspiele sind besonders gut geeignet, um Kindern beizubringen, mit Anstand zu verlieren. Am besten erreicht man das, indem man dafür Sorge trägt, dass das Kind öfter gewinnt – entweder indem man zu seinem eigenen Nachteil spielt oder, wenn ein wenig Überlegung mit im Spiel ist, indem man das Kind auf vorteilhafte Züge hinweist. Das Verhältnis ist von Alter und Kind abhängig, allgemein fördert es Kinder unter 8, 3 von 4 Spielen zu gewinnen, von 8–11 sind 2 von 4 okay, und noch Älteren ist das Gewinnen bei Kartenspielen meist nicht mehr so wichtig (bei anderen Aktivitäten dafür nicht selten umso mehr). Es reicht ihnen, einfach dabei zu sein, besonders wenn Kartenspiele in einer größeren Gruppe gespielt werden.

Rummy

Für alle Altersstufen ab 10+

2–6 Spieler, Standard-52-Blatt-Kartendeck.
Für dieses Spiel muss man Spielsituationen einschätzen können. Es lässt sich auf Sieg spielen oder auch als Match in mehreren Runden, nach denen der mit den meisten Punkten oder der, der ein vereinbartes Punktziel zuerst erreicht, gewinnt.

Der Geber teilt an zwei Spieler je 10, an drei oder vier Spieler je 7 und an fünf oder sechs Spieler je 6 Karten aus. Die übrigen Karten bilden den verdeckten Nachziehstapel, die oberste davon die offene erste Karte des Ablagestapels.

Ziel ist es, die Karten zu *Figuren* zu ordnen und *auszulegen*; Figuren bestehen entweder aus drei oder mehr Karten desselben Rangs oder Folgen von drei oder mehr Karten derselben Farbe – z. B. Ass, 2 und 3 in Herz oder drei Buben.

Wer an der Reihe ist zieht entweder die oberste Karte vom Ablage- (offen) oder vom Nachziehstapel (verdeckt). Kann er danach eine Figur bilden, meldet er diese und legt die dazugehörigen Karten offen auf den Tisch. Danach noch eine Karte ablegen.

Während man am Zug ist, kann man auch Karten zu bestehenden Figuren anderer Spieler hinzufügen. Hat jemand z. B. drei Asse abgelegt, kann man eine vierte dazulegen; oder wenn die Kreuz 2, 3 und 4 liegen, passen ein Kreuz Ass oder eine Kreuz 5 dazu.

Sollte der Nachziehstapel zu Ende gehen, wird der Ablagestapel umgedreht und so zum neuen Nachziehstapel.

Es gewinnt der Spieler, der zuerst alle Karten abgelegt hat. Wird das Match über mehrere Spiele geführt, erhält der Gewinner einer Runde Punkte entsprechend der Kartenwerte, die die anderen Spieler noch auf der Hand halten: 10 Punkte für jede Bildkarte, die anderen Karten entsprechend ihrem Zahlwert. Das Ass zählt eins. Gelingt es einem Spieler, nach dem ersten Melden in einem Zug alle Karten in Figuren abzulegen, hat er ein ‚Rummy' und bekommt doppelte Punkte. Es kann sich deshalb auszahlen, komplette Figuren auf der Hand zu halten – wenn man sich gute Chancen ausrechnet, beizeiten zu der einen Karte zu kommen, die das komplette Ablegen ermöglicht. Geht die Rechnung jedoch nicht auf, weil die Spielrunde zuvor beendet wird, muss man für all die vielen Kartenwerte auf der Hand eine sehr hohe Punktzahl als Gutschrift zum Gegner wandern sehen.

Schach

Schach ist ein großartiges Spiel, weil es die Kinder lehrt, vorauszudenken. Außerdem macht es Spaß, ob man gerade anfängt oder schon viel Erfahrung hat.

FIGUREN AUFSTELLEN

Ein Schachbrett besteht aus acht mal acht quadratischen Feldern. Sie bilden Reihen (quer) und Linien. Für die Diagonalen aus Feldern einer Farbe gibt es keinen eigenen Fachbegriff, sie heißen einfach Diagonalen. Die Bretthälfte, auf der sich der König befindet, wird Königsseite genannt, die andere ist konsequenterweise die Damenseite. Auch wenn die Figuren andere Farben haben, spricht man stets von weiß und schwarz, entsprechend der Helligkeit der Figuren.

Drehen Sie das Brett so, dass das Feld rechts unten weiß ist. Stellen Sie nun die acht Bauern in die zweite Reihe.

Platzieren Sie die Türme in die äußerste linke bzw. rechte Ecke der ersten Reihe. Es folgen von außen nach innen die Springer und die Läufer. Ihre Dame kommt auf ein Feld der eigenen Farbe: weiße Dame, weißes Feld, schwarze Dame, schwarzes Feld. Der König nimmt das letzte freie Feld neben der Dame ein, es hat immer die andere Farbe als die Spielfigur (der schwarze König steht also anfangs auf einem weißen Feld und umgekehrt).

Jede Figur steht ihrem andersfarbigen Gegenstück genau gegenüber, ist also in einer Linie – die schwarzen mit den weißen Türmen, die weiße Dame mit der schwarzen etc.

ZIEL DES SPIELS

Das Ziel beim Schach besteht darin, den gegnerischen König in die Falle zu locken, nicht so viele Figuren wie möglich zu schlagen. Manchmal ist es ein guter Zug, eine Figur zu opfern, um einen taktischen Vorteil zu erhalten. Den Wert der Figuren zu kennen hilft bei der Entscheidung, ob es günstig ist, einen Schlagtausch durchzuführen, also zu schlagen in dem Wissen, dass diese Figur im Gegenzug zurückgeschlagen werden wird. Die Werte sind: Bauern 1; Springer 3; Läufer 3; Türme 5; Dame 9; König: das Spiel.

DAS SPIEL LERNEN

Zunächst ist es wichtig, die Zugmöglichkeiten jeder Figur genau zu kennen. *Angriff der Königin* (S. 62) ist eine exzellente Möglichkeit, sich mit der Dame und den Bauern vertraut zu machen.

Für Kinder unter 12 ist es vermutlich besser, schwierigere Manöver wie *en passant* oder Rochade außen vor zu lassen.

ALLGEMEINE REGELN

1 Weiß beginnt, danach wird abwechselnd gezogen.

2 Es darf kein Zug ausgelassen werden, auch wenn man dadurch eine der eigenen Figuren in Gefahr bringt.

3 Bei jedem Zug wird genau eine Figur bewegt. Die einzige Ausnahme ist die Rochade (nächste Seite).

4 Ein Zug gilt als gemacht, wenn eine Figur ein Feld bewegt wurde. Im Schachwettkampf gilt sogar die Regel: berührt – geführt. Man darf seine Meinung nicht mehr ändern, auch wenn man sich dadurch selbst schadet. Hat man die Figur einmal losgelassen, ist ebenfalls keine Änderung mehr möglich (um z. B. ein Feld weiter zu ziehen). Für jüngerer Spieler ist es aber viel lustiger und lehrreicher, wenn sie sich Züge noch einmal überlegen können.

5 Auf einem Feld darf immer nur eine Figur stehen.

6 Außer bei der Rochade kann nur der Springer über ein besetztes Feld bewegt werden.

7 Jede Figur kann bei einem Zug nur in einer Richtung geführt werden – außer dem Springer (und Bauern, wenn sie *en passant* schlagen (S. 62)).

8 Es kann pro Zug nur eine Figur geschlagen werden. Man *muss* aber nicht schlagen, bloß weil es möglich ist – es sei denn, es wäre die einzige Chance, den König zu retten.

9 Es gibt keine Vorschrift, einen bestimmten Zug zu machen, außer der König ist im Schach.

10 Man darf keinen Zug machen, durch den der eigene König ins Schach gerät.

11 Ein Bauer, der es über die ganze Linie bis zur achten Reihe (der ersten Reihe des Gegners) schafft, kann in eine Figur Ihrer Wahl verwandelt werden, meist eine (zweite) Dame.

Vom Schach zum Matt

Bedroht eine Figur einen König, steht dieser im ‚Schach': Der Spieler am Zug sagt ‚Schach', sein Gegner muss nun den König retten. Er kann aus dem Schach gehen, eine andere Figur zwischen König und Angreifer bringen oder zum Gegenangriff übergehen. Wenn nichts davon möglich ist (Flucht, Schildfigur oder Gegenschlag) ist man ‚schachmatt' und das Spiel ist zu Ende. Wenn der König nicht im Schach ist, aber jeder mögliche Zug ihn ins Schach bringen würde, ist das ein ‚Patt'. Das Spiel endet dann unentschieden.

Rochade

Die einzige Möglichkeit, wie zwei Figuren bei einem Zug bewegt werden können. Nachdem Springer und Läufer ihre Grundpositionen verlassen haben, kann der König mit einem Turm den Platz tauschen: Der Turm wird dazu zum König geführt und der König auf dessen andere Seite gestellt.

Vor der Rochade — SCHWARZ / WEISS

Man kann groß (mit dem König und dem Königsturm) oder klein rochieren (mit dem König und dem Damenturm).

SCHWARZ / WEISS

Wozu überhaupt eine Rochade? Nun, es bringt den König aus der ungeschützten Zentralstellung an den Rand, wo er leichter zu beschützen ist, und zugleich den Turm aus der Ecke in die Mitte, wo er für einen Angriff viel besser platziert ist. Für eine zulässige Rochade müssen aber einige Bedingungen erfüllt sein:

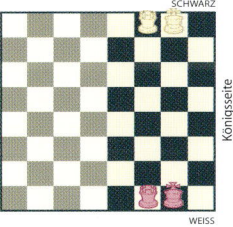

Nach der Königsturm-Rochade — SCHWARZ / WEISS / Königsseite

Nach der Damenturm-Rochade — SCHWARZ / WEISS / Damenseite

1. Zwischen König und Turm dürfen keine Figuren stehen.
2. Beide Figuren dürfen zuvor noch nicht bewegt worden sein.
3. Der König darf nicht im Schach stehen oder ins Schach geraten.
4. Müsste der König für die Rochade ein Feld passieren, auf dem er im Schach stünde, ist die Rochade nicht zulässig (der Turm darf auch ein bedrohtes Feld passieren).
5. Pro Spiel und Spieler gibt es nur eine Rochade.

Die Züge der Figuren

Alle Figuren außer den Bauern können vorwärts und rückwärts gezogen werden:

Der König zieht ein Feld in jede Richtung.

Die **Dame** zieht beliebig viele Felder in jede Richtung (vor-, rück-, seitwärts und diagonal).

Der **Turm** zieht beliebig viele Felder vorwärts, rückwärts und seitwärts.

Der **Springer** wird drei Felder L-förmig gezogen. Von einem schwarzen Feld aus landet er auf einem weißen und umgekehrt.

SCHWARZ / WEISS

Der **Läufer** zieht beliebig viele Felder diagonal.

Bauern werden ein Feld vorwärts geführt (beim ersten Zug eines Bauern können es auch zwei sein). Jedoch schlagen Bauern ausschließlich diagonal vorwärts.

SCHWARZ / WEISS

❗ *Der alte Ausdruck „Roch" für den Turm (engl. „rook") kommt vom persischen „rukh" (Kampfwagen). Auch die Rochade leitet sich davon ab. „Schachmatt" besteht aus persisch „sháh" (König) und „mát" (hilflos).*

Bauern

Oben: Bauern können nur in ihrer Linie je ein Feld vorwärts ziehen. Beim ersten Zug eines Bauern *kann* dieser auch *zwei* Felder bewegt werden, ein Schlagen ist bei diesem Zug aber nicht möglich.

Mitte: Ein Bauer kann eine Figur vor ihm nicht schlagen: er bedroht immer nur eine Figur, die ein Feld *diagonal* vor ihm steht.

Unten: Ist ein Feld vor einem Bauer besetzt (in derselben Linie), kann dieser nicht bewegt werden. Dennoch kann er immer noch schlagen, eine gegnerische Figur auf ein Feld direkt diagonal vor ihm gestellt wird.

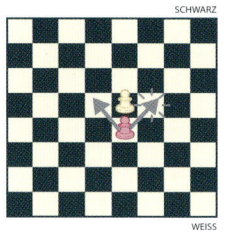

EN PASSANT

En passant ('im Vorüberge-hen') wird ein spezieller Schlagzug unter Bauern ge-nannt. Wie bereits gesagt, kann ein Bauer bei dessen erstem Zug zwei Felder gezogen werden. Sollte er nach diesem Zug direkt neben einem gegnerischen Bauer stehen, kann ihn dieser – aber nur mit dem unmittelbar nächsten Zug – schlagen, als wäre der Bauer nur ein Feld gezogen worden. Der schlagende Bauer zieht auf das Feld, das der geschlagene Bauer passiert hat, der geschlage-ne wird aus dem Spiel ge-nommen. Siehe Abbildung rechts.

❗ *Im Englischen wird das 'Spiel der Könige' als solches deutlicher: Springer sind Ritter und Läufer Bischöfe.*

Sieg und Niederlage

Niemand verliert gerne, und für Kinder ist das besonders schwierig. Ein Spiel wie Schach kann wunderbar dabei helfen, Niederlagen ebenso wie Siege schätzen zu lernen. Wenn Sie mit Freuden feststellen, dass Ihr Kind eine Ihrer Figuren geschlagen hat, wird das Ihren Nachwuchs positiv beeinflussen. Gewinnen Sie anfangs nicht durch Ihre eigene Überlegenheit, sondern versuchen Sie dem Kind zu vermitteln, wie dessen eigene schlechte Züge zur Niederlage führten. So können Sie ihm verdeutlichen, was es falsch gemacht hat. Das ist weit sinnvoller als sie mit Erläuterungen ihrer eigenen brillanten Schachzüge zu verwirren.

Sie werden die Frage ‚Bist du dir da sicher?' nützlich finden. Wenn Ihr Kind im Begriff ist, einen schlechten Zug zu machen, stoppen Sie es damit, damit es sich die Folgen seines Tuns noch einmal vor Augen führt. Will es den Zug dann ändern, sollten Sie das in der Lernphase zulassen. Auch ei-nen konkreten, guten Zug vorzu-schlagen ist mitunter besser, als Dinge nur anzu-deuten.

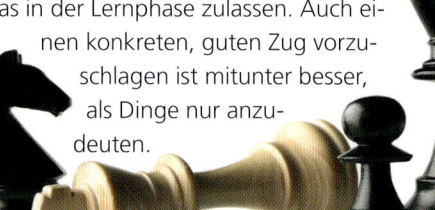

Angriff der Königin

Ein tolles Spiel für Jung und Alt. Es lässt einen die Faszination von richtigem Schach erahnen, lehrt zu taktieren und ist sehr schnell.

Wer ist stärker, eine Dame oder acht Bauern? Das Spiel wird es zeigen ...

Stellen Sie eine Reihe weißer Bauern auf ihre normale Startposition, also in Reihe 2. Die schwarze Dame kommt auf ihr schwarzes Feld gegenüber.

Spielziel: Wenn Sie mit der Dame spielen, müssen Sie alle Bauern vernichten, bevor einer Ihre erste (deren achte) Reihe erreicht und zur Dame umgewandelt werden kann. Mit dem letzten geschlagenen Bauern haben Sie gewonnen. Spielen Sie mit den Bauern, müssen Sie diese so übers Brett bewegen, dass sie sich nach Möglichkeit ständig gegenseitig decken. Kommt auch nur einer bis zur anderen Seite, haben Sie gewonnen.

Die Bauern beginnen immer. Spielen Sie abwechselnd mit Dame oder Bauern. Es geht sehr schnell, spielen Sie daher Best of Five oder Seven. Wenn Ihnen das Ganze einmal geläufig ist, geht es geradezu blitzartig!

Würfelspiele

Würfelspiele gibt es von einfach und unschuldig bis ernsthaft gefährlich – sobald es um Geld geht. Manchmal geht es nur um Glück, mitunter ist aber auch etwas Strategie dabei – eine Kombination, die Würfelspiele sehr spannend macht.

Schwein gehabt

2–6 Spieler, alle Altersstufen ab 7.

Für dieses Spiel benötigt man lediglich einen Würfel, Stift und Block zum Notieren der Punkte sowie viel Glück und ein bisschen Strategie. Das Ziel ist eine hohe Punktzahl, aber mit jedem Wurf riskiert man, alles zu verlieren, was sich bis dahin angesammelt hat.

Man würfelt um den Anfang, die niedrigste Punktzahl beginnt. Wer an der Reihe ist, kann so oft würfeln, wie er will, und alle Augenzahlen werden addiert. Sollte jedoch eine 1 gewürfelt werden, zählt der gesamte Wurf gar nichts mehr, alle schon erzielten Punkte verfallen und der Nächste (im Uhrzeigersinn) ist dran. Der erste, der 101 Punkte erreicht oder überschreitet, gewinnt.

Chicago

2–6 Spieler, alle Altersstufen ab 6 oder jünger.

Für dieses Spiel benötigt man Papier, Stift und 2 Würfel. Es ist sehr einfach, sehr schnell und reines Glück. 11 Runden werden gespielt, der Jüngste beginnt, dann geht es der Reihe nach im Uhrzeigersinn.

In Runde eins versucht jeder eine 2, also zwei Einsen, zu würfeln. Wems gelingt, erhält 2 Punkte, die anderen nichts. In Runde zwei sind drei Augen das Ziel, also eine 2 und eine 1. Bei Erfolg werden 3 Punkte notiert, andernfalls keine. So geht es weiter: Runde drei bringt 4 Punkte für jeden, der 4 Augen würfelt, dann versucht man der Reihe nach 5, 6, 7, 8, 9, 10, 11 und zuletzt 12 Augen zu werfen. Es gewinnt der Spieler, der nach den 11 Runden die höchste Punktzahl hat.

Die Chancen, die gewünschte Augenzahl zu werfen, sind anfangs klein, werden dann größer (am größten sind sie bei der Sieben) und zum Ende hin wieder kleiner. Sehr junge Spieler sind vielleicht schnell enttäuscht, wenn sie nicht punkten, daher könnte man in einer ermutigenden Junior-Version mit einer Regel spielen, die allen unter 9 mehrere (zwei oder drei) Versuche pro Runde zugesteht.

Grande

2–6 Spieler ab 11+.

Falls Teenager glauben, würfeln sei nur etwas für Kinder, könnte dieses Spiel sie vom Gegenteil überzeugen. Grande hat Parallelen zu Spielen wie Poker, Rummy und Majong – wie diese kombiniert es Glück und Strategie, und hat man die Regeln erst einmal begriffen, ist es auch genauso fesselnd.

Man benötigt fünf Würfel sowie Stift und Papier (für den Ergebniszettel, siehe unten). Das Ziel besteht darin, bestimmte Würfelkombinationen zu erzielen und aus jedem Wurf das Beste herauszuholen.

Um den Anfang werden zwei Würfel geworfen; die niedrigste Augenzahl beginnt. In jeder Runde hat man bis zu drei Versuche. Beim ersten Wurf werden alle Würfel eingesetzt; Würfel mit günstigen Ergebnissen werden beiseitegelegt. Mit den übrigen wird ein zweites Mal gewürfelt, danach wieder selektiert. Nach dem dritten Wurf rechnet man ab. Folgende Kombinationen sind möglich:

- Grande (5 Gleiche – fünf Einsen, Zweien, Dreien usw.) = 50 Punkte
- Große Straße (2, 3, 4, 5, 6) = 30
- Kleine Straße (1, 2, 3, 4, 5) = 30
- Poker (4 Gleiche, z. B. 3, 3, 3, 3) = Gesamtsumme aller gewürfelten Augen
- Full House (Drilling und Zwilling, z. B. 2, 2, 2 und 6, 6) = Gesamtsumme aller gewürfelten Augen
- Wahl (beliebige Augenzahlen – z. B. 1, 1, 3, 4, 6) = Gesamtsumme aller gewürfelten Augen
- 6-en = 6 Punkte pro 6
- 5-en = 5 Punkte pro 5
- 4-en = 4 Punkte pro 4
- 3-en = 3 Punkte pro 3
- 2-en = 2 Punkte pro 2
- Asse = 1 Punkte pro 1

In den 12 Spielrunden muss jeder Spieler in jedes seiner Felder auf dem Ergebniszettel eine Wertung eintragen, auch wenn diese Null beträgt. Ist ein Feld einmal beschrieben, kann man keinen anderen Wurf mehr eintragen. Würfelt man z. B. 4, 4, 4, 4, 6 ergäbe das einen Poker, hat man aber bereits einen Poker eingetragen, muss man für dieses Ergebnis ein anderes Feld finden – z.B. Wahl (22 Punkte), 4-en (16) oder 6-en (womit dieser an sich gute Wurf letztlich nur 6 Punkte einbringen würde).

	Mel	Tom	Han	Jon
Grande				
Große Straße				
Kleine Straße	30			
Poker				
Full House				
Wahl				
Sechsen		18		
Fünfen				15
Vieren				
Dreien			6	
Zweien				
Asse				
GESAMT				

Spiele mit Papier und Stift

Mega-Tic-Tac-Toe
2 Spieler

Wird wie normales Tic-Tac-Toe gespielt, nur dass es nicht 9, sondern 25 Felder zum Markieren gibt. Das Ziel ist auch hier, drei gleiche in einer senkrechten, waagrechten oder diagonalen Linie zu schaffen, bloß kann das in der Megaversion weit öfter als nur einmal passieren. Wer die meisten Wertungen schafft, gewinnt. Man muss sich ausmachen, ob bei Überschneidungen von Dreierreihen ein Zeichen auch zweimal zählen kann oder nicht.

Eine Million Euro
1 Kind und 1 Erwachsener

Was würden Sie mit dem Geld machen, wenn Sie 1 Million Euro gewinnen? Je nachdem, wer spielt, können Sie mit Fantasiesummen agieren oder das Spiel dazu nützen, Ihrem Kind zu verdeutlichen, was Dinge kosten. Ein Pony? Ein Helikopter? Eine Burg? Bei besonders ausgefallenen Wünschen können Sie das Budget auch erhöhen …

Das Ziel der Verschwendungsorgie besteht darin, alles bis auf den letzten Euro auszugeben. Das bringt gleich etwas Mathe-Spaß mit sich, mit oder ohne Taschenrechner.

Eine einfache Liste könnte z.B. so aussehen:

WIE WÜRDE ICH € 1.000.000 AUSGEBEN?

Süßigkeiten	€ 100,–
Ferrari	€ 120.000,–
Helikopter	€ 400.000,–
Geschenk für den Bruder	€ 10,–
Digitalkamera	€ 100,–
Krokodil als Haustier	€ 1.000,–
Krokodilfutter	€ 400,–
Armbrust	€ 135,–
Neues Fahrrad	€ 500,–
Fahrradhelm	€ 45,–
10 tolle Bücher	€ 200,– etc.

Stückelmonster
Ab 3 Spieler ab 6+

Dieses lustige und kreative Zeichenspiel kann in beliebigen Varianten gespielt werden, mit Fantasiegestalten, Monstern, Tieren oder Menschen. Jeder Mitspieler zeichnet einen Teil und erst am Ende wird das ganze Bild sichtbar.

Der oberste Streifen bleibt frei. Darunter zeichnet der erste Spieler die Haare oder den Hut und faltet das Blatt so, dass der nächste Spieler nur weiß, wo er fortsetzen muss, das Bild selbst aber nicht sieht.

So geht es weiter: Der nächste Spieler zeichnet den Kopf, faltet das Blatt und gibt es weiter.

Als Nächstes entsteht die obere Hälfte des Körpers, das Blatt wird wieder gefaltet und weitergegeben.

Dann wird die untere Hälfte des Körpers gezeichnet. Falten und weitergeben.

Der fünfte Teil des Stückelmonsters sind die Beine. Wieder falten und weiterreichen. Zuletzt entstehen die Füße.

Noch einmal falten und dem nächsten Spieler überreichen; dieser darf nun das Gesamtkunstwerk präsentieren.

Kästchen
2 Spieler

Ein einfaches, aber interessantes Spiel. Zeichnen Sie – am besten auf liniertem oder kariertem Papier – einen Raster aus 6–12 auf 6–12 Punkten. Das Ziel ist, so viele Kästchen wie möglich zu komplettieren, während man den Gegner genau daran zu hindern sucht. Sie benötigen 2 Stifte in unterschiedlichen Farben.

Jeder Zug besteht darin, zwei benachbarte Punkte mit einer senkrechten oder waagrechten Linie zu verbinden. Schließt ein Spieler ein Kästchen (4. Linie), schreibt er seine Initiale hinein und kommt noch einmal dran.

Pünktchen
2 Spieler etwa ab 5+

Jeder Spieler malt 20 Punkte irgendwo auf ein Blatt Papier und gibt es dem anderen. Jeder versucht nun, die Punkte miteinander zu verbinden, um so viele Bilder wie möglich entstehen zu lassen.

Wort-Spiele

MEINE OMA GING ZUM MARKT
2 oder mehr Spieler

Ein klassisches Spiel. Spieler 1 sagt: „Meine Oma ging zum Markt und kaufte ..." und fügt dann irgendetwas Sinnvolles oder weniger Sinnvolles hinzu – z. B. ein Känguru. Spieler 2 sagt: „Meine Oma ging zum Markt und kaufte ein Känguru und ..." und fügt seinerseits ein Wort an, vielleicht ‚Würste'. So geht es weiter, wobei jeder Spieler die ganze, immer länger werdende Liste wiederholen muss, bevor das nächste Wort angehängt werden darf. Kann ein Spieler sich die Liste nicht merken (ein bisschen Vorsagen für Jüngere ist ganz in Ordnung), scheidet er aus. Wer als Letzter die ganze Liste korrekt aufsagen kann, gewinnt.

DIE LETZTEN WERDEN DIE ERSTEN SEIN
2 oder mehr Spieler

Wählen Sie ein Thema – z.B. Tiere, Vornamen, Lebensmittel. Sagen wir, Sie wählen Tiere: Dann muss Spieler 1 ein Tier nennen, und Spieler 2 muss sich ebenfalls ein Tier einfallen lassen, das mit dem Buchstaben beginnt, mit dem das erste Wort endete. Also z. B. Krähe – Ente – Esel.

Jedes Wort darf nur einmal vorkommen; wem (3-mal) keines einfällt, der scheidet aus. Wer sich gut Wörter ausdenken kann, die mit E beginnen, hat beste Chancen!

VERRAT DEN ANFANG NICHT
2–5 Spieler

Ein schnelles, einfaches Spiel, das schon mit sehr kleinen Kindern möglich ist. Anfangs hat jeder 10 Punkte. Spieler 1 spricht ein Wort aus, lässt aber den Anfangsbuchstaben weg. Die anderen raten nun, welcher Buchstabe fehlen könnte. Raten sie falsch, wird ihnen ein Punkt abgezogen. Z. B. könnte Spieler 1 sagen: ‚eine'. Spieler 2 schlägt ‚meine' vor, liegt aber falsch. Spieler 3 versucht es mit ‚Beine', was auch nicht stimmt. Der vierte Spieler errät ‚Leine'. Wer richtig rät, erhält einen Punkt und beginnt die nächste Runde mit einem neuen Wort. Man kann dieses Spiel auch sehr gut spielen, ohne sich um Punkte zu kümmern.

SCHNELLSCHLÜSSE
2 oder mehr Spieler

Dieses Spiel muss schnell gespielt werden. Ein Spieler wählt ein Nomen. Spieler 2 muss sich ein Nomen einfallen lassen, das mit diesem in Verbindung steht, Spieler 3 eines, das zu Wort 2 gehört usw. Nennt jemand ein Wort, zu dem es keine offensichtliche Verbindung gibt, oder überlegt er länger als die vereinbarte Zeit (10 Sek.?), geht ein Punkt verloren. Jeder startet mit 4 Punkten und scheidet aus, wenn alle verbraucht sind. Die Regeln sind anpassbar: Man kann Adjektive zulassen oder vereinbaren, dass das Gegenteil als Verbindung zählt.

Schiffe versenken und Entenjagd

Schiffe versenken ist ein echter Klassiker und seit Generationen ein wunderbarer Zeitvertreib. Allerdings kann sich das Spiel für jüngere Kinder zu sehr in die Länge ziehen, weshalb wir hier zwei Versionen vorstellen plus einer für die ganz Kleinen.

Schiffe versenken für große Jungs

2 Spieler

Jeder Spieler braucht einen Stift und ein Blatt (kariertes) Papier. Man platziert sich so, dass keiner beim anderen abschauen kann. Dann zeichnen beide zwei 10 mal 10 Felder große Raster. Mit Kopien kann man auf längere Sicht Zeit sparen, aber die erforderliche Genauigkeit für das Anlegen eines Rasters ist eine gute Übung (und sorgt für sich für etwas Beschäftigung). Dann werden die Raster indiziert – die Zeilen von links nach rechts mit A bis J, die Spalten von oben nach unten mit 1 bis 10. Ein Raster wird mit ‚Eigene Flotte', der andere mit ‚Feindliche Flotte' beschriftet.

Nun zeichnet jeder Spieler auf dem eigenen Raster seine Flotte ein. Sie besteht aus:

- 1 Schlachtschiff, 4 Kästchen lang
- 2 Fregatten, je 3 Kästchen lang
- 3 Zerstörer, je 2 Kästchen lang
- 4 U-Boote, je 1 Kästchen lang

Die Schiffe müssen in einer waagrechten oder senkrechten, nicht diagonalen Linie eingezeichnet werden. L-förmige Schiffe sind nicht erlaubt! Wenn gewünscht können weitere Regeln für die Aufstellung der Schiffe erlassen werden:

- zwischen Schiffen muss immer mindestens ein Kästchen frei bleiben; oder
- sie dürfen sich diagonal berühren; oder
- sie können der Länge nach ohne Abstand aufgestellt werden.

Das Ziel des Spiels ist das Auffinden und Zerstören der feindlichen Flotte. Ein Spieler ‚feuert', indem er die Koordinate nennt – z. B. D4 –, auf die seine ‚Bombe' fällt. Der andere Spieler prüft D4 am eigenen Raster und sagt ‚Treffer', in welchem Fall der Spieler am Zug die Stelle auf seinem feindlichen Raster mit einem ‚X' markiert, oder ‚Wasser', was mit einem ‚O' notiert wird. Hat ein Treffer ein Schiff versenkt, muss der Spieler das ebenfalls bekannt geben. Nur U-Boote können mit einem Treffer versenkt werden; die anderen gehen erst unter, wenn alle ihre Kästchen getroffen wurden. Nach einem Treffer bleibt ein Spieler am Zug, nach einer Niete geht das Schussrecht auf den anderen Spieler über. Wer zuerst die gegnerische Flotte vollständig vernichtet hat, gewinnt.

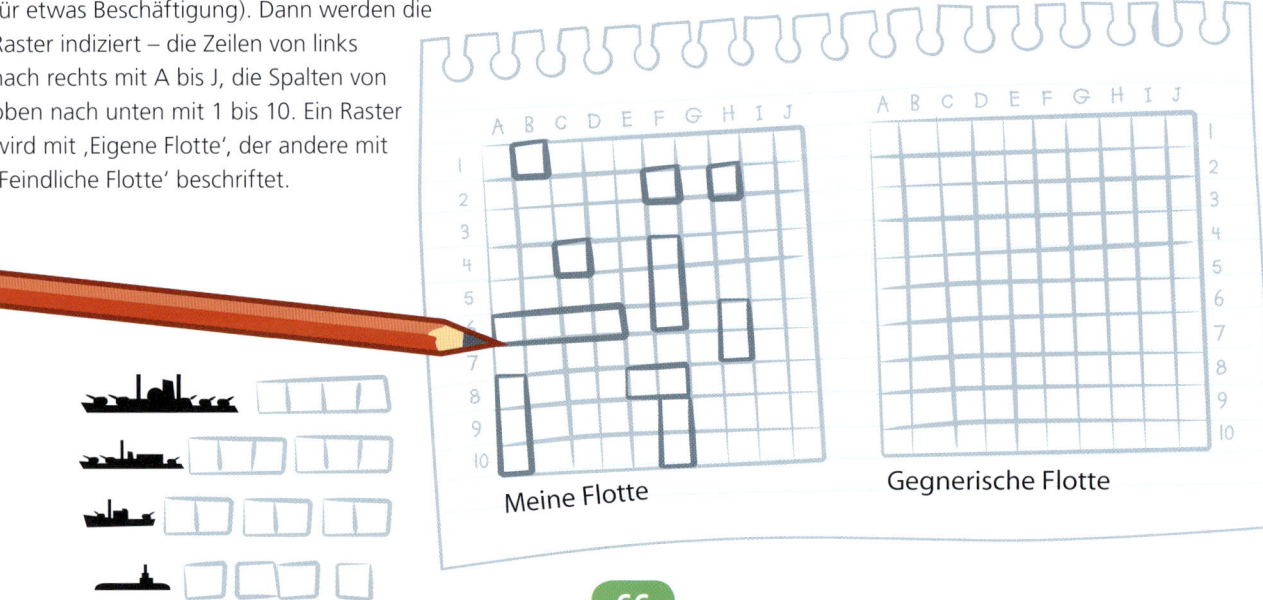

Meine Flotte

Gegnerische Flotte

Schiffe versenken – Juniorversion

2 Spieler

Der einzige Unterschied zur Variante für große Jungs besteht darin, dass ein kleinerer Raster und eine kleinere Flotte zum Einsatz kommen. Die Chancen auf einen frühen Treffer steigen dadurch von 20 auf 50 %, das Spiel wird schneller und birgt mehr Erfolgserlebnisse für jüngere Admiräle.

Die Raster bestehen aus 6 mal 6 Feldern, gekennzeichnet mit A bis F quer und 1 bis 6 von oben nach unten; die Flotte besteht aus:

- 1 Schlachtschiff, 4 Kästchen lang
- 2 Fregatten, je 3 Kästchen lang
- 2 Zerstörer, je 2 Kästchen lang
- 3 U-Boote, je 1 Kästchen lang

Ansonsten läuft alles wie in der zuvor beschriebenen Version ab, es ist jedoch immer erlaubt, Schiffe ohne Abstand zueinander zu platzieren.

Entenjagd

Kleinere Kinder, die mit Schlachtschiffen nichts am Hut haben, werden diese Variante mögen, auch wenn sie bei den ersten Spielen eine Menge Hilfe benötigen werden. Strategie wird jedoch kaum verlangt, nur etwas Fantasie.

'Entenjagd' ist ein guter Name, für ganz Kleine mag indes 'Ententeich' noch besser sein; darin versucht eine Entenmutti schneller ihre Küken zu finden, als dass ein Jäger die Vögel abschießt.

Wieder zeichnen beide zwei gleichartige, 5 mal 5 Felder große Raster, und schreiben A–E bzw. 1–5 dazu. Ein Raster ist 'Mein Teich', der andere 'Sein/Ihr Teich'. Dann werden 10 Enten im eigenen Teich verteilt; eine Ente ist 1 Kästchen groß und wird durch eine '2' dargestellt (die sich ein wenig auf Ente umgestalten lässt).

Gespielt wird wie beim Schiffe versenken, nur dass man nicht 'Treffer' oder 'Wasser' sagt, sondern 'Quack' und 'Platsch'.

Mein Teich

Papas Teich

Weitere Wort-Spiele

ICH DENKE AN EINEN BUCHSTABEN

2–4 Spieler

Ein ideales Spiel für Kinder, die gerade erst das Alphabet lernen, aber auch ältere. Es ist sehr einfach und lässt sich endlos spielen (Eltern, die die Antwort kennen, müssen sie nicht verraten). Wenn Sie einen Buchstaben gewählt haben und Ihr Kind versucht, ihn zu erraten, denken Sie daran, dass jüngere Kinder einfach ins Blaue hinein vorgehen. Helfen Sie ihnen mit Bedacht, die Lösung zu finden. An einem Tag wissen sie, wie's geht, am nächsten ist alles vergessen!

Spieler 1 sagt: „Ich denke an einen Buchstaben" (und tut dies auch). Die anderen schlagen nun Wörter vor, in denen der gesuchte Buchstabe enthalten sein könnte. Z. B:

Spieler 1 denkt an ein S.

Spieler 2 fragt: „Denkst du an 'Regen'?" Die Antwort ist nein.

Spieler 3 fragt: „Denkst du an 'Schwert'?", was Spieler 1 mit 'Ja' beantwortet.

Spieler 4 fragt: „Denkst du an 'Insel'?", was wiederum ein 'Ja' ergibt.

Dann fragt wieder Spieler 2 usw.

Manchen fällt dieses Spiel sehr viel leichter, wenn sie die Buchstaben des Alphabets aufschreiben und abhaken, sobald sie ausgeschlossen werden können.

Wenn sehr junge Spieler dabei sind, sollten Sie stets mit der Möglichkeit falscher Antworten rechnen!

DAS EI-SPIEL

2–4 oder mehr Spieler

Ein ziemlich albernes Spiel ähnlich den Schnellschlüssen, geeignet für Kinder ab vier Jahren.

Es ist erstaunlich, in wie vielen Wörtern ein Ei-Laut vorkommt. Um zu gewinnen, muss ein Wort mit einem solchen Laut genannt werden. Gespielt wird wie bei den Schnellschlüssen – jeder Spieler hat 10 Sekunden, um ein dazugehöriges Wort zu nennen (Nomen und Adjektive zählen und auch das Gegenteil ist möglich). Es gewinnt, wer zuerst ein passendes Wort nennt, in dem ein 'Ei' enthalten ist. Also Spieler 1 könnte z. B. mit 'Traktor' beginnen, woraufhin Spieler 2 'Pflug' sagt und Spieler 3 'Erde'; Spieler 4 gewinnt mit 'Mais'.

Wie in diesem Beispiel zu sehen ist, muss der Ei-Laut nicht unbedingt aus den Buchstaben e und i bestehen – 'ai' oder das englische 'bye' klingen genauso. Sie könnten die Regeln auch noch weiter lockern und z. B. 'Au' zulassen.

> **!** *Kannst du die Buchstaben am Kopf dieser Seite zu einem Wort umstellen?*

Spiele auf der Autofahrt

‚Sind wir bald da?' Erwachsene auf den Vordersitzen vergessen leicht, wie fad es auf der Rückbank ist. Man sieht weniger, weiß nicht, wo es hingeht, und als Kind ist das stundenlange Stillsitzen echt hart. Spiele und Aktivitäten, die die Kids bei Laune und den Fahrer halbwegs stressfrei halten, sind daher Goldes wert. Hier einige Vorschläge, die Autofahrten kurzweiliger machen.

Nenn das Kennzeichen

Wunschkennzeichen sind heutzutage sehr beliebt, und es ist es ganz in Ordnung, wenn Kinder sich einen Spaß daraus machen (der auch mit ganz normalen Kennzeichen funktioniert, solange es mehrere Buchstaben enthält).

Wird ein geeignetes Kennzeichen entdeckt, hat jeder Mitspieler eine Minute Zeit, um Wörter zu bilden, die mit den Buchstaben des Kennzeichens beginnen – und natürlich im besten Fall witzig, geistreich oder unverschämt und passend zu Fahrzeug und Lenker sind. Das Ortskürzel (W für Wien, HH für Hamburg) kann einbezogen werden oder nicht. Das Kennzeichen W 32 GNL könnte so als ‚(Wiener) gerade noch lebendig' gelesen werden, während AN CD 1 zum ‚Coolen Driver 1' ernannt wird. Speziell Teenagern fallen bestimmt noch weit spannendere Akrosticha ein.

Meine Tante fuhr nach Neumarkt

Dabei handelt es sich um eine Variation des Klassikers ‚Meine Oma ging zum Markt' (S. 65). Die Spieler fügen Ortsnamen hinzu – echte oder erfundene. Zum Beispiel:

‚Meine Tante fuhr nach Neumarkt. Unterwegs kam sie nach **Entenbach**…'
‚Meine Tante fuhr nach Neumarkt. Unterwegs kam sie nach Entenbach und **Köln**…'
‚Meine Tante fuhr nach Neumarkt. Unterwegs kam sie nach Entenbach und Köln und zum **Mond**…'
So geht es weiter.

Ja oder nein

Dafür braucht man nur zwei Spieler. Als erster stellt Spieler 1 die Fragen. Er versucht, den anderen dazu zu bringen, mit ‚Ja' oder ‚Nein' zu antworten, während Spieler 2 danach trachtet, alles zu beantworten, ohne eines dieser beiden Wörter zu verwenden. Das könnte sich in etwa so anhören:

F: Heißt du Sabine?
A: Das ist richtig.
F: Magst du deinen Namen?
A: Ich mag ihn.

Der Trick für den Frager ist, nicht ausschließlich geschlossene Fragen zu stellen (solche, die normalerweise mit ‚Ja' oder ‚Nein' beantwortet werden), sondern auch offene (auf die es jede Art von Antwort geben kann), und dem Gegner in einem unachtsamen Moment eine geschlossene unterzujubeln!

Beine zählen

Ein weiterer Klassiker, der allerdings nicht auf der Landstraße funktioniert, sondern nur wenn man durch Städte fährt. Jeder Spieler/jedes Team sieht auf eine Seite der Straße und hält nach Schildern Ausschau. Gasthäuser sind speziell ergiebig, wenn es darum geht, die Beine zu zählen, die ein Name ergibt. So bringt z. B. der ‚Wurst-Stadl' gar nichts ein, während das Gasthaus ‚Zum roten Löwen' 4 (Beine) zählt. ‚Die drei fröhlichen Jungfrauen' sollten 6 Beine haben, genauso wie die ‚Drei Husaren'; ‚Zum Basilisken' könnte eine Streitfrage auslösen (0, 2 oder 4?), das ‚Griechenbeisl' spielentscheidend sein. Gewinner ist nämlich, wer zuerst eine vereinbarte Beinzahl (z. B. 20) erreicht – und dafür reichen schon 10 Griechen.

Das Problem beim Beine zählen (außer Landstraßen) sind ausgesprochene Wohnviertel ohne Geschäfte oder Lokale. Hier kann man sich alternativ auf zwei Türfarben einigen (oder Autofarben) und sehen, wer auf seiner Straßenseite mehr davon erblickt. Das geht auch mit jüngeren Kindern.

Schere, Stein, Papier

Dieser Jahrhunderte-Klassiker ist immer noch ein Spaß für Jung und Alt. Die beiden Spieler ballen eine Hand zur Faust und wechseln auf Drei in eine der folgenden Haltungen: Schere (V-Finger), Stein (Faust) oder Papier (flache Hand); die Schere schlägt (schneidet) das Papier, das Papier schlägt (umhüllt) den Stein, der Stein schlägt (zerbricht) die Schere. Wählen beide dasselbe, gewinnt keiner.

Kennzeichen-Bingo

Die traditionelle Form dieses Spiels funktioniert mit den heutigen EU-Kennzeichen nicht mehr besonders gut, hier deshalb eine Variante.

An diesem einfachen Spiel können Kinder teilnehmen, sobald sie das Alphabet beherrschen. Man braucht mindestens 2 Spieler und einen Spielleiter (Ausrufer).

Jeder Spieler zeichnet ein 3 x 3-Raster und schreibt 9 Buchstaben hinein (alles außer I und Q). Wer länger spielen will macht einen 4 x 4-Raster.

Der Spielleiter (kann der Fahrer sein, besser ist der Beifahrer) ruft den letzten Buchstaben von einem Kennzeichen auf, das er sieht. Hat ein Spieler alle Buchstaben seines Rasters einmal gehört und abgehakt, ruft er ‚Bingo'. Für eine neue Runde werden einfach neue Kennzeichen-Bingo-Karten gemacht.

Autoschau

Besonders Jungs glänzen gerne mit Faktenwissen, was sich für diverse Autoschau-Spiele unterwegs ausnützen lässt. Machen Sie einen Wettkampf draus – wer sieht zuerst zehn Autos aus Bayern (Salzburg, ...); wer sieht als erster 5 BMWs (2 Porsches, 6 Mercedes ...) usw.

WOHER IST DIESES AUTO?

Mit der Einführung der Euro-Kennzeichen wurde das System in Österreich 2002 umgestellt: Statt Bundesländern werden nun politische Bezirke mit einem (Landeshauptstädte) oder zwei Buchstaben ausgewiesen. Ähnlich wie in der Schweiz, wo die Buchstaben für Kantone stehen, und Deutschland, wo seit Langem die Landkreise oder kreisfreien Städte angegeben sind, in denen die Zulassung erfolgte.

Auf den Euro-Kennzeichen ist weiters in einem blauen Feld auf der linken Seite direkt unter den EU-Sternen das EU-Herkunftsland angegeben (siehe Autos und Nationen). Meist ist dieses Länderkürzel in weißer Schrift dargestellt, in einigen Fällen wie z. B. Großbritannien (siehe Bild) auch gelb. Und dann gibt's noch ein paar totale Ausreißer – sehen Sie sich doch mal die folgende Liste an:

A	Augsburg (D)	K	Köln (D)
A	Oberste Organe der Republik (A)	KA	Karlsruhe (D)
BE	Bern (CH)	KI	Kiel (D)
BP	Bundespolizei (A, D)	L	Leipzig (D)
CD	Diplomaten (A, CH, D)	L	Linz (A)
D	Düsseldorf (D)	M	München (D)
DO	Dortmund (D)	MG	Mönchengladbach (D)
E	Essen (D)	OW	Obwalden (CH)
ERZ	Erzgebirgskreis (D)	OW	Oberwart (A)
F	Frankfurt/Main (D)	PF	Pforzheim (D)
FF	Frankfurt/Oder (D)	R	Regensburg (D)
FF	Fürstenfeld (A)	W	Wien (A)
GE	Genf (CH)	X	Nato-Hauptquartier (D)
HA	Hagen (D)	Y	Bundeswehr (D)
		ZH	Zürich (CH)

AUTOS UND NATIONEN

Beim Autospähen ist es interessant, die Bedeutung der internationalen Kennzeichen zu kennen. Hier einige Länderkürzel, auf die man in Europa stoßen kann:

A	Österreich	HR	Kroatien (*Hrvatska*)
AL	Albanien	I	Italien
B	Belgien	IRL	Irland
BIH	Bosnien-Herzegowina	IS	Island
		KOS	Kosovo
CH	Schweiz (*Confoederatio Helvetica*)	L	Luxemburg
		LT	Litauen
CY	Zypern	LV	Lettland
CZ	Tschechien	M	Malta
D	Deutschland	MC	Monaco
DK	Dänemark	MD	Moldawien
E	Spanien (eigentlich *España*)	MK	Mazedonien
		MNE	Montenegro
EST	Estland	N	Norwegen
F	Frankreich	NL	Niederlande
FIN	Finnland	P	Portugal
FL	Liechtenstein	PL	Polen
GB	Großbritannien	RO	Rumänien (od. ROM)
GR	Griechenland	S	Schweden
H	Ungarn	SK	Slowakei
		SLO	Slowenienn

WELCHE AUTOMARKE IST DAS?

Speziell Jungs – aber auch manche Mädchen – kennen gerne möglichst viele Automarken. Dabei können Sie helfen: Weisen Sie auf besondere Merkmale (Logos, Designs) hin.

Schatzsuche

Schatzsuchen haben irgendwie alles: scharf nachdenken, wie irr herumtoben, verrückt spielen, sich halb kaputt lachen, frustriert und letztendlich entzückt sein. Es lässt sich als Teamspiel oder auch 1-gegen-1 spielen, wenn Langeweile droht. Perfekt für Geburtstagsfeste, Familienzusammenkünfte und in der Indoor-Variante als Rettung verregneter Wochenenden.

Sie benötigen:
Klemmbrett und Papier, Mal- und Schreibstifte, Behälter für die Hinweise, Schatz

Planung der Schatzsuche

Sich rätselhafte Hinweise und gefinkelte Ort zum Verstecken auszudenken kann eine Menge Spaß bereiten. Zu zweit ist es noch um einiges lustiger als allein – und auch besser, weil vier Augen einfach mehr (Verstecke) sehen als zwei und die Hinweise ja alle funktionieren sollen.

Ältere Kinder können dabei eine große Hilfe sein. Beteiligen Sie sie an der Jagd, indem Sie ihnen das Ausdenken von Rätseln für die jüngeren Kinder überlassen. Beim Deponieren der Jagd-Schnitzel sollten Sie aber unbedingt dabei sein, weil sonst ziemlich sicher etwas verloren geht.

ZUERST DAS FINALE!

Arbeiten Sie rückwärts. Es ist leichter, einen Ort zu beschreiben, von dem man sich fortbewegt. Auch sollte man sich das Beste für den Schluss aufheben, und da es Ihnen nach dem 6. oder 7. Hinweis vielleicht langsam schwerer fällt, auf originelle Ideen zu kommen, ist es sinnvoll, die Gustostückerln ins Finale zu verlegen. Nützen Sie Ihren anfänglich sprühenden Einfallsreichtum bestmöglich aus!

ROUTENPLANUNG

Entscheiden Sie, aus wie vielen Abschnitten Ihre Schatzsuche bestehen und wie lange die Jagd dauern soll. Richten Sie sich nach Ihrer Zielgruppe: 10–12 Abschnitte funktionieren gut, aber für kleine Kinder reichen 5–6.

Die Route ist ganz Ihre Sache. Doppel- und Dreifachtrips sind besonders lustig – dieselbe Strecke mehrmals vor- und zurücklaufen zu müssen macht die Sache nur noch spaßiger. Passen Sie aber auf, dass die Kinder nicht verfrüht über Hinweise stolpern.

Nummerieren Sie die Rätselschnitzel: Wenn jemand einen Hinweis findet, der noch gar nicht an der Reihe sein sollte, kann daraus ein komplettes Chaos entstehen.

Markieren Sie die Verstecke: Ein unauffälliges, großes grünes Blatt oder eine Blechdose, die immer einige Meter links vom Hinweis liegt.

Machen Sie sich Notizen: Eine Kopie der Liste mit allen Hinweisen, Verstecken und Anweisungen ist unerlässlich, um die Kontrolle zu behalten. Verlassen Sie sich nicht auf Ihr Gedächtnis allein!

Halten Sie stets einen Reserveplan bereit: Ein Hinweis könnte verloren gehen oder schlichtweg nicht mehr zu finden sein. In solchen Fällen ist es ein Segen, einen Plan B zu haben. Das kann ganz einfach bedeuten, dass Sie eine Kopie der Hinweise in Umschlägen bei sich haben und so jederzeit bereit sind, eine Schatzsuche, die ungeplant zum Stillstand gekommen ist, wieder in Gang zu bringen.

Hinweise verbergen

Hinweise sollte man immer in oder unter der Augenhöhe der Kinder verstecken: höher verborgen werden sie nicht gefunden.

Haben Sie erst einmal angefangen, darüber nachzudenken, fallen Ihnen sicher gute Verstecke ein. Z. B.:

IM FREIEN

Bäume, Zweige und Büsche in Gärten, Wälder und Parks (ein farbiges Bändchen an den Hinweisen macht den Kleineren das Finden leichter); unter Steinen (auffällig helle oder mit einem Kreidepunkt markiert); unter Gartenmöbeln oder Parkbänken; in einer Mauerritze; unter einem Felsen, an die Wäscheleine gehängt usw.

IM HAUS

Unter einem Tisch oder Bett; im Kühlschrank, im Ofen oder in der Waschmaschine; hinter einer Zierleiste; hinter oder auf einem Bild(errahmen); in Kleidung (z. B. eine Jackentasche, eine Socke oder ein Schuh); in einem Buch oder Magazin; hinter dem Radiator; in Pfannen, Töpfen oder Tassen; an einen Schlüssel gebunden; in einem Umschlag zur Morgenpost gelegt usw.

SCHUTZ DER HINWEISE

Die Hinweise in Behältern zu verstecken ist von Vorteil. Verwenden Sie Essensbehälter (müssen vielleicht mit Steinen beschwert werden); kleine PET-Flaschen (Hinweis aufrollen, mit Gummiband fixieren und hineinstecken); Walnussschalen (einige Walnüsse vorsichtig knacken, unbeschädigte Schalenhälften aussuchen, den Hinweis hineingeben und die Hälften zusammenkleben); Schachteln aller Art; oder legen Sie Hinweise am Strand unter große Muscheln.

Die Behälter sollten wasserdicht sein. Wenn Sie Papierhinweise verwenden, die nass werden könnten (weil Sie die Spur 24 Stunden zuvor ausgelegt haben), sollten Sie mit wasserfesten Stiften arbeiten und Öl aufs Papier gießen.

DER SCHATZ

Wenn die Jagd von Teams durchgeführt wird, muss der Schatz einfach geteilt werden können. Ist die Schatzkiste groß genug, kann man sich sonstige Party-Säckchen ersparen: Die Jäger verteilen einfach die Säckchen (Reserve-Säckchen sind ratsam). Süßigkeiten bieten sich an, aber es gibt auch ähnlich günstige, aufregendere Möglichkeiten wie z. B. polierte Steine, Haifischzähne oder Murmeln, die auch mehr wie ein Schatz aussehen.

Einige Regeln

Bei Team-Schatzsuchen ist es wichtig, einige Grundregeln festzulegen.

1. FINDEN UND LESEN DER HINWEISE

Entweder ein Kind übernimmt die Führung und liest immer (eine gute Idee, wenn Kinder im Vorschulalter dabei sind); oder jedes Kind kommt abwechselnd dran; oder Sie spezifizieren Hinweise für bestimmte Kinder oder Altersgruppen. Z. B. müssen 11-Jährige Worträtsel lösen, 9-Jährige versuchen mysteriöse Bilder zu verstehen und 6-Jährige erhalten einfache Richtungshinweise.

2. GRUPPEN ODER PAARE

Jüngere werden schnell entmutigt, es ist daher geschickter, sie mit Älteren zusammenzuspannen, besonders wenn es Letzterem nichts ausmacht, einen Hinweis zu erspähen, aber dem Kleinen die Freude zu lassen, ihn zu finden.

3. ZUHÖREN UND WARTEN

Alle müssen aufeinander warten, damit Hinweise von allen zur Gänze wahrgenommen werden können. Niemand darf sich entfernen. Das ist wichtig, damit niemand zu rasch verschwindet und die Langsamen hinter sich lässt, aber womöglich gar nicht alles weiß, was zum nächsten Hinweis führt. Entweder bespricht die Gruppe die Hinweise und entscheidet gemeinsam, wie es weitergeht; oder Paare versuchen die Rätsel zu lösen; oder einzelne Schatzjäger hasten weiter, *nachdem* sie sich versammelt hatten.

4. RENNEN ODER GEHEN?

Je nach Umständen und Gesellschaft ist es immer möglich, dass alles außer Kontrolle gerät, und niemand will riskieren, dass die Kleinen unter die Füße einer wilden Horde geraten. Es mag daher besser sein, rennen zu verbieten.

5. DEN NÄCHSTEN HINWEIS FINDEN

Entweder rufen die Finder und warten auf die anderen oder sie bringen den Hinweis zum Anführer.

6. PREISE – GEWINNEN ODER TEILEN?

Entweder der Erste, der an einen Hinweis mit einem Preis gelangt, bekommt diesen, und nur der Schatz selbst wird geteilt; oder alle Preise werden von Anfang an geteilt.

Spaß mit Hinweis-Rätseln

Es gibt zahllose Möglichkeiten, unterhaltsame und herausfordernde Jagd-Schnitzel für Kinder aller Altersstufen und sogar Erwachsene zu gestalten. Manche mögen Rätsel und Reime. Jüngeren gefallen ganz einfache Hinweise wie ‚Reimt sich auf nett, und sonst wollt ihr da nie hinein', um sie auf ‚Bett' zu bringen, oder ‚Ihr tragt es an den Füßen', damit sie jedes Paar Schuhe umdrehen.

Verkrampfen Sie sich aber nicht im Bemühen, clever und originell zu sein. Solange Ihnen die Sache selber Spaß macht, wird Ihnen das Schreiben und Verstecken von Hinweisen umso leichter fallen, je öfter Sie es tun!

Je nachdem wer den Schatz sucht sollten Sie Ihre Hinweise knifflig oder ganz einfach gestalten.

Sie können Geheimschrift (S. 86) einsetzen oder unsichtbare Tinte verwenden (S. 87) oder mit weißer Ölkreide auf weißes Papier schreiben, sodass die Schatzsucher nur dann etwas lesen können, wenn sie mit Filzstiften drübermalen oder Tee auf das Blatt schütten.

Auch raffinierte Koordinaten sind einen Versuch wert. Wenn Sie die Orientierungsfähigkeit der Kinder testen wollen, gibt es darüber hinaus noch andere Möglichkeiten:

- ■ ‚Blick auf die Tür: Dein Hinweis ist auf 2 Uhr.'
- ■ ‚Sieh zum Tisch: dreh dich 45° nach links.'
- ■ ‚Geh 20 Schritte nordöstlich.' (Kompass bereitstellen.)
- ■ ‚Gehe 20 Schritte geradeaus, 10 Schritte nach backbord (links), 20 Schritte nach steuerbord (rechts) und blicke dann zum Heck (hinter dich).'

Alternativ lassen sich auch andere Maße verwenden – Meter, Fuß, Zoll und Zentimeter (Maßbänder bereitstellen); Armlängen, Spannen, Spannweiten (beide Arme ausgestreckt) usw. – junge Helfer sind beim Ausmessen der Distanzen eine wirklich große Hilfe.

HINWEISE IN ALLEN GRÖSSEN

Schreiben Sie in winzigster Schrift auf eine Briefmarke (Achtung dass sie nicht verloren geht; vielleicht in einem Marmeladeglas im Kühlschrank?) Der nächste Hinweis könnte aus einem riesigen Pfeil aus Socken am Boden des Schlafzimmers bestehen. Am Strand können Hinweise so groß sein, dass sie nur aus der Distanz gelesen werden können.

BILDER VERWENDEN

Denken Sie einmal an Bilder und Zeichnungen: Fotos aus ungewöhnlichen Perspektiven oder mit übergroßen Details geben tolle Rätsel für Kinder ab. Oder man sieht ein Bild mit dem Text: ‚Das ist dein Blick vom nächsten Hinweis aus!'

VERWENDEN SIE EINE KARTE

Eine Schatzkarte macht sich immer gut. Das kann eine richtige oder eine eigens gezeichnete Piraten-Schatzkarte (nächste Seite) sein, auf der Hinweise verzeichnet sind.

Spannung am Start

Wenn Sie es ein wenig dramatischer wollen, könnten Sie sich etwas Spezielles für Hinweis 1 ausdenken. Z. B.:

- ■ Legen Sie ein Handy auf den Tisch: es läutet, das Geburtstagskind hebt ab und erhält den ersten Hinweis.
- ■ Besondere Nachrichten (E-Mail, Video oder Audio).
- ■ Ein Brief flattert durch den Briefschlitz herein, adressiert an das Geburtstagskind.
- ■ Es gibt eine Schachtel voller Papierschnitzel: die Gruppe muss sich durchwühlen, um den Hinweis zu finden.
- ■ Es ist etwas im Essen: Jeder isst ein Stück Kuchen, in einem ist ein Hinweis versteckt – die Worte in der Torte! Oder jeder bekommt ein Sandwich, eines davon enthält einen Hinweis.

Grande Finale

Auch am Ende macht sich ein Paukenschlag gut. Man könnte den Schatz zum Beispiel unter einem Haufen Laub oder schmutziger Wäsche vergraben oder sogar, gut geschützt in einer Blechdose, tatsächlich vergraben und ausschaufeln lassen. Oder man hängt ihn an einen Baum, mit einem Dutzend Knoten gesichert, die alle gelöst werden müssen. Im Haus könnte der Schatz x-mal verpackt sein ...

Eine Original-Schatzkarte

Ob als Teil einer Schatzsuche, um sie in eine Schatztruhe zu legen oder einfach nur aus Spaß an der Freud, das Entwerfen einer Schatzkarte sorgt für Stunden angenehmster Beschäftigung. Man braucht nur ein großes Stück Papier und Stifte aller Art. Und so sieht sie authentisch aus:

ZERFRANSTE RÄNDER

Reißen Sie einen ca. 10 mm starken Rand des Papiers gegen ein Lineal ab. So werden die Ränder ungleichmäßig wie gewünscht.

FLECKEN UND KRATZER

Versuchen Sie, das Papier in Essig zu tauchen, versengen Sie den Rand vorsichtig mit einer Kerze oder spritzen Sie Wein oder Bier darüber. Ein oder zwei Tropfen rote Lebensmittelfarbe beweisen, wie heftig um die Karte gekämpft wurde, Wachstropfen lassen das Bild entstehen, wie man sich in einer schummrigen Taverne über die Karte beugt. Aber Vorsicht: Testen Sie diese Techniken lieber vor der Fertigstellung; wenn etwas schiefgeht, sollen nicht Stunden der Arbeit zunichte sein.

LETZTE HAND ANLEGEN

Wenn man die Karte ein paar Mal faltet und wieder entfaltet, sieht sie knittrig und gebraucht aus; fettige Fingerabdrücke hinzufügen; bräunen Sie die Karte bei schwacher Hitze im Ofen (unbedingt zuvor testen); draufspringen und in die Erde reiben lässt sie aussehen, als wäre sie ausgegraben worden. Man kann sie auch aufrollen, zubinden und mit Wachs versiegeln.

AN DIE STIFTE ...

Ihr Kind sagt vielleicht: „Ich kann nicht zeichnen." Aber das konnten auch die meisten Piraten nicht. Für ein paar kleine Zeichen oder Piktogramme (wie die auf dieser Seite) muss man kein großer Künstler sein.

Ein einfacher Tipp: Jede Illustration auf einer Karte sieht besser aus, wenn man sich einen Lichteinfall von links oben vorstellt. Zeichnen Sie Linien rechts unten dicker und überlegen Sie sich, wo die Schatten sein würden. Schatten können schwarz sein. Damit Dinge dreidimensional wirken, setzt man ebenfalls einfache Schatten ein – kurze Schraffierungen in eine Richtung oder ein Geflecht aus Linien.

Schatzkarte

Murmeln

Mit Murmeln zu spielen kann einfach und lustig, aber auch herausfordernd sein. Es fördert die Konzentration und die Hand-Augen-Koordination und hilft manchmal dabei, auf mehr oder weniger sanfte Art Aggressionen abzubauen; mit einer Murmel andere zu checken ist echt spannend!

MURMEL-SCHUSSTECHNIK

Beim Gelenkwurf wird die Murmel locker zwischen gekrümmtem Daumen und Zeigefinger gehalten und aus dem Handgelenk zum Ziel geworfen.

Beim Daumenschuss liegt die Murmel auf dem gekrümmten Zeigefinger und wird mit dem Daumen nach vorn geschlenzt. Der Knöchel des Zeigefingers ruht dabei auf dem Boden und die Hand sollte nicht bewegt werden.

Beim Schnippen wird die Murmel mit Zeige- oder Mittelfinger leicht oder fest (je nach Entfernung) geschnippt. Hierzu schnalzt man die Finger vom Daumen weg.

Beim Schieben rollt man die Murmel mit dem Zeige- oder Mittelfinger nach vorn. Schließlich gibt es noch das Tuppen, bei dem man mit einem Finger auf die am Boden liegende Murmel drückt, bis sie wegspringt. Für Kinder ist eigentlich egal, welche Technik es ist – solange sie funktioniert.

MURMEL-NOMENKLATUR

Kinderspiele mit kugelförmigen Gegenständen gibt es seit Jahrtausenden – dementsprechend tragen die Kugeln auch in fast jeder Gegend einen eigenen Namen. Das Wort Murmel leitet sich von Marmor her, dem ursprünglich meistverwendeten Material. Andere im deutschsprachigen Raum gebräuchliche Namen sind Bucker, Heuer, Klickern, Knicker, Duxer, Marbeln, Marmeln, Märbeln, Schnellern, Schussern oder Wetzel. Je nach Größe und Material werden den Murmeln Werte von 1 (1 cm-Glasmurmel) bis 50 zugewiesen.

GEWINN UND VERLUST

Bei den meisten Spielen gewinnt man einige Murmeln und büßt andere ein. Damit das gut klappt, sollte jeder Spieler über einen ordentlichen Vorrat verfügen, weil es keinen Spaß macht, ein allzu kleines Häufchen auch noch rasch verschwinden zu sehen.

Um die Anzahl an Murmeln im Bedarfsfall zu erhöhen, kann man Murmeln tauschen, wobei natürlich der unterschiedliche Wert zu berücksichtigen ist.

MARKIERUNGEN

Traditionellerweise wird bei den meisten Murmelspielen die Markierung, von der aus geworfen wird, mit einem Stock in die Erde geritzt. Alternativ dazu kann man natürlich auch mit Kohle oder Kreide einen Strich ziehen. Wird in einem Wohnraum gespielt, muss man improvisieren: mit einem Stück Faden oder einem auf den Boden gelegten Gegenstand.

Hunderter
2 Spieler

Man markiert einen Kreis von etwa 30 cm im Durchmesser und eine Linie ca. 60 cm davon entfernt (die Maße kann man für spätere Spiele ändern). Von der Linie aus versucht man, die Murmel in den Kreis zu werfen. Treffen beide Spieler, gibt es keine Punkte, trifft nur einer, erhält er 10 Punkte. Wer zuerst 100 erreicht, gewinnt.

Pflaumen pflücken
1–6 Spieler

Jeder Spieler steuert die gleiche Anzahl an einfachen Murmeln bei, die in etwa 30 mm Abstand voneinander aufgereiht werden. Diese ‚Pflaumen' versucht man nun zu ‚pflücken'.

Man schießt mit einer großen Murmel aus einer Distanz von 1–2 Metern; wer eine Pflaume trifft, nimmt sie sofort aus dem Spiel und an sich. Der beste Pflaumensammler gewinnt.

Dobbeln
1–4 Spieler

‚Pflaumen pflücken' für Fortgeschrittene. 2–4 Murmeln von jedem Spieler werden im Abstand von zwei Murmeln in einer Linie aufgelegt. Man markiert eine Startlinie und schießt abwechselnd. Wer eine Murmel trifft, darf sie behalten. Die (große) Schussmurmel bleibt dort liegen, wohin sie geworfen wurde; der nächste Schuss erfolgt von dieser Stelle. Trifft sie ein anderer Spieler, bleibt sie dennoch im Spiel, der Besitzer muss aber eine weitere Murmel als Ziel einbringen.

‚Mauer-Dobbeln' ist dasselbe, aber nahe bei einer Mauer, sodass geübte Spieler ‚über die Bande' spielen können.

Murmelbögen
1–4 Spieler

Für dieses Spiel benötigt man ein Stück Holz oder Karton, in das Bögen geschnitten wurden, und einen größeren Vorrat an Murmeln. Es können 5, 7 oder 9 Bögen sein; für jüngere Spieler besser etwas breiter ausschneiden. Der Mittelbogen bringt am wenigsten Punkte – er ist in diesem Spiel am leichtesten zu treffen. Die genaue Wertung kann sich aber jeder selbst ausmachen. Jeder Bogen ist etwas weiter als 2 Murmeln, die Säulen zwischen den Bögen sind murmelbreit. Geschossen wird aus 50 cm–2 m Entfernung.

Es gibt zwei Versionen:
1. Einfach punkten: Jeder schießt vom selben Startpunkt aus, gerade vor dem Mittelbogen, und hat pro Runde drei Versuche. Die erzielten Punkte werden addiert. Es gewinnt der Spieler, der nach einer vorher vereinbarten Anzahl an Runden die meisten Punkte hat.
2. Murmelgeld: Folgt demselben Ablauf, aber vor dem Spiel zahlt jeder 4 Murmeln in die Bank ein (ein Spieler übernimmt die Funktion des Bankiers). Wenn ein Spieler punktet, erhält er von der Bank die Punktzahl in Murmeln ausbezahlt. Wer nicht punktet, muss eine Murmel einzahlen und wird Bankier bis zum nächsten Spieler, der nicht trifft.

Hüpfauge
1–6 Spieler

Man markiert einen Kreis von 30 cm (der ‚Teich'), in den jeder Spieler zwei Murmeln legt (der ‚Schwarm'). Nun stellen sich die Spieler der Reihe nach über den Teich und werfen aus Augenhöhe eine Murmel hinein. Wer eine Murmel aus dem Kreis klickt, gewinnt diese und kann seine Schussmurmel zurücknehmen. Misslingt dies aber, ist die Schussmurmel im Teich verloren. Das Spiel endet, wenn der ganze ‚Schwarm' aus dem Teich entfernt worden ist.

Spannen und Schraubenzieher
1–2 Spieler

Ein einfaches Spiel für jedes Alter. Spieler eins wirft oder schießt eine Murmel auf den Boden. Der andere Spieler versucht nun, seine Murmel so nahe wie möglich an die des Gegners heranzuspielen. Von einer ‚Spanne' spricht man, wenn der Abstand der beiden Kugeln eine Handspanne des größeren Spielers nicht übersteigt. Dafür gibt's einen Punkt (oder eine Murmel). Wird die liegende Murmel berührt, hat der Schütze einen ‚Schraubenzieher' und erhält zwei Punkte bzw. Murmeln.

Gefängnisausbruch
1–6 Spieler

Dieses Spiel kann für ungeübte Spieler etwas frustrierend sein, ist aber dafür für Ältere besonders spannend und aufregend, weil man durch eine aggressive Taktik viele Murmeln gewinnen – aber auch verlieren kann. Das Spiel ist ziemlich alt: Man tritt an die äußere Gefängnismauer und sieht zu, wem man zum Ausbruch verhelfen kann.

Man markiert einen inneren (30 cm Durchmesser) und einen äußeren Kreis (2 m). Jeder Spieler legt dieselbe Anzahl an Murmeln in den inneren Kreis (den Zellentrakt). Nun schießt der erste mit seiner großen Schussmurmel von irgendwo außerhalb des großen Kreises. Wird eine Murmel ‚befreit' (aus dem Innenkreis gestoßen), gehört sie dem Schützen, der nochmals an der Reihe ist (von da, wo seine Murmel liegengeblieben ist). Wenn nicht, bleibt die große liegen und der nächste kommt dran. Wird eine Schussmurmel getroffen, muss ihr Besitzer eine Murmel Buße zahlen, aber jeder darf die Buße nur einmal einfordern. Das Spiel endet, wenn alle befreit sind.

Tricks

Zaubertricks

Zaubertricks zu lernen macht der ganzen Familie Spaß. Ihnen dabei zuzusehen, wie Sie einen verpatzen, ist fast so toll wie die Verblüffung der Kinder, wenn ein Trick gelingt. Verraten Sie nicht zu bald, wie's gemacht wird, es sei denn, die Kinder könnten den Trick selbst lernen. Helfen Sie dann auch beim Üben. Es fördert die Geschicklichkeit und lehrt sie, dass Ausdauer sich lohnt.

Erfolgsgeheimnisse

Um als Meister der Illusion zu bestehen, muss man sich auf drei wichtige Dinge konzentrieren:

Übung: selbst die einfachsten Tricks verlangen nach ausdauernder Übung, bis alle Bewegungen sicher und gelassen ausgeführt werden.

Plappern: damit es lustig wird, muss jeder Trick von fröhlichem Geplauder mit dem Publikum begleitet sein. Man sollte sich daher zuvor Witze und Geschichten ausdenken, die den Trick begleiten.

Ablenkung: es ist von fundamentaler Bedeutung, die Aufmerksamkeit der Zuseher vom eigentlichen Trick abzulenken. Will man z. B. etwas in der Rechten verbergen, zeigt man mit der Linken auf etwas oder sieht in eine andere Richtung.

Tuch-‚Verschwindezauber'

Mit ein wenig Übung kann man Münzen und andere kleine Dinge sehr effektvoll mit einem größeren Tuch verschwinden lassen. Kinder können Stunden mit dem Üben verbringen. Sie müssen einiges manuelles Geschick entwickeln und lernen, eine kleine Show abzuziehen, speziell was die Ablenkung ihres Publikums betrifft. Der Trick selbst ist einfach und schnell, durch die Ausführung sollte er etwas länger und lustiger werden.

1 Breiten Sie das Tuch über Ihre linke Hand (Handfläche nach oben), so dass eine Ecke auf Ihrem Unterarm liegt. Halten Sie die Münze in Ihrer Rechten, präsentieren Sie sie dramatisch, und legen Sie sie dann zwischen Daumen, Zeige- und Mittelfinger Ihrer Linken. Halten Sie sie durch das Tuch aufrecht.

2 Ergreifen Sie den Tuchzipfel am Unterarm mit Daumen und Zeigefinger der rechten Hand und beginnen Sie, die Münze zuzudecken. Dabei senken Sie die Linke etwas nach rechts unten, damit das Tuch über der Münze hängt. Sagen Sie, dass Sie die Münze nun verschwinden lassen, heben Sie dann das Tuch mit dramatischer Geste und geben Sie vor, schockiert zu sein, weil die Münze noch immer da ist. Ihre Linke ist ein wenig nach rechts gewandert, aber Sie sollten Ihr Publikum ausreichend abgelenkt haben, um das nicht zu bemerken.

3 Reden Sie weiter darüber, wie überrascht Sie sind, dass der Trick nicht funktioniert hat. Ziehen Sie das Tuch mit Ihrer Rechten erneut über die Münze und bewegen Sie Ihre Linke weiter Richtung rechts unten. Für mehr Ablenkung können Sie in die andere Richtung schauen, als würde die Münze durch die Luft fliegen. In diesem Moment kippen Sie die Linke noch mehr, bis die Münze abrutscht und, verborgen unter dem Tuch, ungesehen in Ihre Rechte fällt. Sie können jetzt die Münze entweder unauffällig in Ihre rechte Hosentasche stecken oder unter den Fingern Ihrer Rechten festklemmen. Beides erfordert etwas Übung.

4 Fragen Sie Ihr Publikum nach ein paar magischen Worten, während Sie vorgeben, die Münze immer noch in Ihrer Linken zu halten. Heben Sie die Rechte (falls dort auch die Münze ist: gut verborgen halten. Der Zeigefinger ist ausgestreckt, die drei anderen Finger um die Münze gekrümmt). Zeigen Sie irgendwo hin oder wackeln Sie ein wenig mit dem Zeigefinger, um abzulenken und ein wenig magische Atmosphäre zu beschwören.

5 Ergreifen Sie einen Zipfel des Tuchs mit der rechten Hand und lassen Sie links los. Sie können nun Ihre linke, leere Hand herzeigen. Nehme Sie dann das Tuch mit der Linken und ziehen Sie es hoch, so dass alle sehen können, dass die Münze vollständig verschwunden ist.

Der schwebende Stift

Bei diesem Trick erhebt sich ein Stift (oder, wenn vorhanden, ein Zauberstab) auf mysteriöse Weise aus einer Flasche. Man benötigt dafür einen Stift oder Stab, eine Flasche und etwas Fischersilk – und Sie müssen ein Hemd zum Knöpfen tragen.

Befestigen Sie ein etwa 60 cm langes Stück des Silks an einem Ende des Stifts und wickeln Sie das andere Ende des Fadens um einen Knopf Ihres Hemds (Brust oder Handgelenk). Verschieben Sie die Flasche, damit der Faden gespannt ist. Jetzt genügen ein paar Bewegungen mit dem Arm (oder dem Körper), und der Stift erhebt sich aus der Flasche.

Besonders lustig wird dieser Trick, wenn man vorgibt, nackte Angst zu verspüren, weil der Stift sich bewegt. Derselbe Trick kann auch eingesetzt werden, um andere Objekte aus Flaschen entschweben zu lassen.

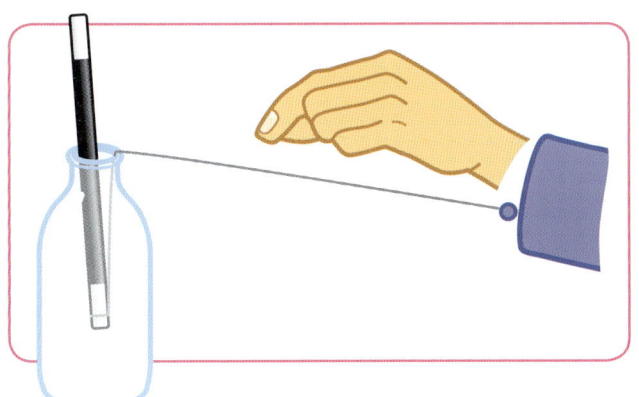

Der klebrige Stift

Bei diesem Trick scheint ein Bleistift auf magische Art an Ihre Finger gebunden zu sein. Einfach, effektiv und unterhaltsam.

1 Halten Sie einen Stift hoch, waagrecht in Ihrer linken Hand. Erzählen Sie Ihrem Publikum, dass Sie für diesen Trick mit der rechten Hand spezielle Klebkraft in die Finger Ihrer Linken pressen müssen. Umfassen Sie dann fest Ihr linkes Handgelenk; der rechte Daumen muss beim linken Handrücken sein.

2 Drehen Sie Ihre Linke so, dass ihr Rücken zum Publikum zeigt und die beiden Stiftenden beiderseits hervorragen. Das Publikum sieht so nicht, dass Ihr rechter Zeigefinger hochschnellt und den Stift in der Handfläche fixiert (Bild).

3 Strecken Sie nun langsam Finger und Daumen der Linken aus, so dass sie nicht länger den Stift halten.

4 Überlegen Sie sich ein Ende des Tricks, bevor Ihr erstauntes Publikum Ihnen auf die Schliche kommt. Z. B. könnte die Klebkraft zu schmerzen beginnen – sagen Sie das, schreien Sie kurz auf und werfen Sie den Stift hoch.

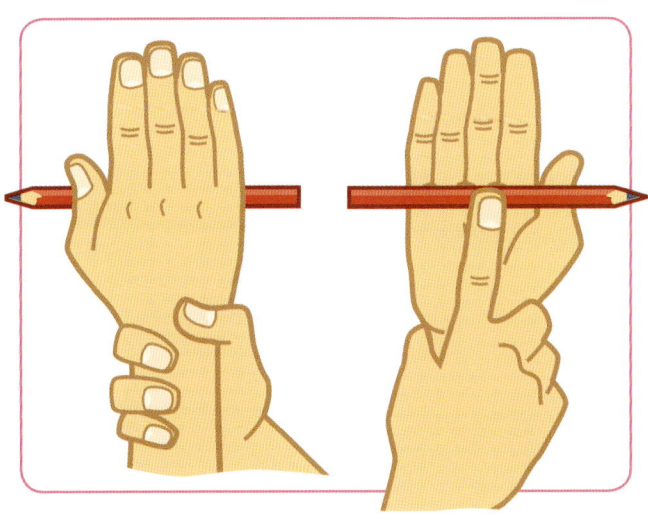

Kartentricks

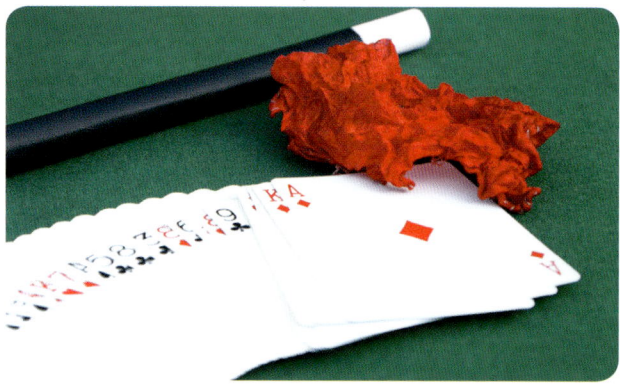

Der 21-Karten-Trick

Das ist zwar weniger Magie als Mathematik, aber dennoch ein exzellenter Trick. Man benötigt dazu so gut wie gar keine Übung, auch Kinder können ihn rasch lernen. Zudem lernen sie bei der Gelegenheit, wie man mischt.

Bei dem Trick geht es darum, jemanden eine Karte ziehen zu lassen, die zurück ins Päckchen wandert und wenig später von Ihnen wiedergefunden wird. Geschick ist nicht erforderlich; man muss lediglich Karten austeilen können.

Zuerst bildet man einen Stapel aus 21 beliebigen Karten. Davon zieht nun jemand eine; Sie zeigen sie allen außer sich selbst und stecken sie zurück. Nun erklärt man, man werde die Karten offen austeilen; die Zuseher sollten auf die gesuchte Karte achten, aber nichts sagen, wenn sie auftaucht.

1 Teilen Sie die Karten in drei Stapeln von rechts nach links offen aus. Sobald Sie fertig sind, fragen Sie, in welchem der Stapel die Karte ist. Schieben Sie diesen Stapel zwischen die beiden anderen. Alle Karten aufnehmen.

2 Wiederholen Sie Schritt 1.

3 Wiederholen Sie Schritt 1.

4 Nehmen Sie wieder alle Karten auf und schieben Sie den Stapel mit der Karte in die Mitte. Drehen Sie das Päckchen nun um und zählen Sie im Geiste zehn Karten ab. Sagen Sie etwas passend Magisches wie: „Hier spüre ich ein Kribbeln", und präsentieren Sie strahlend die 11. Karte; es sollte die sein, die ganz am Anfang gewählt worden war.

Wie geht das? Im Grunde ist es sehr einfach: Die ganze Mischerei verschiebt einfach die bewusste Karte in die Mitte des ganzen Stapels – sie wird die 11. von 21.

Überraschende Wendung

Ein klassischer, einfach zu erlernender Trick. Trotz seiner Simplizität kann man damit ein Publikum vollständig in seinen Bann ziehen und tief beeindrucken.

Jemand zieht eine Karte aus einem Stapel und steckt sie genau so wieder zurück, doch wenn Sie die Karten auffächern, hat sie sich durch Magie von selbst umgedreht.

Man benötigt ein komplettes Deck (obwohl ein paar fehlende Karten nicht stören). Die ganze Vorbereitung besteht darin, sicherzustellen, dass alle Karten bis auf die unterste in dieselbe Richtung schauen. Das so präparierte Deck kann dann auf seinen Auftritt warten.

1 Fächern Sie die Karten verdeckt auf und lassen Sie jemanden eine Karte ziehen. Die Person soll sie allen außer Ihnen zeigen (falls niemand anderer anwesend ist, weisen Sie sie an, der Magie auf die Sprünge zu helfen, indem sie die Karte den Wänden oder Bildern an den Wänden zeigt). Diese einfache Ablenkung ist spaßig und verbessert Ihre Chancen, Schritt 2 unbemerkt zu vollziehen.

2 Schieben Sie die Karten zusammen, wobei Sie Ihre Hand ganz locker senken und das Paket in Ihren Fingern wenden, damit es beim Heben der Hand umgedreht ist. Alle Karten zeigen nun mit der Bildseite nach oben außer der obersten; da diese verdeckt ist scheint das ganze Paket weiterhin verdeckt zu sein.

3 Fordern Sie Ihren Helfer auf, die Karte an einer beliebigen Stelle zurück ins Paket zu stecken.

4 Erinnern Sie ihn daran, dass Sie keine Ahnung haben können, um welche Karte es sich handelt. Sagen Sie etwas wie: „Blicke mir direkt in die Augen und ich werde versuchen, darin die Karte zu entdecken." Auch dies ist Ablenkung, damit niemand bemerkt, wie Sie erneut Ihre Hand senken und das Kartenpaket in Ihren Fingern zurückdrehen.

5 Alle Karten in Ihrer Hand sind nun verdeckt, mit Ausnahme der untersten und der gesuchten.

6 Fächern Sie die Karten auf, wobei die unterste verborgen bleiben muss. Die Karte des Helfers wird offen auftauchen. Der Helfer kann sie nehmen und herzeigen, oder Sie machen es selbst: „Voila!"

Die Karte X

Ein cleverer und dabei simpler Trick, für den man ein Kartendeck und zwei identische Marker benötigt. Ein Helfer zieht eine Karte aus dem Stapel und markiert sie mit einem ‚X'; ein zweiter macht es ihm gleich. Unglaublich: Beide haben dieselbe Karte markiert!

Zur Vorbereitung für diesen Trick lässt man einen der Marker für einige Tage unverschlossen austrocknen – er sieht dann nicht anders aus, schreibt aber nicht mehr. Markieren Sie dann eine beliebige Karte vorne und hinten mit einem ‚X'. Stecken Sie diese Karte mitten ins Deck zurück und den guten Marker in Ihre rechte Tasche.

1 Fragen Sie zwei Freiwillige, ob sie gerne Gedanken lesen könnten.

2 Geben Sie dem Freiwilligen 1 das Deck, Bildseite oben, und fordern Sie ihn auf, es hinter seinem Rücken zu mischen. Dann überreichen Sie ihm den ausgetrockneten Marker, mit dem er, immer noch hinter dem Rücken, eine Karte mit einem ‚X' versehen soll.

3 Nehmen Sie das Paket zurück und reichen Sie es, diesmal verdeckt, der Freiwilligen 2. Sie wird aufgefordert, es wie ihr Vorgänger zu machen: Hinter dem Rücken mischen, markieren, erneut mischen.

4 Nehmen Sie das Deck und den trockenen Marker zurück, den Sie in Ihrer linken Tasche verschwinden lassen. Drehen Sie das Deck auf die Bildseite und bitten Sie den Freiwilligen 1, seine Karte herauszusuchen. Er wird die Karte mit dem ‚X' nehmen. Währenddessen holen Sie den guten Marker aus der rechten Tasche.

5 Wenden Sie das Deck und bitten Sie Freiwillige 2, ihre Karte zu finden – die nicht da ist. Sie fordern sie auf, die Karte des Freiwilligen 1 umzudrehen und: Es ist dieselbe Karte! Legen Sie den guten Marker zu den Karten (zur Überprüfung) und danken Sie den Freiwilligen.

Karten mischen

Kindern fällt es anfangs schwer, Karten zu mischen. Helfen Sie ihnen dabei, es zu lernen.

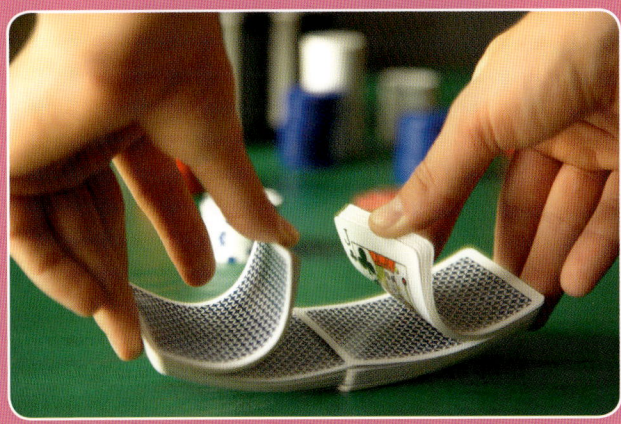

RIFFELN

Ein Spaß für jedermann, der manchen jungen Spielern leichter fällt als das Mischen in der Hand. Allerdings riskiert man mit dieser Methode, die Karten zu verbiegen.

1. Man teilt das Deck in zwei Hälften, die man auf dem Tisch in einem Winkel zueinander legt, Ecke an Ecke.
2. Während man die Decks mit den Fingern fest auf den Tisch drückt, hebt man mit den Daumen eine Ecke beider Stapel an und lässt die Karten dann einzeln wieder los, so dass die Karten der Stapel einander überlappen.
3. Alle Karten zusammenschieben. Zwei bis drei Wiederholungen verbessern das Mischergebnis.

ÜBERHAND-MISCHEN

Eine sehr einfache Methode, sofern die Hände des Kindes groß genug sind, um die Karten gut in der Hand halten zu können.

1. Halten Sie das Deck locker in der linken Hand (meist werden die Karten an den Schmalseiten gehalten; für kleine Kinderhände ist es aber oft einfacher, sie an den Längsseiten zu halten). Ziehen Sie nun mit dem Daumen der rechten Hand einige Karten ab.
2. Schieben Sie die abgezogenen Karten in bzw. unter das Deck in Ihrer Linken zurück.
3. Wiederholen Sie Schritt 1 und 2, so oft Sie wollen.

Verlorene Herzen

Dieser sehr einfache ‚Schwindel' wirkt bei jüngeren Kindern Wunder, aber auch bei einigen älteren und sogar Erwachsenen. Kinder unter 6 könnten allerdings Geschichten wie diese etwas erschreckend finden und würden den Trick wahrscheinlich nicht verstehen. Man braucht keine zauberhafte Geschicklichkeit, nur eine überzeugende Darbietung. Wenn es mit Stil vorgetragen wird, werden Kinder es lieben.

Bei dem Trick geht es um Karten, die verloren gehen und auf magische Weise wieder erscheinen. Er funktioniert am besten vor einem kleinen Publikum und verlangt nach einer einfallsreichen Rahmengeschichte. Ein Beispiel finden Sie hier, aber Sie können die Story natürlich passend zu einer Geburtstagsparty oder einem bestimmten Kind adaptieren bzw. mit mehr Karten und Charakteren ausbauen.

Alles, was benötigt wird, sind 2 *identische* Kartendecks und 8 Umschläge (für 8 Karten). Nützlich ist ferner ein Assistent, der sich umsieht und belastende Indizien entfernt.

Entnehmen Sie einem Deck Ass, König, Dame und Bube in Herz und legen Sie den Rest des Decks beiseite. Stecken Sie die 4 Karten in 4 Umschläge und verstecken Sie diese an verschiedenen Orten in dem Raum, in dem Sie auftreten werden. Sie müssen sich merken, welche Karte wo ist. Wenn Ihr Publikum versammelt ist, nehmen Sie das vollständige Deck zur Hand und legen es vor ihm aus (auf den Tisch oder am Boden).

Hier ein Beispiel für eine Geschichte, wie Sie sie erzählen müssen: Passen Sie sie an oder erfinden Sie etwas Eigenes:

‚Es waren einmal einige glückliche Karten. Sie waren Könige, Damen und Prinzen, und diese kleinen [die Asse] waren Babys. Könnt ihr mir helfen, sie hier zu finden?' (Einige aus dem Publikum sollen Ihnen nun helfen, die Asse und Bildkarten aus dem Deck auszusortieren.)

‚Hier haben wir also die Piks und Karos, die Kreuze und Herzen. Stellen wir uns vor, sie alle picknicken am Fluss.'

‚Plötzlich aber geschah etwas Furchtbares: Baby Herz ließ einen Drachen steigen und wurde von einer ungeheuer starken Windböe verblasen.' (Lassen Sie ein Kind die Herz-

Ass in einen Umschlag stecken, den Sie aus dem Raum tragen und fortblasen – d. h. Sie geben es dem Assistenten.)

„„Oje", klagten die anderen Karten. Und dann? Der Herz Bube ging Kanu fahren und wurde aufs offene Meer getrieben.' (Diesmal wandert der Herz Bube in einen Umschlag und zum Assistenten.)

„„Oje", klagten die anderen Karten. Und dann, wie schrecklich: Mama Herz [die Herz Dame] reparierte gerade das Auto, als sich die Bremsen lösten und sie den Hang hinabstürzte.' (Ein Kind steckt die Herz Dame in einen Umschlag, den Sie hinaustragen und dem Assistenten übergeben.)

„„Oje", klagten die anderen Karten. Und wisst ihr, was dann geschah? Papa Herz [der Herz König] machte Sandwiches, als ein riesiger Bär aus dem Wald kam und ihn verjagte.' (Machen Sie diesmal beim Hinaustragen des Umschlags mit dem Herz König knurrende, bärige Laute.Der Assistent muss darauf achten, dass keiner der Umschläge gesehen werden kann.)

„„Oje", klagten die anderen Karten. Und du meine Güte, was war zu tun? Sie suchten und suchten, konnten aber die Herzen nicht finden. Die anderen Karten packten alle ihre Picknicksachen zusammen [dabei sammeln Sie die Karten auf] und gingen sehr traurig nach Hause, außer einem Mädchen, das seinen 10. Geburtstag feierte. Es hieß Lucy [nehmen Sie die Karo Zehn heraus und legen Sie sie vor sich] und wollte nicht aufgeben. Lucy legte sich mucksmäuschenstill hin und lauschte.' (Sagen Sie Ihrem Publikum, es soll vollkommen still sein, wenn es das nicht schon ist.)

‚Da hörte sie etwas. [Murmeln Sie „Hilfe".] Es kam von dort [zeigen Sie und helfen Sie einem Kind, den Umschlag mit dem Herz König zu finden]. Hurra, es ist Papa Herz! Wie ist er nur hierher gekommen? Und wo sind die anderen? Wartet, wieder ein Geräusch … „Hilfe!" … Hört ihr das? Es kam von dort [schicken Sie ein Kind zum nächsten versteckten Umschlag.] Hurra, es ist Mama Herz. Wie ist sie bloß hierher gekommen? Und wo sind die Kinder? Was ist das für ein Geräusch? [Gemurmeltes „Mama, ich bin hier."] Kannst du es finden? [Ein Kind findet die nächste Karte.] Hurra, der Herz Bube, wie hat es dich hierher verschlagen? Aber wo ist das Baby? [Gedämpfte Schreie.] [Schicken Sie ein Kind um den letzten Umschlag.] Hurra, da ist ja Baby Herz! Wie ist es nur dorthin gekommen?

‚Und so fand Lucy Karo alle Herzen und alle konnten glücklich nach Hause gehen.'

Die Diener des Zauberers

Bei diesem ebenfalls einfachen Trick werden vier Buben an verschiedenen Stellen in ein Kartendeck geschoben; später tauchen sie – Magie! – ganz oben wieder auf. Sehr effektiv, wenn man eine Geschichte zu erzählen weiß.

Entnehmen Sie einem Deck die 4 Buben und 4 weitere Karten. Halten Sie die Buben aufgefächert zum Publikum und die anderen Karten dahinter versteckt (Bild). Erzählen Sie nun Ihre Geschichte:

,Ein Magier hatte vier Diener – diese vier Buben. Er sandte sie in alle Welt, um magische Geheimnisse zu ergründen. [Zeigen Sie dem Publikum den Fächer aus scheinbar 4 Karten; legen Sie dann alle 8 Karten zurück auf den Stapel.]

,Den ersten Diener schickte er in die tiefsten Höhlen. [Nehmen Sie die oberste Karte – die für einen Buben gehalten wird – und schieben Sie sie tief unten ins Paket.]

,Den zweiten Diener sandte er in die höchsten Höhen. [Nehmen Sie die nächste Karte – die für einen Buben gehalten wird –, wedeln Sie damit in der Luft und schieben Sie sie weit oben ins Paket.]

,Den dritten Diener schickte er in die Berge. [Nehmen Sie die nächste Karte – die für den dritten Buben gehalten wird – in einer hügelförmigen Bewegung auf und schieben Sie sie etwa zwischen 1. und 2. Viertel von oben ins Deck.]

,Der vierte Diener schließlich sollte die Meere befahren. [Sie nehmen die vierte Karte – die für den letzten Buben gehalten wird – in einer wellenförmigen Bewegung vom Stapel und schieben sie in die Mitte des Decks zurück.]

,So waren die vier Diener also über die ganze Welt verstreut. Die Tage verstrichen, doch die Diener kehrten nicht zurück und brachten keine magischen Geheimnisse. Endlich hatte der Magier genug. Er klatschte in die Hände und rief: „Alle Diener zu mir!" – und schwupps, da sind sie.'

Und strahlend drehen Sie die obersten vier Karten um und präsentieren alle vier Buben.

Magische Ringe

Tricks mit Papierringen kann man Kindern ab 6 beibringen. Alle werden fasziniert sein, weil nie das passiert, was man erwartet.

Schneiden Sie zunächst Papierstreifen zurecht, etwa 120 cm lang und 5 cm breit (oder dünner, wenn Erwachsene helfen). Das geht z. B., indem man ein Blatt A4 der Länge nach viertelt und die Streifen zusammenklebt.

Zeichnen Sie auf einer Seite jedes Streifens eine durchgehende Mittellinie und kleben Sie sie dann an den Enden zusammen. Man benötigt je zwei von drei Arten von Ringen: einfach bzw. doppelt verdreht und ohne Dreh. Markieren Sie alle Ringe diskret, um sie voneinander unterscheiden zu können.

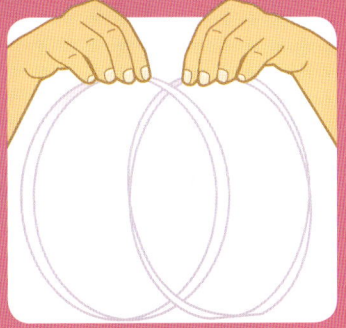

RING 1
Der einfach Verdrehte. Erklären Sie, Sie würden den Ring zerreißen, und fragen Sie ob jemand weiß, was geschehen wird. Gehen Sie langsam vor (vielleicht fällt Ihnen eine passende Geschichte ein). Das Ergebnis? Ein größerer Ring.

RING 2
Der Unverdrehte; diesmal können Sie um Hilfe aus dem Publikum bitten. Obwohl der Papierring sich scheinbar nicht von dem zuvor unterscheidet, ergeben sich dieses Mal zwei separate Ringe.

RING 3
Zerreißt man den doppelt Verdrehten, ergeben sich 2 Ringe ineinander. Was für eine Überraschung!

Zuletzt können Sie noch ein Mathematik-Rätsel einbringen, das ältere Kinder interessieren wird. Wie viele Seiten hat ein Papierstreifen? Wir alle wissen, dass es 2 sind, aber wenn man einen einmal verdrehten Papierring nimmt und auf eine Seite eine Linie zieht, so weit es geht, wird diese Linie letztendlich auf beiden Seiten sein, ohne dass Sie einmal abgesetzt haben. Dieses Phänomen nennt man Möbius-Schleife – ein Stück Papier mit nur einer Seite.

Münzentricks

Ein paar Tricks im Ärmel kommen oft gelegen, besonders solche, die Ihr Kind eine Weile vor ein Rätsel stellen und dann, wenn es Sie erst einmal durchschaut hat (oder Sie den Trick erklärt haben), für Stunden beschäftigt.

Münzfang

Das ist weniger ein Trick als eine Frage des Geschicks. Man winkelt den Arm so an, dass die Hand beim Ohr ist, und legt eine Münze auf den Ellenbogen. Die gilt es nun zu erwischen, ohne die andere Hand zu benützen. Wer das nicht kennt, dem scheint es unmöglich zu sein. Die Lösung besteht natürlich in der hohen Geschwindigkeit, mit der man die Hand nach unten bewegt: Die Münze rutscht vom Ellenbogen, schwebt wegen der Trägheit aber für einen Moment in der Luft, so dass man sie dort fangen kann. Das geht sogar mit mehreren Münzen auf einmal, was die Sache zu einem Wettkampf macht. Üben Sie aber bitte in einer Umgebung, in der die herumfliegenden Münzen nichts zerstören können!

Münzen und Impulse

Ein weiterer Trick, der ein kindergerechtes Geheimnis birgt. Man legt drei Münzen (A, B und C) in einer Reihe und Rand an Rand aus und eine vierte (D) etwa 10 cm entfernt. Die Herausforderung besteht darin, die Münze A von B weg zu bewegen, ohne sie zu berühren, ohne die Münzen B und C zu bewegen und mit nur einer Bewegung von D.

Die Lösung? Fixieren Sie die Münzen B und C mit zwei Fingern Ihrer linken Hand. Mit dem Zeigefinger der Rechten schießt man jetzt die Münze D fest auf C. Die Münze A wird abgestoßen. Wie geht das? Sie erzeugen einen Impuls, der sich durch die Münzen fortpflanzt. Diesen Trick mit mehr Münzen und Varianten in der Aufstellung zu wiederholen sorgt für kurzweiligen Experimentierspaß.

Plappern ohne Ende

Zauberei verlangt nach Multitasking. Sich auf Handbewegungen zu konzentrieren und zugleich zu reden ist nicht so einfach, üben Sie das Sprechen deshalb getrennt vom Trick. Legen Sie sich einen Vorrat an lustigen Sprüchen zu, die Sie ohne nachzudenken ablassen können. Interagieren Sie mit dem Publikum. Z. B.: „Schönes Haar ... ist das mit Fewa gewaschen?"; „Du da hinten, bohrst du auf Partys immer in deiner Nase?"; „Seht ihr diesen Umschlag? Darin verbrenne ich einen Zwanziger (in der Tasche suchen) ... oh, ich habe keinen, kann mir jemand 20 Euro borgen? Vertraut ihr mir nicht? Na gut, dann nehme ich diesen Euro."

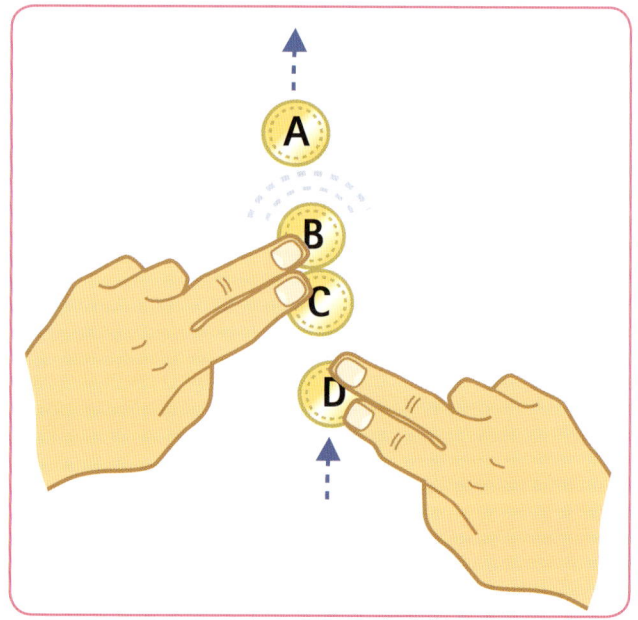

Geld verbrennen

Das verlangt nur minimale Vorbereitungen und sorgt für gute Unterhaltung. Man legt eine Münze in einen Umschlag – sie liegt offensichtlich drin – und verklebt ihn. Dann verbrennt man den Umschlag und die Münze ist verschwunden! Man benötigt eine Münze, eine Kartonscheibe, einen Umschlag und ein Feuerzeug.

1 Nehmen Sie einen undurchsichtigen Umschlag. Mit einer Schere oder einem Messer machen Sie einen Schlitz in eine Ecke, etwas breiter als die Münze. Schneiden Sie sich ein Kartonscheibchen in der Größe der Münze zurecht und kleben Sie es in die Mitte des unteren Rands des Umschlags.

2 Zeigen Sie dem Publikum den leeren Umschlag; die Kartonscheibe muss unentdeckt bleiben. Legen Sie nun die Münze hinein, so dass sie zum Schlitz rutscht (den Sie natürlich zuhalten). Verkleben Sie nun den Umschlag, den Sie an beiden Ecken halten.

3 Plaudern Sie munter weiter, während Sie die Münze unbemerkt in Ihre rechte Hand fallen lassen. Halten Sie nun den Umschlag mit der Linken, während Sie mit der Rechten in Ihre Hosentasche greifen, die Münze fallen lassen und das Feuerzeug hervorholen. Zünden Sie es an und halten Sie die Flamme hinter den Umschlag, so dass jeder die Silhouette der Münze sehen kann. Nach einer dramatischen Pause setzen Sie den Umschlag in Brand und erstaunen alle: Die Münze ist verschwunden!

Hand-zu-Hand-Trick

Sie haben eine Münze auf jeder Handfläche. Sie legen Ihre Hände auf einen Tisch und wenn Sie sie wieder heben liegen zwei Münzen unter einer Hand und keine unter der anderen.

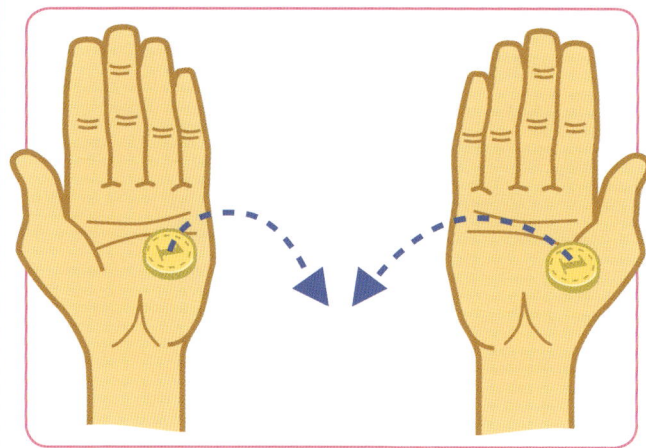

1 Zeigen Sie dem Publikum die Münzen auf Ihren Handflächen. Sie müssen sehr sorgfältig platziert werden: Die Münze links sollte direkt unter Ring- und Mittelfinger liegen; die rechte sollte nahe bei der Daumenwurzel sein. Halten Sie Ihre Hände, etwa 25–30 cm auseinander, über einen Tisch.

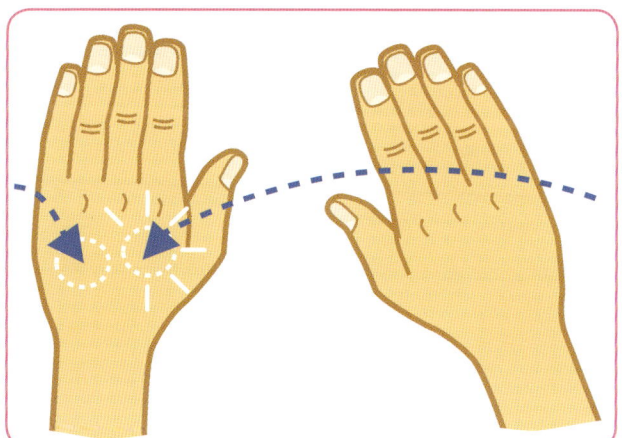

2 Drehen Sie beide Hände im selben Moment um und klatschen Sie sie auf den Tisch, so dass Ihre Daumen sich (fast) berühren, und ziehen Sie dann sofort Ihre Hände wieder auseinander. Man möchte glauben, dass immer noch unter jeder Hand eine Münze ist, aber wenn Sie es richtig gemacht haben, haben Sie die rechte Münze unter die linke Hand geschoben – das Geräusch und das Tempo bei diesem Vorgang sollten es vor Ihrem Publikum verborgen haben. Heben Sie nun die Rechte. Wo ist die Münze? Alle zwei befinden sich unter Ihrer Linken. Erstaunlich!

Geheimcodes

Botschaften werden seit Jahrtausenden verschlüsselt. Streng genommen ist ein Code etwas, bei dem Buchstaben oder Wörter durch andere ersetzt werden, um eine völlig harmlos erscheinende Nachricht zu erhalten. Man könnte z. B. Bedeutungen tauschen – weiß bedeutet schwarz; Sonntag steht für Samstag; morgens für abends; und Einkaufszentrum bedeutet in Wahrheit eine Bar. Die codierte Nachricht: „Sehen uns im EKZ Schwarzer Löwe am Sonntagmorgen" könnte also in einem fröhlichen Abend enden – oder, wenn Sie den Code vergessen haben, mit Verwirrung daheim.

Technisch gesehen spricht man von Chiffrieren, wenn eine Botschaft durch eine Reihe von darin verborgenen Buchstaben oder Zahlen verschlüsselt wird. Laienhaft würden wir wohl sagen, wir wenden einen Geheimcode an. Einige Beispiele:

Verschub-Code

Ein schneller und einfacher Ersetzungscode.

Zeichnen Sie zwei Reihen mit 26 10 mm großen Kästchen, schreiben Sie das Alphabet hinein und trennen Sie die Streifen.

Verschieben Sie den unteren Streifen ein paar Stellen und kleben Sie es dann fest. Schneiden Sie das überstehende rechte Ende ab und kleben Sie es links an.

Danach machen Sie dasselbe noch einmal, um einen Streifendecoder für Ihren Spionagepartner zu haben, oder sagen Sie ihm die Anzahl an Kästchen, die zu verschieben sind, oder schreiben Sie es ans Ende der Nachricht – z. B. würde ‚AD' bedeuten, dass D mit A auf Linie zu bringen ist.

Speed-Code

Entfernt man die Vokale (a, e, i, o und u) aus den Wörtern, lässt sich der Inhalt meist dennoch verstehen. Dieses Prinzip bildet die Grundlage mancher Kurzschriftsysteme – und des Speed-Codes. Insbesondere für Kinder unter 9 wird das vielfach zu schwierig sein, dafür werden es ältere umso herausfordernder und begeisternder finden.

Schreiben Sie Ihre Geheimbotschaft, ersetzen Sie aber die Vokale durch Abstände. Das ‚i' lassen Sie nur stehen, wenn es ‚ich' bedeutet.

Füllen Sie nun die Abstände zwischen den Buchstaben und Wörtern mit zufälligen Vokalen, ohne das ‚i' zu verwenden. Mit etwas Übung wird man besser darin, durch die Wahl der Vokale für zusätzliche Verwirrung zu sorgen.

Um die Nachricht zu dechiffrieren, müssen nur alle Vokale mit Ausnahme der ‚is' entfernt werden. Danach sieht man sich genau an, was übrig ist, und kann wahrscheinlich die Botschaft verstehen.

Codieren
1. TREFFEN NACHMITTAGS IM PARK
2. TR FF NN CHM TT GS MP RK
3. TRUFFANONECHMUTTUGSOMAPURK

Decodieren
1. TRUFFANONECHMUTTUGSOMAPURK
2. TR_FF_N_N_CHM_TT_GS_M_P_RK

Faltcode

Eine einfache Sache für Kinder ab 8, und sehr rasch zu bewerkstelligen.

Nehmen Sie ein Blatt DIN A4, falten Sie es der Länge nach zweimal und öffnen Sie es. Falten Sie das Blatt der Breite nach dreimal. Wieder öffnen: Das Blatt ist durch die Falze in 32 Felder unterteilt (Bild rechts oben). Nummerieren Sie sie von 01 bis 32 mit kleinen Ziffern in einer Ecke. Tragen Sie nun zufällig verteilt alle Buchstaben des Alphabets und die Zahlen 3, 4, 6, 7, 8 und 9 (aber nicht 1, 2 oder 5) in die Felder ein. Die 1 kommt in das Feld mit dem I, die 2 zum Z und die 5 zum S.

Jetzt haben Sie einen Universal-Verschlüsselungscode, der jeden Buchstaben und jede Zahl mit zwei Ziffern darstellt. Mit Kopien für die anderen Spione wird das Entschlüsseln einfach – sogar einfacher als das Verschlüsseln!

Faltcode: 07, 17, 21, 09, 17, 27 = SECRET
07 = S, 17 = E, 21 = C, 09 = R, 17 = E, 27 = T

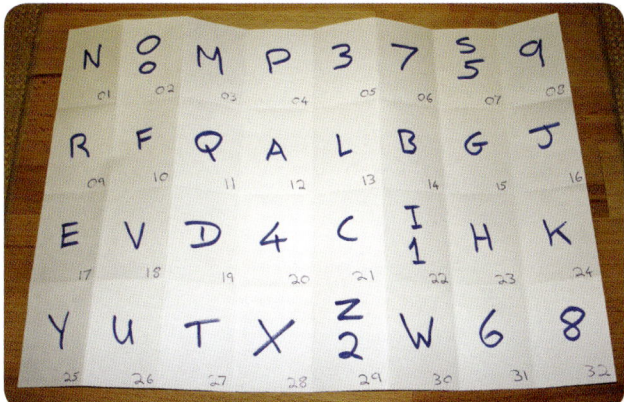

Unsichtbare Tinte

Unsichtbare Tinte lässt sich auf unterschiedliche Arten herstellen. Man unterscheidet drei Typen: Tinten, die wie Ultraviolett-Stifte durch (in dem Fall ultraviolettes) Licht sichtbar werden; durch eine chemische Reaktion; und durch Hitze. Letztere sind am geeignetsten für zu Hause.

Code Rot

Spaß und Faszination für alle ab 6 – auch Erwachsene.

Sie benötigen:

Ein Blatt weißes Papier; ein beliebig großes Stück durchsichtiges, rotes Plastik, Zellofan oder Ähnliches (Einwickelpapier geht, etwas Größeres ist aber besser); Filzstifte in Hellrot, Pink, Orange und/oder Gelb, Hellblau und Hellgrün

Schreiben Sie die Geheimbotschaft mit hellgrünen und -blauen Buchstaben. Dazwischen Abstand lassen.

Füllen Sie nun die Abstände mit Buchstaben in Orange, Pink, Gelb und Hellrot. Viele Schnörksel sind auch gut zur Verwirrung des Feindes. Er sieht nur noch Chaos.

Die Freunde können die Nachricht aber einfach entziffern, indem sie das rote Plastik darüberlegen. Magisch!

Viele Flüssigkeiten können als unsichtbare Tinte verwendet werden, die von etwas Hitze sichtbar gemacht wird: Zitronen-, Orangen-, Zwiebelsaft, Essig, Milch oder Zuckerwasser. Manche davon sind getrocknet auf weißem Papier sichtbar, weshalb sich der Einsatz von cremefarbenem Papier empfiehlt.

Schreiben Sie die Geheimbotschaft mit einem Pinsel, einer Schreibfeder oder einem sehr eng zusammengerollten Stück Papier. Trocknen lassen.

Die Nachricht kann auf verschiedene Weise enthüllt werden: Man legt sie für einige Minuten in den (nicht zu heißen) Ofen (im Auge behalten); man setzt ein Bügeleisen auf höchster Stufe ein; oder man hält das Papier ganz nahe an eine Glühlampe. Am spannendsten ist freilich die bewährte Piratenmethode: über eine Kerzenflamme halten. Super, aber bitte nur unter erwachsener Aufsicht, damit es nicht zu aufregend wird! Man bewegt das Papier mehrere Male zügig über die Flamme und lässt es dann abkühlen, bevor man falls nötig weitermacht.

Outdoor-Fun

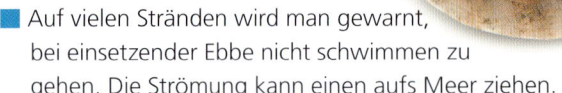

Am Strand

Am Strand haben Eltern und Kinder viele Beschäftigungsmöglichkeiten, manche gemeinsam und manche, die den Erwachsenen ein wenig wohlverdienten Frieden und Ruhe bescheren!

Nützliche Tipps am Strand

■ Das Sonnenlicht am Strand ist besonders stark, weil Sand und Wasser es reflektieren. Zwischen Juni und September und von 11.00 bis 15.00 Uhr ist die Sonne am aggressivsten. Die Haut von Kindern ist empfindlich, verwenden Sie daher Sonnenschutzmittel mit hohem Lichtschutzfaktor bzw. eine Kopfbedeckung und Kleidung.

■ An Küsten mit großem Tidenhub (z. B. Atlantik) ist es wichtig, Ebbe und Flut im Auge zu behalten – am besten informiert man sich vor Ort oder über Wetterseiten im Netz. An vielen solchen Stränden ist die beste Badezeit nachmittags, wenn die Flut den sonnengewärmten Sand überspült. Viele verlassen zu dieser Zeit bereits die übervollen Strände und verpassen das Beste!

■ Auf vielen Stränden wird man gewarnt, bei einsetzender Ebbe nicht schwimmen zu gehen. Die Strömung kann einen aufs Meer ziehen.

■ Im Laufe jedes Mondtags (etwa 24 Stunden und 50 Minuten) gibt es zwei stärkere (Spring)- und zwei schwächere (Nipp)-Tiden – die Gezeiten verschieben sich um täglich 50 Minuten nach hinten. Um Neumond und Vollmond ist der Tidenhub (der Unterschied zwischen höchstem und niedrigstem Wasserstand) besonders groß, zu Halbmondzeiten am relativ geringsten.

■ Besonders niedrige Tiden sind toll, um das Leben im Meer zu erforschen. Sieht man sich bei niedrigsten Wasserständen zwischen Felsen und Algen um, wird man deutlich mehr Garnelen, Krabben und kleine Fische entdecken können.

■ Häufig kann man genau erkennen, bis wohin die Flut reichen wird. Achten Sie auf die Flutlinie, eine natürliche Markierung, die häufig aus Überresten von Algen besteht, die die letzte Springtide hinterlassen hat. Das hilft nicht nur, einen guten Lagerplatz am Strand zu bestimmen, sondern ist auch vielversprechendes Terrain für interessante Schatzfunde.

■ Hat man die Wahl zwischen mehreren Stränden, zahlt es sich aus, das lokale Wettergeschehen zu erkunden, um über Windrichtungen und Windstärken Bescheid zu wissen.

■ An vielen Stränden kann man gut abschätzen, aus welcher Richtung das Wetter kommt. Die Winde wehen häufig überwiegend aus einer Richtung, wenn man dorthin ein Auge offen hält, wird man herannahende Regenwolken vor allen anderen erspähen und entsprechend schneller beim Auto sein; oder blaue Schönwetterversprechen sehen, so dass man sich den überstürzten Aufbruch sparen kann.

Strandschatzsuche

Stellen Sie die Kinder vor eine Herausforderung (und genießen Sie Minuten gnadenvollen Friedens). Geben Sie ihnen eine – dem Alter angemessen längere oder kürzere – Liste mit Dingen, die sie finden sollen.

Sie können es aufschreiben oder sagen: 'Sucht …'

- 🔷 1 flachen Stein
- 🔷 2 Steine mit Adern
- 🔷 3 Federn
- 🔷 4 Blätter
- 🔷 5 Stücke Treibholz
- 🔷 6 Arten Muscheln
- 🔷 7 Stücke Algen
- … und so weiter.

Wenn Ihre Schatzsucher fertig sind, sollen sie die Teile in hübschen Mustern im Sand ausbreiten. Vielleicht haben Sie Preise für sie bereit oder vielleicht denken Sie, eine weitere Schatzsuche wäre angebracht. Die beste Sammlung gewinnt den ersten Preis, alle anderen den zweiten. Das sollten aber nicht unbedingt Sie beurteilen – es ist besser, die Kinder zu ermutigen, ihr eigene Urteilsfähigkeit zu nützen. Fordern Sie sie auf, zu sagen, welche sie für die beste halten und warum.

Fossilienfunde

Erfolg versprechende Gebiete für Fossilienfunde gibt es grundsätzlich überall; über Touristeninformationen gelangt man an detailliertere Angaben. Zuvor kann man sich schon im Internet informieren – einfach ‚Fossilien' googeln.

Begeistern Sie Ihr Kind mit der interessanten Geschichte der Fossilien: Dass sie Millionen von Jahren alt sind und manche aus der Zeit der Dinosaurier stammen. Dino-Fossilien werden Sie zwar vermutlich nicht finden, aber versteinerte Muscheln und Pflanzen sind leicht möglich. Strände mit erodierten Klippen sind dafür ideal. Wenn Sie auf Fossilienjagd gehen, sollten Sie einen alten Meißel, Zeitungspapier zum Einwickeln und Tragetaschen dabei haben. Noch ernsthafter wird es mit einem Hammer und Sicherheitsausrüstung: Schutzbrille und Schutzhandschuhe.

Hüpfende Steine: Flippen & Platteln

Wir sind alle Steinhüpf-Experten, richtig? Falsch. Wir können alle noch etwas lernen, und gerade Kinder brauchen Hilfe dabei.

Bringen Sie sie dazu, einige gute, flache, nicht zu kleine scheibenförmige Steine zu finden, zeigen Sie ihnen eine Stelle mit ruhigem Wasser und wie man flach wirft: In die Knie gehen und von möglichst knapp über der Wasseroberfläche aus ‚platteln'. Zeigen Sie Ihnen, wie sie mit Spin werfen können. Beim – schnelleren und daher besseren – Vorhandwurf muss man dazu dem Stein einen Impuls mit dem Zeigefinger mitgeben, was nicht einfach ist. Beim Rückhandwurf kommt der Drall quasi von selbst aus dem Handgelenk, das ist deshalb auch einen Versuch wert.

WICHTIG – SICHERHEITSREGELN

Wenn Kinder mit etwas werfen, neigen die Dinge dazu, in sämtliche Richtungen zu fliegen. Sicherheitsregeln sind deshalb wichtig. Eine essenzielle Grundregel lautet: Man werfe nie einen Stein, wenn man nicht sicher weiß, wo er landen wird. Jüngere brauchen auch noch Regeln wie der Reihe nach zu werfen und sich zu vergewissern, dass niemand in Wurfrichtung steht.

Im Wald und auf der Heide

Man muss kein Experte sein, um seinen Kindern die Augen für die Wunder der Natur zu öffnen. Außerdem sind Kinder begeisterungsfähig und voller Forscherdrang, weshalb eine Wanderung mit ihnen auch Ihnen die Augen öffnen wird!

Für eine Landpartie wird man sich möglichst einen Tag mit einer guten Wetterprognose aussuchen. Doch auch Regen muss den Spaß nicht trüben. Vermeiden Sie aber sehr windige Tage, da z. B. fallende Äste eine ernsthafte Gefahr bilden.

Ein toller Tag in der Natur erfordert keinerlei Spezialausrüstung, Folgendes wird sich aber als praktisch erweisen:

- Eine Unterlage zum Sitzen (Decke, Isomatte)
- Plastikbehälter (Brotbox o. Ä.)
- Pinsel zum Aufheben von Insekten
- Vergrößerungsglas
- Weiße Plastikplane
- Eine Pappröhre (Küchenpapierrolle o. Ä.)
- Etwas, um Insekten zu verstauen (z. B. ein alter Umschlag)
- Eine Flasche Wasser (zum Trinken, Händewaschen, Wunden und Proben reinigen)
- Marmeladeglas
- Pflaster

Sensationelle Beobachtungen

Wald und Flur bergen wunderbare Möglichkeiten, interessante Beobachtungen zu machen. Konzentriert man sich auf einen Sinn, hilft das, das Interesse des Kindes zu wecken.

WAS KANN MAN SEHEN?

Legen Sie sich auf den Rücken und schauen Sie in die Bäume. Lassen Sie sich dann wie ein Tier auf alle viere nieder und sehen Sie sich um. Schauen Sie zuletzt durch die Pappröhre. Auf diese Weise kann man sich besser auf bestimmte Dinge konzentrieren. Am Rücken erfasst man das Blätterdach, auf allen vieren sieht (und riecht) man aus der Perspektive eines Tiers, und durch die Röhre zu schauen hilft, sich auf Details zu konzentrieren.

WAS KANN MAN HÖREN?

Wählen Sie einen guten Augenblick, um alle ganz leise werden zu lassen. Stehen Sie still oder legen Sie sich auf den Boden. Man kann mit einem Spielchen beginnen: „Wer bleibt am längsten leise?" Danach genießt man eine Weile die friedvolle Ruhe. Zuletzt sollen alle *flüsternd* Dinge benennen, die sie hören: knarrende Bäume, rauschendes Gras, surrende Insekten, der Wind in den Blättern und Ästen.

WAS KANN MAN RIECHEN?

Am Boden liegend und schnüffelnd kann man interessante Waldgerüche wahrnehmen – Holz, Moder, Blüten, Feuchtigkeit, Erde, Blätter. Die meisten Kinder werden sie erst bemerken, wenn Sie darauf hinweisen. So riecht z. B. ein Ahornblatt im Herbst wie Ahornzucker (und ganz anders als im Frühling). Jede Pflanze hat ihren eigenen, spezifischen Geruch. Sehen Sie sich nach aromatischen Wildpflanzen wie Minze oder Knoblauch um; im offeneren Gelände auf kalkigen Böden finden sich vielleicht Majoran und Thymian.

WAS KANN MAN FÜHLEN?

Schicken Sie die Kinder auf die Suche nach Dingen, die sich weich, hart, glatt, kalt usw. anfühlen. Sie sollen die Hände auf den Rücken legen und einen anderen etwas hineinlegen lassen – aber was? Können sie es beschreiben? Auf diese Art ‚blind' zu fühlen, schärft den Tastsinn.

Interessant ist es auch, Dinge nicht mit der Hand zu berühren und zu fühlen, sondern mit der Nase: Legen Sie einfach mal Ihre Nase an die Rinde verschiedener Bäume – eine völlig neue Erfahrung!

Gefahren im Wald?

Auch wenn Wälder gefährlich wirken können, dürften sie sicherer sein als jede Hauptstraße. Das Leben steckt voller Gefahren. Der beste Weg, die Kinder darauf vorzubereiten, ist, sie die Risiken selbst erfahren zu lassen. So lernt ein Kind die Brennnessel am besten dadurch kennen, dass es sich an ihr ‚verbrennt‘! Suchen Sie Ampfer, der häufig nahe den Nesseln wächst. Die Blätter sind ein traditionelles Mittel bei Nesselausschlägen und helfen wirklich, und sei es nur als Ablenkung.

In ländlichen Gebieten Mitteleuropas lauern kaum Gefahren – solange man nichts isst. Es gibt einige Giftpilze, und Insektenstiche sind nicht gefährlich, es sei denn, jemand hat eine Allergie. Allerdings werden in bestimmten Gebieten Zeckenschutzimpfungen empfohlen. Es ist unwahrscheinlich, auf gefährliche Tiere zu stoßen, und noch unwahrscheinlicher, einer Kreuzotter zu begegnen: die in Europa ‚häufigste‘ Giftschlange ist eine gefährdete Tierart und zudem extrem scheu.

Totes Holz voll Leben

In jedem Wald findet man Totholz in unterschiedlichen Stadien des Verfalls. Zeigen Sie den Kindern, wie morsch es ist, indem Sie einen Zweig nehmen und übers Knie brechen oder drauftreten – achten Sie aber auf herumfliegende Teile! Weisen Sie darauf hin, wie leicht und krümelig es ist. Biegen Sie einen lebenden und einen toten Ast und vergleichen Sie.

Totholz steckt voller Leben. Viele Waldbewohner versorgt es mit Nahrung: Manche fressen die organische Materie, manche die Insekten, die hier hausen. Sehen Sie sich die Vielzahl an Getier an, insbesondere die Käfer.

Bringen Sie Ihrem Kind den respektvollem Umgang mit der Natur bei. Stücke vom Totholz abzubrechen, ist eine gute Erfahrung, vernichtet aber auch den Lebensraum vieler Kleinlebewesen, übertreiben Sie es also nicht!

Sehen Sie unter Stümpfe und Äste, heben Sie Steine langsam und vorsichtig an; untersuchen Sie verrottetes Holz und Laubhaufen mit einem Zweig. Sehen Sie sich alle Insekten gut an und legen Sie sie dann zurück – *nachdem* Sie Stümpfe und Steine wieder in die Ausgangslage zurückversetzt haben (andersrum könnten die Konsequenzen katastrophal sein).

Auf Bäume klettern

Auf Bäume zu klettern macht in jedem Alter Spaß und ist ungefährlich, wenn man einige Regeln aufstellt, sie den Kindern erklärt und immer wieder in Erinnerung ruft. Hier einige nützliche und bewährte Richtlinien.

- Nur auf kräftigen Ästen stehen.
- Tote Äste meiden (den Kindern zeigen, wie diese zu erkennen sind: Sie haben keine [oder nur welke] Blätter; die Rinde löst sich vielleicht; es können Pilze gewachsen sein; sie sind steif, nicht elastisch).
- Suchen Sie Äste mit viel Laub: die sind ziemlich sicher noch am Leben.
- Stets an drei Punkten Kontakt halten – auf zwei Beinen stehen und mit einer Hand festhalten oder auf einem Bein stehen und mit zwei Händen halten. Eine Hand muss immer dabei sein.
- Man klettert nicht unmittelbar unter oder über jemand anderem.
- Teilen Sie einen Ast nur dann mit jemand anderem, wenn Sie sicher sind, dass er dafür stark genug ist.
- Entfernen Sie sich nicht zu weit vom Stamm (wie weit, hängt vom Kind und vom Baum ab).
- Nie von Ast zu Ast springen.
- Dicht beim Stamm bleiben, es sei denn, ein Ast ist sehr dick. (Wer einen Ast umfassen kann, wird für diesen wahrscheinlich zu schwer sein. Ist der Ast so dick wie das Knie, sollte es okay sein; setzen Sie Ihr Urteilsvermögen ein.)
- Tragen Sie keine Handschuhe (damit rutscht man wesentlich leichter ab).

Begrenzen Sie die Zahl an Kindern pro Ast bzw. pro Baum. Was sicher ist, hängt zum Teil von Alter und Größe und zum Teil davon ab, wie vernünftig sie sind!

Jagd auf Minibiester

Um Kleingetier zu finden und zu beobachten, muss man kein Experte sein und benötigt auch keine Spezialausrüstung. Einfach vom Frühling bis zum Frühherbst unter Holzklötze und Steine schauen. Wirklich gefährliche Minibiester gibt es in unseren Breiten nicht; manche können stechen (was sie tun, wenn man zu unsanft mit ihnen umgeht), aber im Prinzip gibt es keinen Grund, sich zu fürchten.

Man kann diverse Varietäten finden: Spinnen, Ameisen, Hundert- und Tausendfüßer, Land- und Rollasseln (letztere können sich zu einer Kugel zusammenrollen). Sollte Ihr Kind gerade auf Dinos stehen, können Sie ihm erzählen, dass die Vorfahren der Asseln alle seine Lieblingsdinosaurier gekannt haben, weil es sie seit Millionen von Jahren auf der Erde gibt.

Um welche Spezies exakt es sich handelt, ist gar nicht so wichtig. Plaudern Sie darüber, wie sie aussehen, sich bewegen und was sie tun. Wenn es jemand ganz genau wissen will, besorgen Sie sich ein Bestimmungsbuch. Achten Sie auch auf die Färbung: Insekten sind im Wald häufig braun, im Grasland eher grün. Rote Farbe ist häufig eine Warnung nach Art der Natur: „Friss mich nicht, ich bin giftig!"

Behandeln Sie die Tierchen achtsam und legen Sie sie zurück, wenn Sie genug gesehen haben. Lassen Sie sie für einen detaillierten Blick auf ein Stück Papier krabbeln – oder auf sich, wenn Sie sich trauen. Wenn Sie Fotos machen, sollte auch der Lebensraum des Tiers erkennbar sein.

Ist es in Ordnung, einige mit nach Hause zu nehmen? Nein – sie sollten nicht aus ihrer gewohnten Umgebung entfernt werden; die meisten würden sehr schnell sterben. Ein hübsches Sprüchlein besagt: ,Nimm nichts mit außer Fotos, lass nichts zurück außer Fußabdrücken.'

Bedenken Sie auch, dass manche der Minibiester – wie z. B. der Hirschkäfer – unter gesetzlichem Schutz stehen!

WAS IST DER UNTERSCHIED ZWISCHEN HUNDERT- UND TAUSENDFÜSSERN?

Weder die Hundert- noch die Tausendfüßer haben tatsächlich so viele Beine. Schauen Sie sich ein Segment ihrer Körper an: Wenn man zwei Beinpaare pro Segment erkennen kann, ist es ein Tausendfüßer; bei einem Beinpaar ein Hundertfüßer. Wirklich verräterisch sind aber ihre Bewegungen: Tausendfüßer ernähren sich von Pflanzen und organischen Abfällen und bewegen sich langsam; Hundertfüßer sind hingegen schnelle Räuber.

INTERESSE AN SPINNEN?

Wartet man lange genug, wird man am Waldboden jagende Spinnen entdecken. Vielleicht ist eine der vielen Wolfspinnen-Arten dabei, beladen mit einem großen weißen Eisack. Stören Sie sie nicht oder sie lässt die Eier fallen. Ein für Kinder herrlich schauriges Detail: Wolfspinnen-Mamas fressen die Papas. Sie tragen die Eier und später die Babys mit sich herum. Welche manchmal ihre Mutter fressen ...

Eine tolle Auswahl unterschiedlicher Spinnennetze findet sich meist in Gartenschuppen. Ein trichterförmiges Netz deutet auf eine Trichterspinne hin – berühren Sie den Rand mit einer Feder und sehen Sie, ob sie herauskommt, weil sie Sie fürs Abendessen hält.

HEIMELIGE LÖCHER

- Kaninchenbau: Das Loch hat etwa die Größe eines Desserttellers. Achten Sie auf Kaninchenlosung beim Eingang.
- Nagerbauten: Golfballgroße Löcher beherbergen Mäuse, Wiesel, Hermeline oder Wühlmäuse; nahe bei einem Fluss und etwas größer auch Schermäuse.
- Fuchsloch: tellergroß und sehr stark riechend
- Dachsbau: Der Eingang ist größer als ein Essteller. Bewohnte Baue erkennt man an einem Erdhügel und sichtbaren Pfaden, weil Dachse immer auf denselben Wegen unter Hecken und Zäunen unterwegs sind. An Stacheldrahtzäunen findet sich manchmal Dachshaar. Dachse halten Frühjahrsputz und werfen dabei die alte Einstreu vor den Bau. Ein kleines Loch beim Bau ist ihre Toilette.

Wer ist denn hier gewesen?

Achten Sie auf tierische Hinweise. In Hälften zerbrochene Nüsse deuten auf Eichhörnchen, angenagte eher auf eine Maus. Fein säuberlich leergefressene Pinienkerne wiederum auf Eichkätzchen; auch deren Lieblings-Essplatz ist interessant – meist ein bestimmter Baum. Wie Kinder machen Sie jede Menge Unordnung und räumen hinterher nicht auf.

Kinder finden Tierlosung lustig und interessant. Die Faszination besteht zum Teil aus ,wäh, eklig' und zum Teil aus ,ach so, ja'. Zeigen Sie ihnen z. B. Igelmist, der aussieht wie eine schwarze Nacktschnecke, aber ganz anders riecht, oder versuchen Sie Eulenkot zu finden (wenn, dann am Fuß eines alten Baumes; verhalten Sie sich aber ruhig, weil die Eule vielleicht ober Ihnen gerade schläft); nehmen Sie den Kot und brechen Sie ihn auf, um zu sehen, was auf dem Speiseplan gestanden hat.

Wo Tierkot ist, da sind oft auch Tierspuren zu finden bzw. die Tierpfade durch den Untergrund. Manche Routen sind fast wie Hauptstraßen, ausgetreten von sehr viel tierischem Verkehr.

WIE MAN GRAS ZUM KLINGEN BRINGT

- ☐ Zupfen Sie ein etwa 10 cm langes und mindestens 3 mm breites Stück Gras ab.
- ☐ Spannen Sie das Gras zwischen dem Daumenballen und dem letzten Daumenglied ein. Bei Schwierigkeiten in der Positionierung kann man mit den Zeigefingern nachhelfen.
- ☐ Blasen Sie nun sachte und dann kräftiger mit an die Daumen angelegten Lippen über die gespannte Gras-,Saite'.
- ☐ Sie sollten einen interessanten Ton zwischen Pfeifen und Sirren hören, der sehr weit trägt.

Spiele im Wald

FANGEN

Vier oder mehr Spieler – je mehr desto besser! Ideal zum Rumtoben im Freien, am besten im Wald oder in einem Park mit vielen Verstecken.

Es gibt eine Basis, das Gefängnis. Ein Team übernimmt das Fangen, die anderen verstecken sich. Wer gefangen wird, wird zum Gefängnis eskortiert. Zum Fangen gehört meist ein bisschen Gerangel dazu; damit jüngere Kinder sich nicht fürchten, kann man diese auch von zwei oder mehr Fängern einkreisen lassen.

Häftlinge bleiben im Gefängnis, bis sie befreit werden: Dazu muss sie einer aus ihrem Team berühren, ohne dabei gefangen zu werden. Fänger dürfen das Gefängnis bewachen. Wenn alle erwischt worden sind oder es genug ist, werden die Rollen getauscht.

VIERZIG VIERZIG

Drei oder mehr Spieler. Bestens für junge Kinder, Teenager und auch Erwachsene.

Eine Runde dieses Spiels kann sehr rasch beendet sein; man will es immer wieder spielen. Es klappt am besten im Waldland, in Parks mit offenen Flächen und einigen Büschen sowie an Stränden mit wenigen Leuten und vielen Felsen zum Verstecken.

Wählen Sie einen Baum oder einen Felsen als Basis. Der Sucher zählt langsam bis 40, während alle anderen sich verstecken. Sein Ziel ist es, sie zu finden; deren Ziel, unbemerkt zur Basis zurückzugelangen. Sobald der Sucher jemanden erspäht, ruft er ,40 40' und ,Ich sehe ...' plus den Namen der Person, und rast dann zurück zur Basis. Der Entdeckte versucht, noch schneller dort zu sein; schafft er es vor dem Sucher, schreit er ,40 40 Heim' und ist sicher bis zum Ende des Spiels. Kommt ihm der Sucher zuvor, wird er zum Gefangenen.

Der Sucher sollte nicht zu lange bei der Basis bleiben. Die besten Spiele sind die, bei denen er sich entfernt, um die anderen aus ihren Verstecken zu locken.

Das Spiel endet, wenn alle die sichere Heimat erreicht haben oder gefangen wurden, weil der Sucher schneller war. Es gibt Varianten des Spiels, in denen Gefangene von sicher Heimkommenden befreit werden können (man ruft ,40 40 frei'); dann dürfen alle wieder loslaufen, werden sie aber beim Namen genannt, müssen sie zur Basis zurück oder sie gelten wieder als gefangen.

Nachthimmel

Der Nachthimmel fasziniert Kinder zwar, aber meist nur für kurze Zeit. Es lohnt sich daher, ein paar Aktivitäten auf Lager zu haben, um ihr Interesse wachzuhalten – und einige Fixpunkte zu kennen, um die richtigen Sterne zu finden.

Vorbereitungen

Zunächst ist es wichtig, sich Zeit zu lassen. Verbringen Sie eine Weile im Dunkeln, damit die Augen sich daran gewöhnen können. Nach wenigstens 10–20 Minuten kann man wesentlich mehr erkennen.

Das Problem ist, dass nur wenige Kinder so lange warten können. Füllen Sie die Zeit mit der Suche nach anderen Dingen – zwischen Frühjahr und Herbst könnte man in der Dämmerung z. B. Fledermäuse entdecken. In Gärten und Wäldern fällt einem vielleicht die leichte Lumineszenz mancher Blüten auf, deren Färbung Motten anlocken soll. An Frühlings- oder Sommerabenden riechen manche Blüten weit stärker als am Tag. Auch die Geräusche der Natur sind interessant: schnaubende Igel, quakende Frösche, das Schuh-huh von Eulen, bellende Füchse oder das Schreien eines Hirsches könnten zu vernehmen sein; oder, in der Stadt, Menschenlärm wie das Zuschlagen von Autotüren oder das Öffnen von Fenstern.

Fordern Sie alle auf, die Augen zu schließen und bis 100 zu zählen. Oder 100-mal tief zu atmen. Gehen Sie das Alphabet durch, erkundigen Sie sich, wer gerade wessen bester Freund ist, was in der Schule angesagt ist usw. Es wird sich auszahlen – nach jedem Augenöffnen werden Sie feststellen, dass Sie mehr Sterne am Himmel sehen können.

AUSRÜSTUNG

■ **Fernglas oder Teleskop** – hilfreich für Mondbeobachtungen, auch wenn Kinder sich damit generell schwertun. Für detaillierte Himmelsblicke benötigt man ein kostspieliges, professionelles astronomisches Teleskop.

■ **Taschenlampe** – aber mit gedämpftem Licht (entweder durch alte Batterien oder indem man rotes Zellofan vorhält; Rotlicht beeinträchtigt die Nachtsicht nicht).

■ **Kompass** – zur Orientierung. Ansonsten kann man sich auch einfach daran erinnern, wo die Sonne untergegangen ist (im Westen): 90° rechts davon ist Norden, wo der Polarstern zu finden ist. Sternbilder erkennt man üblicherweise am klarsten in Richtung Süden.

■ **Warme Kleidung und eine Decke** – auf einer Decke liegend lässt sich der Himmel am besten betrachten.

■ **Klopapier-Rollen-Teleskop** – einfach, aber sehr nützlich. Nehmen Sie die Papphröre von Toilettenpapier und schauen Sie hindurch: man sieht deutlicher und beschränkt den Sehwinkel auf etwa 20°, was bei der kindlichen Suche nach Sternen und Sternbildern sehr hilfreich ist.

SEHENSWERTES AM HIMMEL

■ **Sternschnuppen** – ein Strich aus Licht leuchtet auf und verlöscht wieder – ein winziger Meteorit ist in der Atmosphäre verglüht.

■ **Raumstationen, Satelliten etc.** – kleine, manchmal blinkende Lichtpunkte, die langsam über den Himmel ziehen.

■ **Sterne** – in vielen Helligkeiten. Aus unserer Sicht formen manche von ihnen Muster oder Bilder. Wegen der Erdrotation scheinen die Sterne sich Nacht für Nacht zu bewegen; sie behalten dabei ihre Positionen zueinander aber ein, weshalb sich zwar die Lage, aber nicht die Form der Sternbilder ändert. Die hellsten ,Sterne' könnten Planeten sein.

■ **Die Milchstraße** – in manchen Nächten ist es klar zu sehen: ein Band, das wie eine Wolke aussieht, in Wahrheit aber aus Milliarden von Sternen besteht.

■ **Planeten** – manchmal sehr hell und zu unterschiedlichen Jahreszeiten sichtbar. Am besten zieht man eine Zeitung oder das Internet zurate (z. B. das Online-Planetarium http://ephemeriden.com). Der hellste ,Stern' am Himmel ist Venus, der Abend- bzw. Morgenstern. Jupiter ist ein heller, gelbweißer Lichtpunkt. Saturn ist ein heller, gelber Stern (die Ringe sind nur mit einem starken Teleskop zu erkennen).

DER MOND

Die Unübersehbarkeit macht Mondbeobachtungen in allen Phasen einfach und interessant. Von der Erde aus sehen wir immer dieselbe Seite des Mondes; etliche Merkmale lassen sich mit freiem Auge oder einem Fernglas erkennen.

MEERE

Verwirrenderweise werden Teile des Mondes als ‚Meere' bezeichnet, obwohl es sich um wasserlose Tiefebenen handelt. Das geht auf den bahnbrechenden Astronomen Galileo zurück, der 1609 Meere am Mond vermutete und auffällige Zonen entsprechend benannte.

1 Mare Nectaris (Meer des Nektars)
2 Mare Fecunditatis (der Fruchtbarkeit)
3 Mare Crisium (Meer der Gefahren)
4 Mare Serenitatis (Meer d. Heiterkeit)
5 Mare Imbrium (Regenmeer)
6 Mare Frigoris (Meer der Kälte)
7 Mare Nubium (Wolkenmeer)
8 Mare Humorum (Meer d. Feuchtigkeit)
9 Mare Tranquillitatis (Meer der Ruhe)

Da diese lateinischen Bezeichnung leider für Kinder völlig ungeeignet sind, ziehen Sie vielleicht die Verwendung ganz und gar inoffizieller, aber dafür kinderfreundlicher Namen vor: Honigmeer, Reiches Meer, Die ruhige und die friedvolle See ...

KRATER

Am Mond gibt es enorme, bis zu 250 km große Krater, die von Asteroideneinschlägen vor Jahrmillionen stammen. Sie heißen nach Wissenschaftlern:

A Tycho (Tycho Brahe, dänischer
Astronom 1546–1601)
B Ptolemaeus (Claudius Ptolemäus, ägyptischer
Astronom und Forscher, lebte um 140 n. Chr.)
C Kopernicus (Nikolaus Kopernikus, polnischer
Astronom 1478–1543)
D Kepler (Johannes Kepler, deutscher
Astronom 1571–1630)
E Aristarchus (Aristarchus, griechischer
Mathematiker und Astronom ca. 310–230 v. u. Z.)
F Plato (Plato, griechischer Philosoph und
Mathematiker 427–347 v. u. Z.)

PHASEN

Der Mond scheint über die Wochen seine Größe zu verändern, das ist jedoch nur der Einfluss von Licht und Schatten auf seiner Bahn um die Erde. Der Mond hat kein eigenes Licht (wie Sterne), sondern reflektiert nur das Sonnenlicht. Wie lassen sich die Mondphasen bestimmen? Am besten anhand der Sichelform und einer Eselsbrücke: Lässt sich ein ‚a' in die Sichel einschreiben, nimmt der Mond ab.

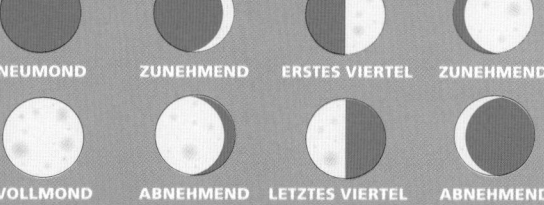

| NEUMOND | ZUNEHMEND | ERSTES VIERTEL | ZUNEHMEND |
| VOLLMOND | ABNEHMEND | LETZTES VIERTEL | ABNEHMEND |

Spaß in der Küche

Lass uns kochen

Kochen mit Kindern macht viel Spaß. Indem man sie in die Planung und Zubereitung von Mahlzeiten mit einbezieht, entwickeln sie aber auch weit eher eine Wertschätzung für die Bedeutung gesunder Ernährung und bekömmliche Essgewohnheiten. Kinder, die zu Hause kochen, lernen wichtige Fertigkeiten, die ihnen, wenn sie älter werden und für ihre eigenen Familien sorgen müssen, zugute kommen. Und Kochunterricht ist auch ideal, um schlechte Esser zu motivieren!

Kinder lieben es, zu kochen. Es ist praktisch, kreativ, befriedigend, lehrreich und eine Aktivität, die Eltern und Kinder jeden Alters gemeinsam genießen können. Ob man ein paar schnelle Snacks zusammenstellt, mit einem Festtagsbraten Freunde und Familie beeindruckt oder eine Beschäftigung für ein verregnetes Wochenende sucht: kochen ist immer Trumpf. Lassen Sie uns also die Schürzen anlegen und ein wenig Küchenspaß (zu)bereiten.

Gesunde Tipps für Kids

1 Kaufen Sie nur gesunde Lebensmittel, die Ihr Kind essen soll.

2 Ermutigen Sie Kinder, abenteuerlustig zu sein, Neues zu probieren und beim Kochen mit unterschiedlichen Zutaten zu experimentieren. Das Kosten beim Kochen ist ein zwangloser Weg, neue Geschmackserfahrungen zu machen.

3 Bereiten Sie eine Reihe verschiedener Gerichte zu, um eine Vielzahl an Lebensmitteln, Geschmäckern und Kochfertigkeiten kennenzulernen.

4 Kinder lernen durch Vorbilder, wenn sie also Eltern oder ältere Geschwister etwas Unbekanntes essen sehen, sind sie eher geneigt, es auch zu versuchen.

5 Machen Sie alle Mahlzeiten zu einem geselligen Ereignis, bei dem man zusammensitzt und sich unterhält, ohne Ablenkungen wie Fernseher oder Computer.

Sicherheitsregeln

- ☐ Bevor man mit der Zubereitung beginnt, wäscht man sich die Hände und trocknet sie ab.
- ☐ Verwenden Sie für rohe und gekochte Lebensmittel eigene Schneidbretter und Messer oder reinigen Sie die Werkzeuge zwischendurch gründlich.
- ☐ Stellen Sie sicher, dass Lebensmittel vor ihrem Ablaufdatum verzehrt werden.
- ☐ Verderbliches wird im Kühlschrank aufbewahrt.
- ☐ Wird etwas Gekochtes nicht sofort gegessen, lassen Sie es abkühlen und decken Sie es zu, bevor es in den Kühlschrank wandert.
- ☐ Seien Sie vorsichtig im Umgang mit Messern, Reiben, Schälern, Schneiden von Küchenmaschinen …
- ☐ Verwenden Sie immer Topflappen oder -handschuhe, wenn Sie etwas aus dem Ofen nehmen.
- ☐ Stellen Sie heißes Kochgeschirr immer auf eine hitzefeste Unterlage.
- ☐ Drehen Sie Pfannenstiele beim Kochen immer zur Seite, damit niemand daran stoßen kann.
- ☐ Heiße Flüssigkeiten und Dampf sind gefährlich, greifen Sie deshalb nie über Kochendes und passen Sie beim Abgießen von z. B. Nudelwasser gut auf.
- ☐ Passen Sie auf den Dampf auf, wenn Sie den Deckel von etwas Kochendem anheben.
- ☐ Sorgen Sie dafür, dass Ihre Hände trocken sind, bevor Sie Stecker von Elektrogeräten anfassen.
- ☐ Schalten Sie Kochplatte, Grill oder Ofen immer sofort aus, wenn Sie mit dem Kochen fertig sind.
- ☐ Nach dem Kochen aufräumen und alles reinigen – Küchen müssen sauber und ordentlich sein!

Smoothies

Smoothies sind unendlich vielfältig. Man kann sie mit Früchten allein machen, aber mit Milch oder Joghurt werden sie nahrhafter.

2 PORTIONEN

Zutaten

- 1 große reife Banane
- Handvoll Erdbeeren oder Himbeeren
- 150 ml Naturjoghurt (oder Fruchjoghurt)
- 200 ml Orangen-saft

Fruchtsmoothies sind zu jeder Tageszeit ein köstliches Getränk. Man gibt alle Zutaten in einen (Stand)-Mixer und püriert sie. Wer es kalt mag, gibt Eiswürfel hinzu. In hohe Gläser gießen.

Man kann jede weiche Frucht verwenden, frisch, gefroren oder aus der Dose. Mango, Pfirsich, Passionsfrucht oder Waldbeeren – jede Kombination ist erlaubt. Milch oder Joghurt bieten weitere Varianten, mit Eiscreme wird's besonders cremig.

Thousand-Island-Dip

Diesen amerikanischen Klassiker kann man natürlich fixfertig kaufen, aber selbermachen geht so schnell und einfach. Für eine Party die Mengen verdoppeln.

Zutaten

4 PORTIONEN

- 100 g Streichkäse (natur)
- 2 Esslöffel Tomatenketchup
- 2 Esslöffel Mayonnaise
- 2 Esslöffel Grillsauce

Servieren mit:
- Karotten-, Gurken- und Sellerie-Sticks
- Baguette-Brot oder Grissini

1 Karotten schälen und in längliche Stücke schneiden; ebenso Sellerie und Gurken. Grissini halbieren.

2 Den Streichkäse in eine Schüssel geben und mit Ketchup, Mayonnaise und Grillsauce vermischen.

3 Das Baguette im Toaster oder unter dem Grill anwärmen und in Streifen schneiden.

4 Den Dip, die Gemüsesticks und das Brot servieren. Zum Frischhalten den Dip zugedeckt im Kühlschrank verwahren, die Sticks in Frischhaltefolie wickeln.

Frucht-Toast

Eine Variante des Armen Ritters auf der Basis von Rosinenbrot – oder Brioche oder normalem, dick geschnittenem Weißbrot.

2–4 PORTIONEN

Zutaten

- 4 Schnitten Rosinenbrot, diagonal halbiert
- 2 Eier
- 2 Esslöffel Milch
- 2 Esslöffel Puderzucker
- Prise Zimt (gem.)
- 25 g Butter
- 1 Esslöffel Sonnenblumenöl

Schoko-Tunki

Garantiert ein Hit und eine gute Methode, die Kinder für Obst zu begeistern.

4 PORTIONEN

Zutaten

- 6 Esslöffel Schoko-Nuss-Aufstrich
- 4–5 Esslöffel Milch
- 1 El. Honig

Servieren mit:
- Äpfeln, Erdbeeren, Marshmallows

1 Eier und Milch in einem Suppenteller verquirlen.

2 Zucker und Zimt auf einen großen Teller streuen und vermischen.

3 Jede Brotscheibe auf beiden Seiten in die Eimasse tunken.

4 Butter und Öl etwas in einer Pfanne erhitzen. Mit einer Gabel jede Brotscheibe in die Pfanne legen und auf beiden Seiten goldbraun und knusprig braten.

5 Die Stücke mit dem Zimt-Zucker-Gemisch bestreuen und sofort servieren.

TIPP

Extra köstlich wird der nicht ganz so arme Ritter mit Kompottfrüchten – Pfirsich, Aprikose oder Beeren.

1 Schokoaufstrich, Milch und Honig vermischen.

2 Die Äpfel entkernen und in Schnitze zerteilen. Die Strünke der Erdbeeren entfernen.

3 Tunki mit Früchten und Marshmallows zum Dippen servieren.

Ungebackener Schokokuchen

Einfacher geht´s nicht, das Zubereiten macht Spaß und es schmeckt mmh. Auch wenn in der Zutatenliste von Vollkornkeksen die Rede ist: es kann jede Art von Keks sein, z. B. mit Hafer oder Ingwer zur Abwechslung.

1 Legen Sie ein 20 x 30 cm großes Blech mit Frischhaltefolie aus. Reichlich Folie überstehen lassen, um den Kuchen herausheben zu können.

2 Die Kekse in einen Plastikbeutel geben und mit einem Nudelholz zerbrechen (Achtung, dass nichts herausfällt!).

3 Die Schoko in Stücke brechen und samt der Butter und dem Honig in einer großen Jenaer Glasschüssel für 2 Minuten auf mittlerer Stufe in die Mikrowelle geben, bis die Schokolade geschmolzen ist. Alternativ stellt man die Schüssel auf einen Topf am Herd, in dem köchelndes Wasser Butter und Schoko über Dampf schmilzt.

4 Die Mischung mit einem Kochlöffel mit den Keksstückchen und, falls vorhanden, den Nüssen und Kirschen verrühren. So lange rühren, bis verlässlich alles gut vermischt und mit Schokolade bedeckt ist.

5 Die Masse aufs Blech geben und glatt streichen. 2–3 Stunden im Kühlschrank fest werden lassen. Herausnehmen, Folie entfernen und Stücke schneiden.

TIPP

Man kann jedes feuerfeste Glasgeschirr, aber nichts aus Metall in der Mikrowelle verwenden. Denken Sie daran, dass Kochzeiten in Abhängigkeit von der Wattleistung der Mikrowelle variieren. Am besten eine Spur zu früh herausnehmen und einmal umrühren.

Zutaten

12 STÜCKE

- 200 g Vollkornkekse
- 200 g dunkle oder Milchschokolade
- 140 g Butter
- 1 El Honig
- 100 g Walnüsse (optional)
- 50 g kandierte Kirschen, gehackt (opt.)

Gemüsesuppe auf die Schnelle

Suppen sind an und für sich schnell und einfach zu fabrizieren, und hausgemacht schlägt Fertigsuppe in jedem Fall um Längen. Die Variationsmöglichkeiten sind praktisch unendlich – man fügt hinzu, was immer man will oder hat, um für jeden Geschmack das Passende zu kochen.

1 Kippen Sie die (Dosen)-Tomaten und die Hühnerbrühe in einen großen Topf. Zum Kochen bringen und die Nudeln dazugeben, 2–3 Minuten kochen lassen.

2 Das Gemüse dazugeben und 3–4 Minuten kochen lassen, bis das Gemüse und die Nudeln gar sind. Die Bohnen und die Pesto einrühren und durcherhitzen.

3 Mit Parmesan bestreuen und mit Knoblauchbrot oder knusprigen Brötchen servieren.

In dem Rezept wird Tiefkühlgemüse verwendet, weil das praktischer ist und weil Gemüse sehr frisch eingefroren wird. Man kann aber jedes übrig gebliebene Gemüse verwenden, kleinwürfelig geschnitten.

Kaufen Sie ein Stück Parmesan, anstatt den fertig geriebenen zu verwenden – frisch geriebener Parmesan schmeckt einfach um so vieles besser. Wenn kein Parmesan vorhanden ist, kann man auch einen anderen reifen, würzigen Hartkäse frisch reiben und auf die Suppe streuen.

Das Pesto fügt den italienischen Basilikum-Touch hinzu; wenn Sie keines haben, würzen Sie mit (frischen) Kräutern wie Petersilie oder Oregano.

4 PORTIONEN

Zutaten

- 400 g gewürfelte Tomaten
- 500 ml Hühnerbrühe (Brühwürfel)
- 50 g Hörnchen-Nudeln
- 140 g Tiefkühl-Mischgemüse
- 400 g abgegossene Bohnen aus der Dose
- 2–3 Esslöffel Pesto

Servieren mit:
- frisch geriebenem Parmesan
- Knoblauchbrot

Käsiges Mais-Speck-Eierlei

Ein Omelett auf italienische Art aus Zutaten, die sich wahrscheinlich immer im Kühlschrank und im Vorratsschrank finden. Auch dieses Rezept lässt sich vielseitig variieren.

1 Erhitzen Sie das Öl in einer großen, beschichteten Pfanne. Den Speck darin für 2–3 Minuten anrösten (Holz- oder Plastikwender einsetzen, kein Metall!). Überschüssiges Öl abgießen.

2 Die Eier aufschlagen und mit der Milch und etwas Salz und Pfeffer in einer Rührschüssel verquirlen.

3 Die Lake aus der Dose Mais abgießen, dann den Mais und den Käse (sowie die Frühlingszwiebel, falls gewünscht) zur Eiermasse geben. Kurz verrühren und alles über den Speck in der Pfanne gießen.

4 Bei schwacher Hitze etwa 8 Minuten braten, bis das Ei zu stocken beginnt.

5 Die Pfanne in einen Griller geben (der Griff darf nicht heiß werden!) und mit einigen Minuten Oberhitze leicht braun werden lassen. In Stücke schneiden und servieren.

Wenn man mag, kann man aufgetaute Tiefkühl-Erbsen oder gewürfelten roten Paprika statt Mais nehmen. Sollten gekochte Kartoffel übrig sein – rein damit; am besten anfangs mit dem Speck rösten. Statt Speck passen auch Schinken- oder gegarte Hühnerstücke.

4 PORTIONEN

Zutaten

- 2 Esslöffel Öl
- 4 Scheiben magerer Speck, geschnitten
- 5 große Eier
- 1 Esslöffel Milch
- 198 g Zuckermais
- 50 g würziger Hartkäse, gerieben
- 2 Frühlingszwiebeln, gehackt (optional)

TIPP

Eine scharfe Küchenschere ist das beste Werkzeug, um Speckscheiben zu zerschnippeln. Dabei einiges Fett wegschneiden.

Viva Italia!

Jeder liebt Pizza, und eine zu backen macht Spaß. Man muss nur einiges im Voraus beginnen, damit der Teig gehen kann, bevor er ausgerollt wird. In der Zeit kann man sich mit etwas Anderem beschäftigen. Unser Rezept ist für eine amerikanische Pizza für 4 Personen; wenn Sie den Boden lieber dünner mögen, teilen Sie den Teig in zwei Hälften und machen Sie 2 Pizzaböden draus. Oder Sie formen vier individuelle Pizzen mit jeweils etwa 18 cm Durchmesser.

2–4 PORTIONEN

Zutaten

- 375 g Weizenmehl (Type 550)
- 1 Teelöffel Salz
- 1 Beutel Trockenhefe
- 1 Teelöffel Zucker
- 1 Esslöffel Öl
- 250 ml lauwarmes Wasser

Belag

- 200 g Pizzasauce od. passierte Tomaten
- Oregano, Basilikum oder gemischte Kräuter (opt.)
- 140 g Mozzarella, gerieben oder kleingeschnitten

Und nach Wahl:

- Zucchini- oder Paprikawürfel
- Champignon- od. Tomatenscheiben
- Zuckermais
- Ananasstücke (frisch od. Dose)
- dünn geschnittene Salami, Pfefferoni, Schinken, gewürzte Hühnerstücke oder Speckstreifen
- Thunfisch- oder Sardellenfilets
- 2 Esslöffel Pesto oer Hummus
- schwarze Oliven

1 Geben Sie Mehl, Salz, Hefe und Zucker in eine große Rührschüssel. Das warme Wasser hinzufügen und mit einem Streichmesser nach und nach einarbeiten, um einen weichen, aber nicht klebrigen Teig zu bekommen. Wasser nachgeben, wenn der Teig zu trocken ist. Die Wärme des Wassers aktiviert die Hefe; zu heißes Wasser zerstört sie.

2 Die Arbeitsfläche mit etwas Mehl bestreuen und darauf den Teig 5 Minuten mit den Handballen kneten, bis er weich und elastisch ist.

3 Den Teig in eine große, leicht geölte Schüssel geben, mit Frischhaltefolie oder einem sauberen Tuch abdecken und eine Stunde – oder bis der Teig ums Doppelte aufgegangen ist – an einem warmen Ort rasten lassen (in der Küche, in der Nähe eines Heizkörpers).

4 Legen Sie den aufgegangenen Teig auf die bemehlte Arbeitsfläche und kneten Sie ihn sehr sanft durch.

5 In eine runde, ca. 30 cm große Form ausrollen oder pressen und auf ein nichthaftendes Backpapier legen.

6 Die Pizzasauce oder Passata aufstreichen, am Rand etwas frei lassen. Nach Wunsch mit Kräutern bestreuen, nach Wahl belegen und mit dem geriebenen Käse bestreuen. Wer Pesto verwendet, verteilt es einfach an beliebigen Stellen.

7 Die Pizza an einem warmen Ort für ca. 20 Minuten gehen lassen (oder bis der Rand sich aufbläht). Den Ofen in der Zwischenzeit auf 220 °C stellen (Heißluftherd 200 °C, Gas Stufe 7).

8 Die Pizza für 12–15 Minuten backen, bis sich eine goldbraune Kruste gebildet hat und der Käse geschmolzen ist. Heiß servieren.

Mehr Pizza-Ideen

■ Für eine Quattro Stagioni (Vier Jahreszeiten) belegt man jedes Viertel einer Pizza anders.

■ Für eine Käserandpizza rollt man den Teig etwa 40 cm groß aus. In 5 cm Abstand vom Rand mit einem Ring aus 140 g geriebenem Käse bestreuen. Die Innenseite des Käserings befeuchten, den Teigrand über den Käse schlagen und alles gut festdrücken. Die Pizza vorsichtig auf ein Backpapier legen, nach Wunsch belegen und dann wie beschrieben fortfahren.

■ Um Calzone zu machen, stellt man vier 18 cm große Einzelpizzen her, belegt sie, wie man will, und faltet sie dann in die Hälfte. Die Ränder mit Wasser verkleben, um gut verschlossene Pizza-Pakete zu bekommen. Gehen lassen und backen wie im Hauptrezept ausgeführt.

■ Auch die Pizza-Sauce kann man selbst zubereiten: 400 g Tomatenstückchen (aus der Dose) mit 3 Esslöffeln Tomatenmark und Kräutern ca. 10 Minuten bei schwacher Hitze eindicken lassen.

■ Anstatt die Pizza wahllos zu belegen, kann man auch Monster- oder Teddybärengesichter oder was auch immer mit dem (zurechtgeschnittenen) Belag formen.

■ Soll die Pizza superschnell fertig sein, verwendet man einen fertigen Teig (Pizzaboden oder Blätterteig), belegt ihn und schiebt ihn in den Ofen (10–15 Minuten für Pizzaböden, 20–25 Minuten für Blätterteig). Pizzaähnliche Ergebnisse lassen sich auch erzielen, wenn man Weißbrot (Baquette, Ciabatta, Fladenbrot ...) in Scheiben schneidet, belegt und so lange unter den Grill schiebt, bis der Käse geschmolzen ist.

Das perfekte Sonntagsessen

Die Lieblings-Mahlzeit der ganzen Familie – weil endlich einmal Zeit ist, in Ruhe zusammen zu sein. Die Einhaltung des Zeitplans ist wichtig, damit alles stressfrei fertig wird.

4 PORTIONEN

Brathuhn mit Würsten

Zutaten

- 1 frisches Huhn (ca. 1,3 kg bratfertig)
- 25 g weiche Butter
- ½ Zitrone, halbiert
- 8 kleine Bratwürste

1 Den Ofen auf 190 °C (Heißluft 170 °C, Gas 5) vorheizen. Das Huhn außen und innen mit kaltem Wasser abspülen, danach mit Küchenpapier trocken tupfen. Mit der Brust nach oben in einen Bräter legen.

2 Die Brust mit der Butter beschmieren und mit frisch gemahlenem schwarzem Pfeffer bestreuen. Die Zitrone im Huhn ein wenig auspressen, die Schnitze in die Höhlung geben und die Beine mit einem Garn zusammenbinden. Den Hautlappen am Hals stopft man unter den Vogel und fixiert ihn mit den darunterge-schobenen Flügelspitzen. Den Bräter lose mit Alufolie bedecken.

3 Für etwa 1¾ Stunden in den Ofen geben. Für die letzten 30 Minuten die Folie entfernen, damit die Haut bräunen kann; dabei das Huhn mit dem Bratensaft bestreichen und die Bratwürste danebenlegen.

4 Will man wissen, ob das Huhn gut durchgegart ist, bohrt man mit einem Bratspieß zwischen Bein und Körper ins Fleisch; die Säfte sollten klar sein. Ist hingegen noch Blut zu sehen, schiebt man das Huhn für eine Weile länger zurück in den Ofen (Hühnerfleisch muss ganz durchgegart sein).

5 Das Huhn sollte etwa 15 Minuten vor den Kartoffeln und dem Gemüse fertig sein. Das gebratene Hähnchen mit Alufolie bedecken und rasten lassen. Sind die Säfte erst einmal eingezogen, lässt es sich leichter zerlegen.

TIPP

Hühner haben unterschiedliche Größen; ein mittleres sollte für ein Familienmahl ausreichen, aber wenn Fleisch übrig bleiben soll, empfiehlt sich ein größeres. Hühner aus Freilandhaltung schmecken am besten, sind aber teurer. Wenn Sie ein Tiefkühl-Huhn kaufen stellen Sie sicher, dass es vor der Zubereitung gänzlich aufgetaut ist.

Grüne Bohnen und Karotten

Zutaten

- 6–8 geschälte Karotten
- 400 g grüne Bohnen

1 Die Karotten in dünne Stäbchen schneiden. Spitzen und Enden der Bohnen abschneiden.

2 8–10 Minuten in leicht gesalzenem Wasser weichkochen.

3 Abseihen, das Kochwasser für das Bereiten der Bratensauce beiseite stellen.

Knusprige Bratkartoffeln

Zutaten

- 700 g geschälte Kartoffeln
- Sonnenblumenöl

1 Geschälte Kartoffeln in große Stücke schneiden, in einen Topf geben und mit kochendem Wasser übergießen. Den Herd aufdrehen, das Wasser leicht salzen und wieder zum Kochen bringen.

2 Die Hitze reduzieren, so dass das Wasser leicht köchelt, zudecken und die Kartoffeln 5 Minuten vorkochen. Abseihen, in den Topf zurückgeben, zudecken und kräftig schütteln. (Das raut die Kartoffeln auf und lässt sie im Ofen extra knusprig werden.)

3 So viel Öl (etwa 4–5 Esslöffel) in einen Bräter geben, dass der Boden bedeckt ist, und für ein paar Minuten ins heiße Backrohr schieben. Wieder hervorholen (Topfhandschuhe!) und die Kartoffeln im heißen Öl so lange wenden, bis sie rundum bedeckt sind; dann zurück in den Ofen.

4 Die Kartoffeln etwa 45 Minuten im Rohr lassen, bis sie goldbraun und knusprig sind; von Zeit zu Zeit wenden. Mit einem Sieblöffel aus dem Bräter heben.

Extra aromatisch werden die Kartoffeln, wenn man frischen Rosmarin oder einige Zehen Knoblauch mitbrät.

TIPP

Für Bratkartoffeln eignen sich am besten festkochende Sorten wie Ditta, Kipfler oder Sieglinde.

Der Zeitplan für den Festschmaus

11:15 – Den Ofen auf 190 °C vorheizen (Heißluft 170 °C, Gas Stufe 5). Das Huhn vorbereiten.

11:30 – Das Hähnchen in den Ofen schieben. Die Kartoffeln und das übrige Gemüse vorbereiten und zugedeckt beiseite stellen, bis sie zubereitet werden.

12 Uhr – Den Tisch decken. Die Kartoffeln vorkochen.

12:40 – Das Öl für die Kartoffeln im Bräter erhitzen.

12:45 – Die Würstchen zum Huhn im Bräter geben, die Kartoffeln in einem zweiten Bräter zum Rösten neben dem Huhn ins Backrohr schieben.

13:15 – Das Brathuhn mit Würstchen aus dem Ofen nehmen und mit Alufolie zum Warmhalten bedeckt beiseite stellen. Das Gemüse kochen.

13:25 – Die Bratensauce zubereiten und das Huhn tranchieren.

13:30 – Den Festschmaus servieren. Guten Appetit!

Wachsendes Vergnügen

Basics im Garten

Gärtnern mit Kindern macht Spaß und kann pädagogisch wertvoll sein. Die kindliche Aufregung, wenn ein winziger Same sich in eine Blume oder etwas Essbares verwandelt, ist ansteckend; sich um Pflanzen zu kümmern lehrt die Kinder, Wachstum zu verstehen. Alle Projekte auf den nächsten Seiten können von Kindern mit etwas elterlicher Hilfe leicht bewältigt werden, dennoch ist die richtige Vorbereitung entscheidend. Hier also einige Tipps für erfolgreiches Gärtnern.

WERKZEUG-GRUNDAUSSTATTUNG

Sofern Sie kein kompletter Neuling sind, dürften Sie einiges bereits zu Hause haben, hier für alle Fälle: die Grundausstattung an Gartenwerkzeug. Alle Metallteile sollten aus rostfreiem Stahl sein, so halten sie am längsten und sind praktisch wartungsfrei – sieht man vom Reinigen nach Gebrauch ab. Plastik-Kinderwerkzeug sollte man vermeiden, es bricht sehr leicht. Stattdessen empfiehlt es sich, in eine hochwertige Pflanzkelle und Handkralle zu investieren, die klein genug sind, um auch von jüngeren Kindern benützt werden zu können. Für das Umgraben größerer Flächen benötigt man Spaten: solche mit kleinerem Blatt kommen den Kindern entgegen.

Tragen Sie immer Handschuhe, wenn Sie mit Gartenschere oder Baumsäge hantieren. Sie schützen vor Dornen und verhindern, dass Schmutz in Wunden gerät.

Eine große Gießkanne mit Brausemundstück ist unerlässlich, eine kleinere ist für Setzlinge und kleine Hände nützlich.

DIE WAHL DER TÖPFE

Kinder mögen Töpfe, weil darin das Pflanzen einfach ist und die Pflanzen auf Augen- oder Mundhöhe sind. Töpfe gibt es in vielen Varianten; besonders für junge Kinder sollten Sie solche aus Plastik wählen. Die mögen nicht so gut aussehen, sind aber bruchsicher, wenn man sie umstößt oder das Wetter frostig wird. Auch Metallgefäße sind sehr robust, können aber im Sommer schmerzhaft heiß werden. Für die Pflanzen sind sie zudem nicht ideal, weil darin alles rasch austrocknet. Eine Schichte aus Kieselsteinen am Boden verschafft Plastik- und Leichtmetalltöpfen zusätzliche Stabilität.

Tontöpfe können preisgünstig sein und sehen dekorativ aus, zerbrechen aber sehr leicht in scharfe Splitter, und sofern sie nicht frostsicher sind, überstehen sie auch Temperaturen unter Null nicht, ohne Sprünge zu bekommen.

Grundausstattung:

- Pflanzkelle
- Handkralle oder Handgabel
- Spaten (schwererer Boden: kleineres Blatt)
- Erdharke
- Arbeitshandschuhe
- Gartenschere
- Gießkanne mit Brausemundstück

DIE LAGE UND DIE BODENBESCHAFFENHEIT

Vor dem Pflanzen sollte man sich mit den Bedingungen im Garten vertraut machen. Die Ausrichtung ist entscheidend für die Auswahl der Pflanzenarten; ein Beet nach Süden ist z. B. sonnig und warm, was wärmeliebende Pflanzen begünstigt, während nördlich oder östlich orientiertes Land kühl und schattig ist – dementsprechend sind die Pflanzen zu wählen. Um die Ausrichtung des eigenen Gartens zu eruieren, stellt man sich einfach mit dem Rücken an die Hauswand und benützt einen Kompass (oder verfolgt den Sonnenlauf).

Auch der Boden ist entscheidend. Leichter, sandiger Boden entwässert sehr rasch und ist nährstoffarm (die Nährstoffe sind im Wasser gelöst). Das mag sich nach schlechten Neuigkeiten anhören, aber viele schöne Pflanzen haben sich an solche Bedingungen gewöhnt. Schwere, tonige Böden halten Wasser und Nährstoffe gut, neigen dafür aber zu Staunässe bzw. verwandeln sich bei Trockenheit in eine betonharte Masse. Aber auch daran haben sich viele Pflanzen angepasst.

Bodenproben

Um Erde zu untersuchen, gräbt man eine Probe aus und fügt etwas Wasser hinzu, falls sie trocken ist. Nun formt man einen Ball – sandige Erde wird sich grob anfühlen und auseinanderfallen, während tonige sich eher glatt anfühlt und ein Ball bleibt. Lehmige Böden (Sand und Ton) behalten auch die Form, aber weniger gut.

TONIG

SANDIG

TIPPS FÜRS WÄSSERN

Beim Gießen sollte man stets versuchen, die Erde und nicht die Blätter und Blüten zu bewässern. Das stellt sicher, dass die Feuchtigkeit zu den Wurzeln gelangt, wo sie gebraucht wird – ein Blätterdach kann Wasser vollständig von der Erde fernhalten, speziell in einem Topf. Wenn man Topfpflanzen setzt, sollte der Topfrand immer mindestens 2 cm oberhalb der Erde sein, damit das Wasser Platz hat. Füllt man Töpfe bis zum Rand mit Erde, rinnte das Wasser beim Gießen einfach seitlich ab und die Pflanzen verdursten.

DÜNGETIPPS

Egal welche Erde Sie haben, arbeiten Sie gut abgelegenen organischen Dünger ein, entweder Kompost oder z. B. alten Pferdemist; in schweren Böden im Herbst, in sandigen Böden im Frühjahr. Davon profitieren alle Arten von Böden: der Nährstoffgehalt steigt, sandige Böden können das Wasser besser halten, tonige besser entwässern.

Sehr arme Böden benötigen zudem eventuell Langzeit-Feststoffdünger wie Blut-, Fisch- oder Knochenmehl – beim Ausbringen sind unbedingt Handschuhe zu tragen. Frucht tragenden und Topfpflanzen sollte man zusätzlich alle paar Wochen im Sommer mit Frucht- bzw. Blütendünger unterstützen. Alternativ kann man auch beim Pflanzen eine Pflanzennahrung hinzugeben, die ihre Nährstoffe langsam abgibt; sollte für den Großteil des Sommers reichen.

Das Gemüsebeet

Man braucht nicht viel Platz für den Gemüseanbau – ein sonniger Flecken im Garten reicht für Kräuter, Salat, Bohnen oder einige große Töpfe im Hof. Selbstgezogenes wird von Kindern eher gegessen, versuchen Sie sich also an diesem einfachen Gemüse, das Ihre Kinder hoffentlich zu schätzen wissen.

Mehr Infos über Selbstanbau finden sich in Büchern oder z.B. auf www.gartenpflanzen-infos.de/ www.bio-gaertner.de

Vorbereitung des Beets

Gemüse gedeiht am besten in offenen, sonnigen, vor starken Winden und strengen Frösten geschützten Lage. Setzen Sie es nicht zu nahe bei Büschen und Bäumen, da diese manche Samen am Keimen hindern und große Teile des Wassers und der Nährstoffe verbrauchen, die Ihr Gemüse zum Wachsen benötigt.

Vor dem Pflanzen das Beet säuberlich jäten. Hacken und die Grünteile einjähriger Pflanzen von den Wurzeln trennen; mehrjährige wie Löwenzahn, Ackerwinde und Hundsgras werden ausgegraben. Entfernt man nicht alle Wurzelteile, wächst das Beikraut einfach wieder nach. Kompost oder gut abgelagerten Naturdünger einarbeiten, um den Boden zu nähren und zu verbessern. Auch eine Gabe Hühnermist lohnt sich. Beachten Sie, beim Aufbringen von jeder Art von Dünger immer Handschuhe zu tragen und hinterher die Hände zu waschen.

Pferdebohnenanbau

Diese köstlichen Bohnen sind einfach zu kultivieren und im Laden kaum erhältlich. Man kann sie in Töpfen im Haus ziehen oder ab April ins Freiland säen. Topfkulturen sind schon ab März möglich und bringen eine etwas frühere Ernte.

1 7-cm-Töpfe mit Ansaaterde füllen und wässern. Säen Sie je zwei Bohnen in jeden Topf (etwa 2 cm tief in die Erde drücken) und bedecken Sie sie mit Erde.

2 Stellen Sie die Töpfe in ein ungeheiztes Glashaus oder auf ein Fensterbrett in einem kühlen Raum. Sobald die Bohnen keimen, gewöhnen Sie die Setzlinge an die Außentemperaturen, indem Sie sie für einige Wochen tagsüber ins Freie stellen. Wenn die Pflanzen etwa 10 cm groß sind, können Sie sie in Reihen in Ihr Freiland-Gemüsebeet umsetzen.

3 Markieren Sie eine Reihe mit einer Schnur und heben Sie eine 7–10 cm tiefe Furche aus. Pflanzen Sie die Bohnen im Abstand von 25 cm bzw. 30 cm von Reihe zu Reihe. Sofern sie nicht welken, braucht man sie bis zur Blüte nicht zu gießen. Dann alle paar Tage bewässern (oder häufiger bei hohen Temperaturen).

Die jungen Bohnen werden häufig von Blattläusen befallen, die man einfach mit den Fingern absammelt. Sind die Pflanzen in voller Blüte bzw. haben sich Bohnen entwickelt, rupft man junge Triebe aus, um diesen Saftsaugern zu Leibe zu rücken.

Der eigene Kartoffelacker

Kartoffeln sind einfach anzubauen, aber doch für einige Schädlinge wie Kartoffelfäule oder die Knollen zerstörenden Fadenwürmer anfällig. Die Wahl schädlingsresistenter Sorten wie ‚Premier' oder ‚Cara' beugt Enttäuschungen vor.

‚Frühreife' Sorten werden März–April gepflanzt und Juni-Juli geerntet. Späte Sorten können eine bis zu 70 Tage längere Vegetationsperiode haben, sie werden daher bei gleicher Pflanzzeit erst ab dem Spätsommer geerntet.

1 Geben Sie Ihre Saatkartoffeln im Spätwinter in eine Eierschachtel und an einen hellen, kühlen Platz im Haus. Die ‚Augen' (eigentlich die Knospen) sollten oben sein. Sie werden rasch austreiben, und nach 6 Wochen können die Knollen gepflanzt werden.

2 Ihren ‚Acker' bereiten sie in den ersten Frühlingstagen vor. Die Pflanzreihen markieren Sie mit einer Schnur. Pflanzen Sie die Knollen frühestens einen Monat nach den letzten Frösten, damit die jungen Blätter und Triebe nicht erfrieren können.

3 Heben Sie entlang der Schnur eine Furche aus, 10 cm tief für frühreife Sorten, 15 cm für andere. Legen Sie die Knollen mit den Trieben nach oben in die Furchen, im Abstand von 30 cm (frühreife) bzw. 45 cm. Der Reihenabstand sollte bei den Frühsorten 45 cm, bei den anderen 75 cm betragen.

Die Ernte einbringen

Um Kartoffeln zu ernten, dringt man außerhalb des Blattwerks mit einer Erdharke ein und hebelt die Knollen heraus. Frühreife sind erntereif, wenn die Blüten sich öffnen, spätere Sorten wenn die Blüten verwelkt sind. Gelagert werden die Erdäpfel in großen Papiersäcken – erhältlich in Gartenfachgeschäften –, die man kühl, trocken und dunkel aufbewahrt. Keinesfalls in Plastikbehältern lagern: da diese keinen Feuchteaustausch zulassen, neigt der Inhalt zum Faulen.

Pferdebohnen erntet man, sobald sie groß genug sind und die Hülsennaht an den Bohnen weiß oder grün ist.

4 Die Knollen mit Erde bedecken und reichlich bewässern. Wenn die Stängel ca. 30 cm hoch sind, häuft man rundum Erde auf, sodass nur etwa 15 cm des Blattwerks im Licht verbleiben. Das verhindert, dass Knollen, die sich knapp unter der Erdoberfläche bilden, grün werden – grüne Kartoffeln sind giftig. Einmal in 14 Tagen bewässern (in trockenen Hitzeperioden nach Bedarf auch öfter).

Kresseköpfe

Diesen lustigen Topfgesichtern wächst binnen einer Woche essbares Haar; die Kresse ist köstlich in Salaten und auf belegten Broten. Wählen Sie aus den unterschiedlichen Kressesorten eine, von der Sie annehmen, dass sie auch Ihren Kindern schmeckt – manche sind ziemlich würzig, andere milder. Die Kresseproduktion lässt sich das ganze Jahr über am Laufen halten – einfach die Küchentücher erneuern, Kompost ergänzen und neue Samen säen.

Sie benötigen:

- Plastiktöpfe (7 cm)
- Küchenpapier
- Marker
- Plastik-Augen (optional)
- Kompost
- Kressesamen
- Frühstücksbeutel

1 Zeichnen Sie lustige Gesichter auf die Töpfe – Permanentmarker sind am besten, passen Sie aber auf Ihre Kleidung auf. Man kann auch Plastik-Augen aus dem Bastelladen mit Plastikkleber befestigen.

2 Viertelfalten Sie ein Blatt einer Küchenpapierrolle. Markieren Sie darauf den Topfrand und schneiden Sie den Kreis aus. Für alle Töpfe wiederholen, sodass pro Topf vier Papierkreise vorhanden sind.

3 Die Töpfe mit Kompost bis knapp unter den Rand füllen und die Papierkreise drauflegen. Alles wässern, um das Papier zu befeuchten.

4 Das Papier mit einigen Samen gleichmäßig bestreuen. Eine Packung Samen reicht für etliche Saaten, das Säckchen deshalb nach Gebrauch gut verschließen und in einem Behälter im Kühlschrank aufbewahren.

5 Geben Sie die Töpfe in Frühstücksbeutel und verschließen Sie diese lose. Bewahren Sie die verpackten Töpfe an einem kühlen, dunklen Ort auf und kontrollieren Sie sie täglich. Wenn die Schösslinge 1 cm groß sind, nehmen Sie die Töpfe aus den Beuteln.

6 Stellen Sie die Kresseköpfe an einen hellen Ort ohne direkte Sonne, und halten Sie sie feucht, bis die Kresse geschnitten werden kann. Immer ganz frisch genießen!

Superkäfer

Manche Insekten sind des Gärtners beste Freunde, indem sie beim Bestäuben helfen und Schädlinge fressen. Schauen Sie doch mal, ob sich die folgenden Insekten in Ihrem Garten finden!

Marienkäfer

Sowohl die Käfer als auch die Larven lieben nichts mehr als einen schönen Blattlaus-Snack; um die Marienkäfer-Aufzucht in Ihrem Garten zu fördern, binden Sie ein Bündel aus 20 cm langen Bambusrohr-Stücken, das Sie in einen Baum hängen. Die flugunfähigen Larven sehen völlig anders als die erwachsenen Käfer aus: sie sind etwa 1 cm lang, patronenförmig und schwarz mit gelber Zeichnung.

Schwebfliegen

Schwebfliegen geben sich gefährlich wespenartig, sind aber schlanker, stachellos und können in der Luft stehen. Die alten sind hervorragende Bestäuber, die jungen lieben saftige Pflanzenschädlinge.

Netzflügler

Die Larven dieser hübschen Insekten sind großartige Schädlingsräuber, die mit Begeisterung Blattläuse und ähnlich kleines Getier verspeisen. Locken Sie die Erwachsenen mit offenblütigen Blumen (wie Gänseblümchen) an.

Bienen

Die Bienen machen nicht nur den köstlichen Honig, sie leisten auch unersetzliche Bestäubungsarbeit, dank der Ihr Apfel- oder Birnenbaum reiche Früchte tragen kann, wie auch diverse Stangenbohnen-Arten. Locken Sie sie mit Lavendel und offenblütigen Blumen an.

Kirschtomaten an der Wand

Was ist köstlicher als kleine, süße Kirschtomaten, die man gleich neben der Hintertür frisch pflücken kann? Hängen Sie die kleinen Roten in Tontöpfen oder Pflanzkörben an einen sehr sonnigen Platz an der Wand, wo die Früchte gut reifen können und der leicht zu erreichen ist: Der Erfolg hängt vom regelmäßigen Gießen ab. Tomatenpflänzchen erhält man in Gartengeschäften ab Frühlingsmitte, geben Sie sie aber nicht ins Freie, bevor jede Frostgefahr gebannt ist – im Spätfrühling oder Frühsommer.

Sie benötigen:

- Großer Tontopf
- Komposterde
- Blähton
- Eine junge Kirsch-tomatenpflanze
- Begleitpflanzen
- Kies
- Tomatendünger

1 Überzeugen Sie sich, dass Ihr Topf ein Loch hat (falls nicht, bohren Sie 1 oder 2), und legen Sie eine Schicht aus Tonscherben oder Styropor aus. Mischen Sie etwas Kompost und Blähton und geben Sie das über die Scherben.

2 Tauchen Sie die Tomatenpflanze samt Topf in einen Eimer Wasser, bis keine Bläschen mehr aufsteigen. Den Pflanztopf entfernen und abtropfen lassen. Pflanzen Sie die Tomate in die Mitte Ihres Topfs und fügen Sie, wenn der Platz reicht, am Rand ein oder zwei Blühpflanzen wie z. B. Brachyscome hinzu. Von den Wurzelballen bis zum Topfrand sollten mindestens 3 cm Luft sein, um Raum zum Wässern zu haben.

3 Füllen Sie mehr Komposterde ein, die Sie sachte mit den Fingerspitzen festdrücken. Bewässern Sie die Pflanze und legen Sie weitere Erde nach, wenn die Wurzeln sichtbar geworden sind.

4 Als oberste Schicht legen Sie Kieselsteine auf die Erde. Das sieht nett aus und verhindert die allzu rasche Verdunstung des Wassers von der Oberfläche. Täglich gießen, sodass die Erde immer feucht ist. Die Pflanze wird zuerste kleine Blüten bilden, aus denen dann die Früchte werden. Sobald diese größer werden, düngen Sie wöchentlich mit flüssigem Obstdünger.

Süße, simple Erdbeeren

Erdbeeren sind eine süße Sommer-Leckerei für Kinder und einfach als Topfkultur zu ziehen. Die Früchte vom Boden zu isolieren hilft, ihr Faulen zu verhindern und macht sie für den Appetit von Vögeln und Mäusen weniger anfällig (aber nicht völlig immun). Spezielle Erdbeer-Töpfe mit seitlichen Löchern sind dekorativ, aber schwieriger zu gießen; günstige 25 cm-Tontöpfe sind ideal. Pflanzt man zu den Erdbeeren auch noch Blumen, kann man sich den ganzen Sommer an hübschen Topfpflanzen erfreuen.

Sie benötigen:

- Tontopf (25 cm)
- Pflanzerde
- 3 Erdbeerpflanzen

1 Überzeugen Sie sich, dass Ihr Topf ein Loch hat, und legen Sie eine Schicht aus Tonscherben oder Styropor aus. Bewässern Sie die Pflanzen etwa 30 Minuten vor dem Umsetzen.

2 Füllen Sie den Topf zur Hälfte mit Erde und stellen Sie die Erdbeerpflanzen – in ihren Plastiktöpfen – hinein. Sie sollten nach dem Pflanzen mindestens 3 cm tiefer als der Topfrand sein.

3 Klopfen Sie die Pflanzen vorsichtig aus ihren Behältern; achten Sie darauf, wo Ihre Finger sind, um keine Stängel zu brechen. Setzen Sie die Pflanzen im Topf verteilt. Geben Sie ein Düngergranulat hinzu und füllen Sie um die Pflanzen mehr Erde auf. Drücken Sie die Erde zwischen den Pflanzen mit den Fingerspitzen fest und wässern Sie sie gut.

4 Entfernen Sie im 1. Jahr die Blüten. Das regt zu starkem, gesundem Wachstum an und führt zu einer reichen Ernte im 2. Jahr. Wenn Sie aber ungeduldig sind und unbedingt gleich im 1. Jahr Erdbeeren wollen, entfernen Sie nur 70 % der Blüten. So bekommen Sie schon im 1. Sommer ein paar Früchte und dürfen trotzdem mit einer guten Ernte im 2. Jahr rechnen.

Blumen und Salat in der Kiste

Dieser hübsche Balkonkasten steckt voll Essbarem. Alle Blätter und die Blüten der Kapuzinerkresse sind genießbar – letztere sind sehr kräftig im Geschmack, geben aber zumindest eine schöne Dekoration ab. Die beste Zeit zum Säen der Blumensalatkiste ist in der Frühlingsmitte bei Temperaturen von 10–20 °C – bei heißem Wetter keimen Salatsamen nicht.

Sie benötigen:

- Blumenkiste
- Pflanzerde
- Ansaaterde
- (gemischte) Blattsalat-Samen
- Kapuzinerkressesamen (Tropaeolum minus)
- Kurzes Stück Bambusrohr
- Fruchtdünger

1 Überzeugen Sie sich, dass die Kiste Löcher hat (falls nicht bohren Sie ein paar), und legen Sie eine Schicht aus Tonscherben oder Styroporstücken aus.

2 Füllen Sie die Kiste zu gleichen Teilen mit Pflanzerde und Ansaaterde. Lassen Sie zwischen der Erde und dem Kistenrand etwa 3 cm frei. Drücken Sie die Erde etwas fest, um eine plane Oberfläche zu bekommen.

3 Bewässern Sie die Erde mit einer Gießkanne mit Brausemundstück. Abfließen lassen. Pressen Sie nun den kurzen Bambusstab dreimal in die Erde, um drei etwa 5 mm tiefe Furchen zu erhalten. Lassen Sie an den Kistenenden etwas Platz für die Kapuzinerkressesamen.

4 Streuen Sie die Salatsamen dünn und gleichmäßig in die Furchen und bedecken Sie sie leicht mir Ansaaterde.

5 Drücken Sie an jedem Ende der Kiste zwei oder drei Kapuzinerkressesamen etwa 2 cm tief in die Erde und bedecken Sie sie. Stellen Sie die Kiste dann auf eine sonnige oder leicht schattige Fensterbank und halten Sie sie stets feucht.

6 Wenn die Salatblätter einige Zentimeter groß sind, können Sie ein paar entnehmen, um den anderen mehr Platz zu verschaffen, oder alle weiterwachsen lassen. Sind die Blätter ca. 15 cm groß, schneiden Sie sie etwa 25 mm über der Erde ab – die Stängelstummel werden wieder austreiben und eine zweite Ernte ermöglichen. Die Kapuzinerkresse braucht länger, bringt aber dafür Farbe und Abwechslung ins Spiel, während der 2. Salat wächst.

Kartoffeln in Töpfen

Kartoffeln lassen sich in großen Behältern anbauen. Fasshälften sind ideal für zwei oder drei Kartoffelpflanzen. Bohren Sie Löcher in den Boden und legen Sie eine Schicht aus Tonscherben und Kies aus, um sie abzudecken. Schütten Sie nun 17–20 cm lehmbasierte Komposterde (z. B. John Innes No 3) auf. Pflanzen Sie Kartoffeln mit Trieben und bedecken Sie sie mit einer Schicht Erde. Schütten Sie mehr Erde auf, wenn die Pflanzen wachsen, damit die Kartoffeln nicht ans Licht kommen und grün werden.

Schädlings-kontrolle

Kein Garten ist völlig frei von Schädlingen und Krankheiten, aber mit regelmäßiger Kontrolle anfälliger Pflanzen und frühzeitigen Gegenmaßnahmen lassen sich Plagen verhindern.

Die häufigsten Schädlinge sind die Blattläuse – kleine grüne oder schwarze Insekten, die sich von jungen Trieben und Knospen ernähren – und die Schnecken. Blattläuse saugen den Saft aus den Pflanzen, was sie welken und krank aussehen lässt. Um sie loszuwerden, setzt man entweder ein Insektizid ein oder klaubt sie ab und zerquetscht sie zwischen den Fingerspitzen. Man kann auch Nützlinge wie Marienkäfer, Schwebfliegen oder Netzflügler in seinen Garten locken – für die ausgewachsenen Exemplare und auch die Larven dieser Arten geht nichts über einen saftigen Blattlausschmaus.

Schnecken können in Schüsseln mit Bier gelockt werden, die man im Boden versenkt. Sie ertrinken im Bier, allerdings muss man sie dann händisch entsorgen. Kupferbänder um die Töpfe halten einige Schnecken ab, die davon einen leichten elektrischen Schlag erhalten. Auch gemahlenen Kaffee auf der Erde scheinen sie nicht zu mögen. Wenn Sie Schneckengift einsetzen, dann sparsam; entsorgen Sie die toten Schnecken, damit sie nicht von Vögeln und anderen Tieren gefressen werden. Biologische Schädlingsbekämpfung (z. B. Nematoden, die man auf anfällige Pflanzen sprüht) ist der Chemiekeule vorzuziehen.

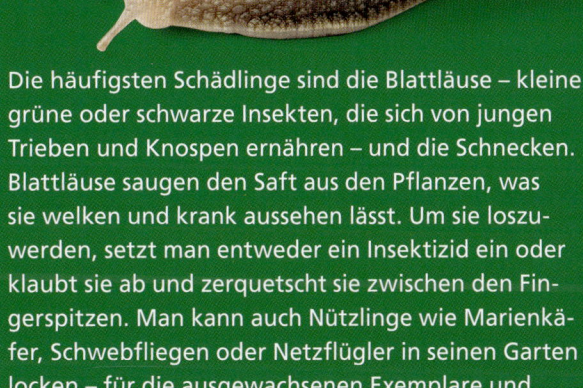

Der schöne Fass-Teich

Man braucht nicht morgenweise Land für einen Teich mit Fröschen, Kröten, Wasserläufern und Kahnschnecken – dieses halbe Fass beherbergt alle diese Kreaturen und passt in den kleinsten Hof. Stellen Sie den Fass-Teich an einem sonnigen, stundenweise beschatteten Ort auf (eine weitere Topfpflanze kann den Schatten spenden) und halten Sie ihn von Laubbäumen fern, deren fallende Blätter das Wasser vergiften.

Sie benötigen:

- Ein halbes Holzfass
- Teichfolie (PE, PVC, EPDM)
- Hammer, galvanisierte Nägel
- Kleine Wasserpflanzen
- Wasserfeste Körbe
- Teich- oder Gartenerde
- Kies
- Einige Ziegelsteine
- Schlauch
- Schere oder scharfes Messer

1 Platzieren Sie das leere halbe Fass an der Stelle, wo der Teich sein soll (voll Wasser lässt es sich nur noch sehr schwer bewegen). Kleiden Sie es mit der Teichfolie aus; mindestens 10 cm Folie müssen über den Rand ragen.

2 Füllen Sie mit einem Gartenschlauch etwa 15–20 cm Wasser ein – das presst die Folie gegen den Grund und die Seiten des Fasses. Falten Sie dann die Folie säuberlich um den Fassrand und schneiden Sie den Überstand ab.

3 Nageln Sie die Folie mit den galvanisierten Nägeln (die kürzer als die Fassdicke sein müssen) innen unter dem Rand des Fasses an und schneiden Sie dann die Folie knapp darüber ab.
Füllen Sie das Fass mit Wasser.

4 Pflanzen Sie Ihre Wasserpflanzen in feinmaschige Körbe für diesen Zweck (erhältlich in Garten-Fachgeschäften). Ideale Pflanzen sind z. B. die Japanische Sumpf-Schwertlilie (*Iris ensata*), die Sumpfdotterblume (*Caltha palustris*), die Calla (*Zantedeschia aethiopica*) und das Langschwert (*Juncus ensifolius*). Füllen Sie eine Schicht aquatischen Kompost oder Gartenerde ein (normaler Kompost ist zu nährstoffreich). Nehmen Sie nun die Pflanzen aus ihren Behältern, setzen Sie sie in den Korb und füllen Sie Erde auf. Schließen Sie oben mit Kieselsteinen ab, damit die Erde nicht weggeschwemmt wird.

5 Alle angeführten Pflanzen sind Uferpflanzen, d. h. sie gedeihen, wenn ihre Wurzelballen knapp unter der Wasseroberfläche sind. Unterlegen Sie daher die Körbe mit Ziegeln oder flachen Steinen, so dass die Kieselschichte gerade unter Wasser ist. Die Pflanzenkörbe und die Ziegel erleichtern zudem Fröschen und Kröten, leicht in das Fass und wieder herauszuklettern.

6 Um das Wasser klar zu halten, muss man ein oder zwei oxygenierende Pflanzen setzen. Eine gute Wahl ist das Raue Hornblatt (*Ceratophyllum demersum*) oder die Wasserfeder (*Hottonia palustris*, im Bild). Pflanzen Sie diese in Körben und stellen Sie sie auf den Fassgrund.

7 Fragen Sie im Frühling bei Teichbesitzern um etwas Frosch- oder Krötenlaich oder Kaulquappen für Ihre Fass. Ihre Kinder können dann die Entwicklung beobachten. Stellen Sie andere Topffpflanzen um das Fass auf als Ein- und Ausstiegsrampe für die Frösche und Kröten. Auch Schnecken und Wasserinsekten werden Ihren Miniteich bald entdecken. Entfernen Sie Entengrütze (kleine runde Blätter, die auf dem Wasser schwimmen) mit einem kleinen Netz, wenn sie die ganze Oberfläche zu bedecken droht.

Frösche & Kröten

Diese Schnecken fressenden Amphibien sind eine große Hilfe für den Gärtner und interessant für Kinder, die ihre Entwicklung vom Laich über die Kaulquappe zum adulten Tier verfolgen können.

Kröten sind in der Regel größer als Frösche und haben trockenere, warzigere Haut – sie halten sich auch weniger im Wasser auf. Beide Arten schätzen hohes Gras oder Laubhaufen zum Überwintern, als Schutz vor der Sommersonne und für die Jagd auf Insekten und Schnecken; etwas in der Art sollte es in Ihrem Garten geben. Vorsicht beim Gärtnern nahe des Teichs – scharfe Werkzeuge können fatale Folgen haben.

WICHTIG - SICHERHEITSREGELN

Kleine Kinder können in wenigen Zentimetern Wasser ertrinken, verzichten Sie daher auf jede Art von offenem Gewässer, wenn Sie Kinder unter 5 Jahren haben.

■ Erlauben Sie kleinen Kindern niemals, ohne permanente Beaufsichtigung durch einen Erwachsenen in die Nähe Ihres Teichs zu gehen.

■ Entleeren Sie Planschbecken, Eimer und alle Gefäße nach Gebrauch und drehen Sie sie um.

■ Erklären Sie Ihren Kinder von klein auf die Gefahren rund ums Wasser und ermutigen Sie sie, schwimmen zu lernen.

Sonnen-liebhaber

Sonnenblumen können leicht von Kindern aus Samen gezogen werden. Allerdings sind Schösslinge eine bevorzugte Beute von Schnecken, daher ist es besser, in Töpfen zu beginnen und erst die robusteren Pflanzen ins Freie zu bringen. Es ist nett, die spätsommerlichen Blüten beim Verfolgen des Sonnenlaufs zu beobachten – der namensgebenden Eigenschaft.

Sie benötigen:

- Sonnenblumensamen (wählen Sie bei wenig Platz kleinwüchsige Sorten)
- Plastiktöpfe (7 cm)
- Ansaaterde

1 Die Pflanztöpfe mit etwas Ansaaterde füllen und leicht festdrücken. Gründlich wässern und das Wasser abfließen lassen.

2 Setzen Sie zwei Sonnenblumensamen pro Topf etwa 1 cm tief in die Erde und bedecken Sie sie. Stellen Sie die Töpfe an eine kühle, helle Stelle und halten Sie sie gut feucht.

3 Wenn die Schösslinge 10–15 cm groß sind, setzen Sie sie an eine sonnige Stelle im Freiland. Wässern Sie die Pflanzen und graben Sie dann für jede einzelne ein Loch im Abstand von ca. 45 cm. Nehmen Sie die Setzlinge aus den Töpfen, separieren Sie sie vorsichtig und pflanzen Sie in jedes Loch eine Pflanze. Rundum mit Erde auffüllen, festdrücken und wässern. Bei Trockenheit gießen.

Schmetterlinge und Bienen

Gärten voller Blumen sind wunderschön, aber wenn Sie ein bewegtes Bild wollen, müssen Sie Pflanzen wählen, die Schmetterlinge und Bienen anlocken. Versuchen Sie es mit Lavendel (*Lavandula angustifolia*), Prachtscharte (*Liatris spicata*) oder Schmetterlingsflieder (*Buddleia davidii*), um die bunten Flügler zur Freude der Kinder in Ihren Garten zu bringen.

Blütenpracht im Stiefel

Eine lustige Idee zur Wiederverwertung von zu klein gewordenen Gummistiefeln. Solange es Abflusslöcher hat, kann praktisch alles als Pflanzenbehältnis dienen. Ausreichend bewässert blühen die Stiefelblumen den ganzen Sommer.

Sie benötigen:

- Alte Gummistiefel oder andere alte Schuhe
- Akkubohrer
- Kieselsteine
- Pflanzerde
- Pflanzen wie das Fleißige Lieschen (Impatiens) und Buntnesseln (Solenostemon)
- Langzeit-Dünger
- Blähton

1 Bohren Sie mit einer Akkubohrmaschine einige Löcher in die Sohle der Stiefel; tragen Sie dabei Handschuhe und lassen Sie keine Kinder in die Nähe. Ein Stab im Stiefel hilft, das Werkstück beim Bohren zu stabilisieren.

2 Füllen Sie eine Schicht aus kleinen Kieselsteinen in die Stiefel. Das verhindert, dass die Erde die Löcher verstopft, und stabilisiert die Stiefel. Geben Sie eine Schicht Gartenerde über die Steinchen.

3 Bewässern Sie Ihre Pflanzen gut, bevor Sie sie einsetzen. Nehmen Sie sie aus ihren Töpfen und pflanzen Sie zwei oder drei in jeden Stiefel. Rundum mit einem Gemisch aus Erde, festem Langzeit-Dünger und wasserspeicherndem Blähton auffüllen. Achten Sie wieder darauf, die Erde nicht höher als 3 cm unter den Rand einzubringen, um Platz fürs Gießen zu lassen.

4 Bewässern Sie die Pflanzen gut und stellen Sie die Stiefel an einen geschützten Ort im Hof, bei der Tür oder vor ein Blumenbeet. Im Sommer täglich gießen. Wenn die Stiefelblumen im Herbst abgestorben sind, können Sie sie durch Narzissen und Veilchen ersetzen.

Sachen bauen

Gokart

Dieser Gokart-Bauplan ist sehr einfach und kann leicht für verschieden große Fahrer adaptiert werden. Auch wenn hier für alle Komponenten genaue Maße angegeben wurden, kann man in der Praxis flexibel sein.

Alle Hauptbestandteile sind aus Holz; die Bauteile wurden so konzipiert, dass man sie aus drei Standardformaten herstellen kann, die in allen Baumärkten verfügbar sein sollten.

Am schwierigsten dürften die Räder und die Achsen zu beschaffen sein. Die hier verwendeten Räder sind pneumatische 10-Zoll-Sackkarrenräder mit integrierten Kugellagern passend für 16 mm Achsen. Solche Räder sind üblicherweise in Hartwaren- und Werkzeuggeschäften oder über internetbasierte Zubehör-Shops erhältlich; für die 16 mm Rundblankstahl-Stange für die Achsen geht man zum Eisenwarenladen oder versucht es in Industriebetrieben, wo immer mal wieder passende Werkstückreste übrig bleiben, die man sehr günstig erwerben kann. Auch wenn wir hier eine Stange mit 2 Metern Länge angegeben haben: Tatsächlich werden zwei Stücke zu einem Meter benötigt, die möglicherweise einfacher zu beschaffen sein könnten.

Sie brauchen:

- Säge
- Hammer
- Scharfer Beitel
- Bohrmaschine
- 4 mm, 12 mm, 16 mm Spiralbohrer
- Flachsenker
- Stift

- Zollstock oder 1 m Stahlleiste
- Spitzbohrer
- Winkeleisen
- Messer
- Schraubenzieher
- 2 große verstellbare Zwingen

- 1 x 2,4 m Kiefernbrett (38 x 89 mm gehobelt, 50 x 100 mm sägerau)
- 1 x 2,4 m Kiefernbrett (38 x 63 mm gehobelt, 50 x 75 mm sägerau)
- 1 x 1 m x 1 m Marine Multiplex (12 mm)
- 1 x 1 m Fichtenbrett (12 x 33 mm gehobelt)
- 1 x 2 m Rundblankstahl (16 mm)
- 4 x 10 Zoll-Luftreifen mit integrierten Lagern für 16 mm-Achsen
- 1 St. M12-Schraube 75 mm

- 2 St. M12-Schrauben 100 mm
- 8 St. 16 mm Stahl-Beilagscheiben
- 9 St. M12 Beilagsch.
- 3 St. M12 Muttern, selbstsichernd
- 4 St. 6 mm Keilsplint
- 4 passende Splinte
- 16 St. 4,2 x 60 mm Holzschrauben
- 2 St. 4,2 x 35 mm Holzschrauben
- 6 St. 3,5 x 35 mm Holzschrauben
- 2 m Nylonschnur
- Farbe/Dichtungsmasse/Firnis nach Bedarf
- PVA-Leim

Fahrgestell

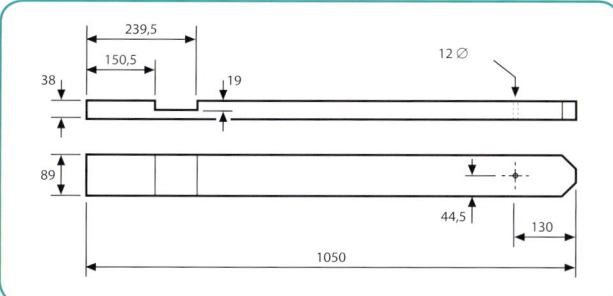

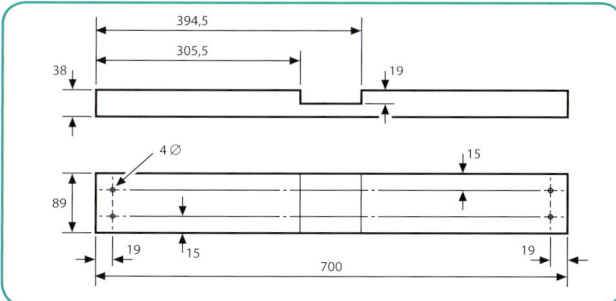

1 Das Fahrgestell besteht aus zwei Stücken des 38 x 89 mm Kiefernbretts, eines 1.050 mm lang, das andere 700 mm.

2 Die beiden Brettstücke werden überlappend miteinander verbunden. Das geht so:

■ Markieren Sie mit Leiste und Winkeleisen, was für den Stoß vom längeren Brett abzunehmen ist (Maße siehe Diagramm oben).

■ Machen Sie der Breite nach zwei vertikale Einschnitte; achten Sie dabei darauf, nicht zu tief zu sägen.

■ Nehmen Sie den Beitel zur Hand und arbeiten Sie abwechselnd von beiden Seiten, um das überschüssige Material zu entfernen. Arbeiten Sie langsam und vergewissern Sie sich, dass Ihr Werkzeug scharf ist. Die Aussparung sollte letztlich plan sein und halb so tief wie das Holz dick.

HINWEIS: Das Arbeiten wird einfacher und genauer, wenn man zum Markieren ein Messer benutzt.

3 Wiederholen Sie die Prozedur mit dem kürzeren Brett, die genauen Maße sind der Zeichnung zu entnehmen.

4 Prüfen Sie die Passgenauigkeit der beiden Bretter; arbeiten Sie so lange nach, bis der Stoß genau passt. Schleifen Sie dann alle Ecken und Splitter ab.

5 Markieren Sie mit einem Spitzbohrer am Längsteil des Fahrgestells die Stelle, an der das Loch für den lenkbaren Achszapfen gebohrt werden wird (siehe Zeichnung). Bohren Sie dort ein durchgehendes Loch mit einem Durchmesser von 12 mm.

6 Sägen Sie am vorderen Ende des Bretts die Ecken ab und schleifen Sie das Holz glatt.

7 Markieren Sie mit einem Spitzbohrer auf der Seite mit der Aussparung am kurzen Brett wie im Plan angegeben die vier Bohrstellen für die Schraubverbindung von Fahrgestell und Hinterachse.

8 Bohren Sie dort 4 mm starke Löcher und arbeiten Sie dann mit einem Flachsenker nach, um die Schraubenköpfe etwas versenken zu können.

Achsen

Vorder- und Hinterachse sind gleich lang, schneiden Sie die Stahlstange also so ab, dass Sie über zwei Stücke zu 860 mm verfügen. Fasen und entgraten Sie die Enden mit einer Feile.

Vordere Achslager

■ Sägen Sie 200 mm vom schmäleren Kiefernbrett ab.

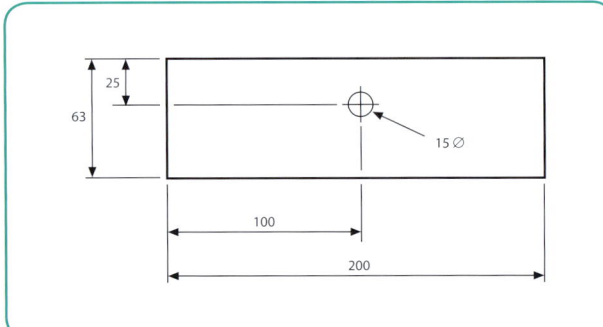

1 Markieren Sie mit dem Spitzbohrer die Bohrstelle für die Vorderachse, wie in der Zeichnung angegeben. Bohren Sie ein Loch mit 16 mm (5/8") Durchmesser.

2 Stellen Sie auf identische Weise das zweite vordere Achslager her. Schleifen Sie dann alle Kanten rund und alle Splitter ab.

Hintere Achslager

■ Sägen Sie 245 mm vom schmäleren Kiefernbrett ab.

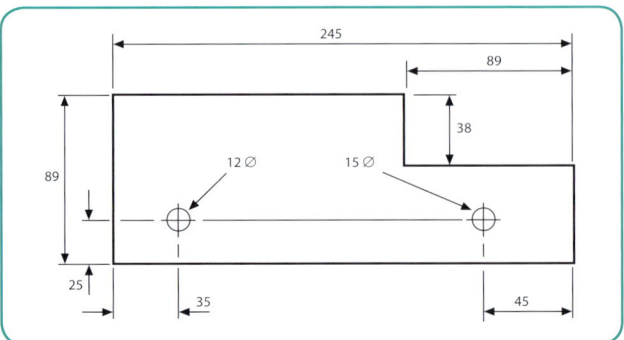

1 Markieren Sie den rechteckigen Block (siehe Zeichnung), der entfernt werden muss, um das Fahrgestell aufnehmen zu können.

2 Sägen Sie zuerst die Längsseite des Blocks ins Holz. Drehen Sie dann das Brett herum und sägen Sie quer zur Brettbreite zum eben gemachten Einschnitt, um das überflüssige Holz zu entfernen.

3 Als nächstes bohren Sie das 16 mm-Loch (5/8") für die Achse. Markieren Sie die Stelle laut Plan mit dem Spitzbohrer. Verwenden Sie wenn möglich eine Ständerbohrmaschine für die Bohrung.

4 Markieren und bohren Sie nun ein Loch mit 12 mm für die Aufhängung der Bremse (siehe Zeichnung).

5 Wiederholen Sie die Schritte 1 bis 5, um das zweite, identische hintere Achslager anzufertigen, und schleifen Sie dann alle Kanten rund und alle Splitter ab.

Sitz

■ Sägen Sie 400 x 700 mm aus dem Marine Multiplex.

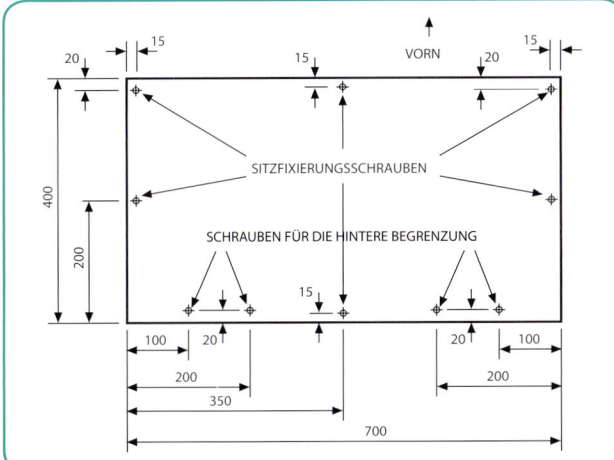

1 Markieren Sie mit dem Spitzbohrer die Stellen für
die sechs Sitz-Fixierungsschrauben wie im Plan angegeben.

2 Bohren Sie an diesen Stellen 4 mm große Löcher, die
Sie anschließend mit dem Flachsenker nachbearbeiten,
damit die Schraubenköpfe etwas versenkt werden können.

3 Drehen Sie das Sitzbrett um und markieren Sie mit
dem Spitzbohrer auf der Unterseite die Stellen für
die vier Schrauben, mit denen die hintere Begrenzung
montiert wird.

4 Bohren Sie an diesen Stellen 4 mm große Löcher, die
Sie anschließend mit dem Flachsenker nachbearbeiten,
damit die Schraubenköpfe etwas versenkt werden können.

5 Feilen und schleifen Sie alle Ecken rund und alle Holzsplitter ab.

Hintere Begrenzung

■ Sägen Sie 700 mm vom schmäleren Kiefernbrett ab.
Schleifen Sie alle Ecken rund und alle Holzsplitter ab.

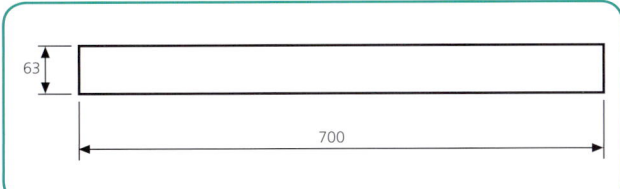

Fußbrett

■ Sägen Sie 200 x 700 mm aus dem Marine Multiplex.

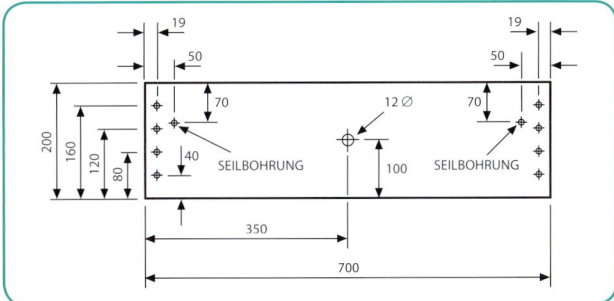

1 Markieren Sie mit dem Spitzbohrer wie im Plan angegeben die Stelle für das Loch für den lenkbaren
Achszapfen. Bohren Sie mit 12 mm.

2 Markieren Sie mit einem Spitzbohrer die 2 x vier
Bohrstellen für die Schraubverbindung von Achslager und Hinterachse an den Enden des Bretts.

3 Bohren Sie an diesen Stellen acht 4 mm große
Löcher, die Sie anschließend mit dem Flachsenker
nachbearbeiten.

4 Markieren Sie die beiden Stellen für die Seilboh-
rungen (siehe Zeichnung) und bohren Sie ca. 2 mm
größer als das Seil, das Sie verwenden.

5 Schleifen Sie alle Ecken des Fußbretts rund und alle
Holzsplitter ab.

Bremsgestänge

■ Sägen Sie 780 mm vom Fichtenbrett ab.

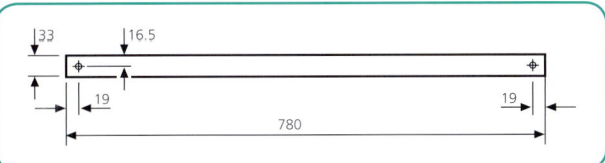

1 Markieren Sie nach der Zeichnung die beiden Stellen
für die Verbindungsschrauben des Bremsgestänges
und der Bremsklötze.

2 Bohren Sie 4 mm große Löcher, die Sie mit dem Flachsenker nachbearbeiten. Schleifen Sie alle Ecken rund
und alle Splitter ab.

Bremsklötze

■ Sägen Sie ein Stück mit 280 mm und eines mit 120 mm vom schmalen Kiefernbrett ab.

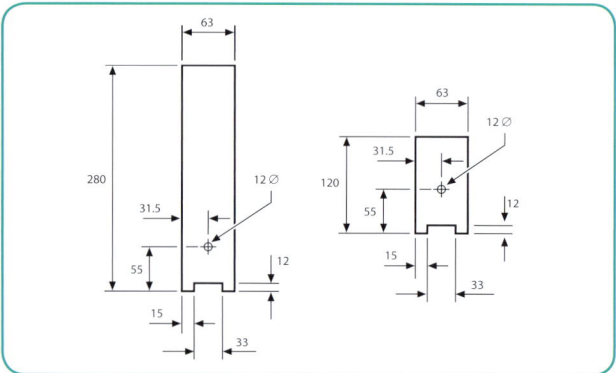

1 Markieren Sie an beiden Klötzen die Position für die Aufhängungs-Schrauben und bohren Sie mit 12 mm.

2 Markieren Sie nach Plan die Ausnehmung für den Bremshebel am längeren Bremsklotz.

3 Sägen Sie am Ende des Holzstücks bis zur Markierung; die beiden Einschnitte sind je 12 mm tief.

4 Schlagen Sie mit Beitel und Hammer das zu entfernende Material heraus. Arbeiten Sie langsam und abwechselnd von beiden Seiten und achten Sie darauf, dass Ihr Werkzeug scharf ist. Die Aussparung sollte letztlich plan sein und 12 mm tief.

5 Wiederholen Sie die Schritte 2 bis 5, um auch aus dem unteren Ende des kürzeren Bremsklotzes eine Aussparung herauszunehmen. Schleifen Sie dann alle Ecken rund und alle Splitter ab.

Montage der Teile

1 Bauen Sie als erstes das Fahrgestell zusammen. Tragen Sie Holzleim auf die Stöße auf und pressen Sie die beiden Teile fest zusammen. Bringen Sie eine Zwinge an und lassen Sie den Leim über Nacht trocknen.

2 Sobald das Fahrgestell fertig ist, bringen Sie eines der hinteren Achslager in Position, wobei das breitere Ende des Achslagers nach vorne weist. Stellen Sie sicher, dass die Außenränder des Lagers und des Fahrgestells zusammenpassen und fixieren Sie dann das Achslager mit einer Zwinge. Bohren Sie mit dem Spitzbohrer durch die bereits außen am Fahrgestell angebrachten Bohrlöcher, um passende Markierungen am Achslager anzubringen.

3 Entfernen Sie die Zwingen und das Achslager und machen Sie dann an den vier Markierungen dünne Vorbohrungen. Hier verschrauben Sie das Achslager und das Chassis. Verwenden Sie dafür die Holzschrauben No 8 (60 mm lang, Durchmesser 4,2 mm).

4 Bringen Sie das Achslager wieder in Position auf dem Fahrgestell und schrauben Sie es fest an.

5 Wiederholen Sie die Schritte, um auch das zweite hintere Achslager zu befestigen. Schieben Sie nun die Hinterachse in Position.

6 Bringen Sie eines der beiden vorderen Achslager am Fußbrett in Position und stellen Sie sicher, dass die Außenränder des Lagers und des Bretts sich gut ineinander fügen. Fixieren Sie das Lager mit einer Zwinge.

7 Machen Sie wie beim hinteren Achslager Markierungen und Vorbohrungen in die Oberseite des vorderen Achslagers, groß genug für Holzschrauben No 8 (60 mm lang, 4,2 mm Durchmesser), mit denen das Lager und das Chassis verbunden werden.

8 Bringen Sie das Lager wieder in Position unter dem Fußbrett und schrauben Sie es mit 4 Schrauben an.

9 Wiederholen Sie alle Schritte für die Montage des zweiten vorderen Achslagers. Schieben Sie dann die Vorderachse in Position.

10 Passen Sie auf der rechten Seite des Fahrgestells den längeren Bremsklotz und die dazugehörige Aufhängungsschraube ein (Sie können den längeren Klotz auch links

montieren, wenn Sie wollen – er dient als Bremshebel). Die Schraube passt von der Außenseite des Klotzes: Legen Sie unter den Schraubenkopf, zwischen Bremsklotz und Achslager und ans Ende der Schraube Beilagscheiben. Setzen Sie eine selbstsichernde Mutter auf das Schraubgewinde, ziehen Sie sie aber jetzt noch nicht fest an.

11 Wiederholen Sie die Schritte für die Montage des kürzeren Bremsklotzes auf der anderen Seite des Fahrgestells. Ziehen Sie nun die Muttern an, sodass die Klötze sich um die Aufhängungsschrauben bewegen können, ohne lose zu sein.

12 Passen Sie das Bremsgestänge ein; die Enden der Leiste und der Bremsklötze müssen bündig sein. Stechen Sie mit dem Spitzbohrer durch die Bohrungen in der Leiste in die Unterseiten der Bremsklötze.

13 Machen Sie an den Spitzbohrer-Markierungen dünne Vorbohrungen für die Verbindungsschrauben von Bremsklötzen und Bremsgestänge (Holzschrauben No 8, 35 mm lang, 4,2 mm Durchmesser). Bringen Sie die Leiste wieder an und schrauben Sie sie fest. In Abhängigkeit von den verwendeten Reifen müssen Sie die Bremsklötze eventuell noch etwas mit Feile oder Schleifpapier behandeln, um sicherzustellen, dass beide Klötze beim Bremsen gleichzeitig Reifenkontakt haben.

14 Stellen Sie sicher, dass die Hinterachse mittig in Position ist, – *d. h.,* dass auf beiden Seiten des Fahrgestells gleich viel der Achse hervorragt – und schieben Sie eine Beilagscheibe über ein Ende der Achse, bevor Sie das Rad anbringen. Markieren Sie nach einer weiteren Beilagscheibe die Stelle für das Loch für den Keil-Splint, der das Rad an der Achse fixiert. Zwischen dem Loch und der Beilagscheibe muss ausreichend Platz sein, damit das Rad frei rotieren kann; bedenken Sie dabei, dass die meisten Keil-Splinte einen angeflanschten Kopf haben. Wenn Sie genau genug arbeiten, können Sie gerade so viel Platz lassen, dass Sie, wenn Sie den Flansch des Keil-Splints abfeilen (siehe Bild), dieser nach der Montage exakt an der Felge anliegt und deshalb nicht mehr rotieren kann. Markieren Sie die genaue Bohrstelle an der Achse mit einem Körner.

15 Wiederholen Sie den Vorgang an der anderen Seite der Achse.

16 Ziehen Sie die Achse aus ihrem Lager und führen Sie die Bohrungen entsprechend den Maßen des Keil-Splints durch. Arbeiten Sie wenn möglich mit einer Ständerbohrmaschine und feilen und entgraten Sie die Bohrungen. Schieben Sie dann die Hinterachse wieder an ihren Platz.

17 Wiederholen Sie alle Schritte für die Vorderachse.

18 Geben Sie eine Beilagscheibe auf die Lenksäulen-Schraube und stecken Sie die Schraube dann durch den Vorderteil des Fahrgestells. Beachten Sie, dass es vielleicht notwendig ist, die Schraube zu kürzen, damit sie nicht mit der Achse in Berührung kommt. Geben Sie eine weitere Beilagscheibe auf die Schraube, bevor Sie sie durch das zentrale Loch im Fußbrett schieben. Stecken Sie noch eine Beilagscheibe auf die Schraube, gefolgt von einer selbstsichernden Mutter. Ziehen Sie die Mutter an, aber nicht so fest, dass gar keine Lenkbewegung mehr möglich ist.

19 Ziehen Sie das Seil durch die Löcher im Fußbrett und binden Sie es an der Vorderachse fest.

20 Bringen Sie die Beilagscheiben an den Achsenden wieder an, stecken Sie die Reifen auf und eine weitere Beilagscheibe. Sichern Sie die Reifen, indem Sie die Keil-Splinte durch die Bohrungen in den Achsen stecken und diese mit den Splinten fixieren.

21 Legen Sie das Sitzbrett auf das Fahrgestell und vergewissern Sie sich, dass es im rechten Winkel ist und die Seiten und das hintere Ende des Bretts mit den Seiten bzw. dem Heck des Fahrgestells bündig sind.

22 Stechen Sie mit dem Spitzbohrer durch die Bohrungen im Sitzbrett ins Fahrgestell bzw. ins hintere Achslager und verwenden Sie die 6 Holzschrauben 40 mm/3,5 mm, um das Sitzbrett zu montieren.

23 Befestigen Sie die hintere Begrenzung mit einer Zwinge. Stechen Sie dann von unter dem Sitz mit dem Spitzbohrer durch die vier Bohrlöcher, um die Stelle für die Schrauben zu ihrer Fixierung zu markieren.

24 Entfernen Sie die Zwinge und die Begrenzung. Machen Sie dann Vorbohrungen für die No 8-Schrauben. Bringen Sie die Begrenzung wieder am Sitzbrett an und schrauben Sie sie fest.

25 Gratulation! Das Gokart ist jetzt fertig. Nachdem Sie noch einmal überprüft haben, ob alles korrekt montiert ist und hält, wird es Zeit für eine Testfahrt.

26 Nachdem Sie sich überzeugen konnten, dass das Gokart funktioniert, ist es am besten, es wieder auseinanderzunehmen, alle Holzteile zu lackieren oder zu lasieren, und bei der neuerlichen Zusammensetzung die selbstsichernden Muttern zusätzlich mit Holzleim zu fixieren. So sollte das Gokart Kindern und Vätern gleichermaßen viele Jahre Freude bereiten!

Strickleiter

Für ein abenteuerlustiges Kind ist Bäume zu erklettern so natürlich wie atmen, daher spricht alles dafür, dass eine Strickleiter willkommen ist. Darauf zu klettern ist zudem viel einfacher als mit einem Seil, das keine Fußstützen hat.

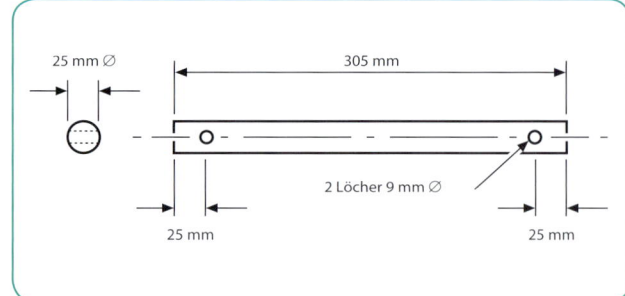

Sie benötigen:

- Netzbetriebene Ständer-
  bohrmaschine
- 14 mm Forstnerbohrer
- Stanleymesser
- Fuchsschwanz
- Streichmaß
- Maßband
- Winkeleisen
- Isolierband
- Abstandsstab (Holz)
  1 St. 336 x 12 mm
- Sprossen – 12 St. 355 x 45 x 30 mm
  (astfreies Holz)
- Polypropylen-Seil (339 kg
  Zugfestigkeit) – 2 St. 3.660 x 12 mm

1 Hier sehen Sie ganz genau, welche Art von Holz Sie nicht kaufen dürfen. Astlöcher schwächen das Holz; wird es belastet, wird diese Sprosse irgendwann brechen. Vermeiden Sie also astiges Holz. Astfreies Holz ist zwar etwas teurer, aber die Sicherheit sollte einem das wert sein.

2 Markieren Sie mit Maßband und Winkeleisen die Länge jeder einzelnen Sprosse.

WICHTIG – SICHERHEITSREGELN

1. Stellen Sie sicher, dass ein Erwachsener die Strickleiter am Baum befestigt und die ersten Kletterversuche überwacht.
2. Weisen Sie die Kinder unbedingt darauf hin, niemals den Kopf zwischen die Sprossen zu stecken; nur die Füße gehören hierher.
3. Es darf immer nur ein Kind auf einmal die Strickleiter benützen.
4. Die Leiter und der Ast, an dem sie hängt, müssen von einem Erwachsenen regelmäßig überprüft werden.

Kaufen Sie ein starkes Polypropylen-Seil, das unverrottbar ist. Bei solchen Seilen wird auch die maximale Belastbarkeit angegeben – 339 kg sind in unserem Fall erforderlich. Als Vorsichtsmaßnahme sollte die Strickleiter ab und zu von schweren Erwachsenen benützt werden.

3 Sägen Sie die Sprossen mit dem Fuchsschwanz zurecht. Beachten Sie den Schneidblock: Er beugt Beschädigungen der Arbeitsplatte vor und hilft, ruhig und gleichmäßig zu sägen.

4 A Markieren Sie die Bohrstellen an den Sprossen. Mit einem Streichmaß geht diese Arbeit flotter von der Hand. Dieses Werkzeug hat einen verstellbaren Anschlag und eine Reißnadel, mit der Sie einritzend markieren können.

B Stellen Sie das Streichmaß um und ritzen Sie die Mitte aller Sprossen ein.

C Ziehen Sie die Ritze mit dem Bleistift nach; der Kreuzungspunkt markiert die Bohrstelle.

5 A Der Einsatz einer Ständerbohrmaschine garantiert, dass alle Löcher genau senkrecht gebohrt werden. Das ist zwar nicht unerlässlich, bei vielen Bohrungen aber einfacher – und man erhält perfekte Löcher. Setzen Sie unbedingt einen Forstnerbohrer ein, da er die saubersten Löcher bohrt. Der Bohraufsatz sollte ca. 2 mm größer als das Seil sein, damit das Einfädeln nicht zum Problem wird.

B Sind alle Löcher gebohrt, spannen Sie die Sprossen in einer Schraubzwinge ein und hobeln Sie die Kanten ab, sodass eine ca. 3–4 mm breite Fase entsteht. Das ist eine Sicherheitsvorkehrung: Wenn jemand von dieser Leiter abrutscht, gibt es nur Schrammen, aber keine Schnitte.

6 Schneidet man ein Polypropylen-Seil durch, fransen die Enden sofort aus und es lässt sich nicht mehr durch die Löcher fädeln. Um das zu vermeiden, wickeln Sie Isolierband fest um das Seilende. Lassen Sie 2 mm frei, wickeln Sie ein zweites Stück Isolierband um das Seil und schneiden Sie das Seil dann an der freien Stelle mit einem Stanleymesser durch. So kann das Seil nicht mehr ausfransen. Sie müssen jetzt entscheiden, wie lange Ihre Strickleiter werden soll, und das Seil dementsprechend zurechtschneiden. Berechnen Sie ausreichend Überlänge für die Knoten und die Aufhängung der Strickleiter.

7 A Die abisolierten Enden erleichtern das Einfädeln des Seils durch die Löcher.

B Binden Sie auf der Unterseite der untersten Sprosse einen besonders dicken Knoten mit einem großzügig langen freien Ende, um das Seil zu sichern.

C Fädeln Sie die nächste Sprosse auf. Schneiden Sie sich einen Abstandshalter zurecht, um die Distanz zwischen den Sprossen nicht jedes Mal eigens abmessen zu müssen. Halten Sie den Stab zwischen die Sprossen, drücken Sie den Daumen auf das Seil und knüpfen Sie den nächsten Knoten.

8 Setzen Sie das Einfädeln der Sprossen und das Festknoten fort, bis Sie fertig sind. Nach der letzten Sprosse und dem letzten Knoten wird Ihre Leiter so aussehen.

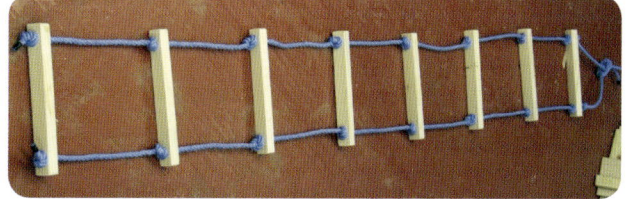

Modellbahn-anlage

Es kann keinen besseren Weg geben, Väter und Kinder zusammenzubringen, als durch den Bau einer Modelleisenbahn. Sie kann einfach oder komplex, groß oder klein, temporär oder permanent und ein lohnendes Hobby fürs Leben sein. Die anfänglichen Holzarbeiten dürften Sache des Vaters sein, aber wenn das erledigt ist, kann der richtige Spaß für alle beginnen – die Anlage planen, die Schienen verlegen, die Szenerie entwerfen und die Loks und Waggons auswählen. Die Möglichkeiten sind grenzenlos.

Wie fängt man an?

Gehen Sie mit Ihrer Familie zu einer Modelleisenbahn-Ausstellung. Dort gibt es immer viel zu sehen und zu tun, darunter Demonstrationen von Modellbautechniken durch Leute, die nichts lieber geben als gute Ratschläge. Man kann schöne Beispiele für große und kleine Anlagen sehen; es gibt Verkaufsstände für neue und gebrauchte Artikel aller Art, wie Lokomotiven, Waggons, Landschaften, Zubehör und informative Bücher. Das alles ist an sich schon ein angenehmer Kurzweil, halten Sie also Ausschau nach Ankündigungen in der Lokalpresse oder nach Plakaten, die auf Ausstellungen hinweisen. Vielleicht gibt es in Ihrer Nähe auch einen Verein, der sich nach neuen Mitgliedern umsieht.

Auch Modellbauläden sind einen Besuch wert. In vielen ist die Atmosphäre wie auf einer Ausstellung und die Angestellten sind ähnlich hilfsbereit. An Läden herrscht kein Mangel – blättern Sie einfach einschlägige Magazine durch (*Eisenbahn Magazin*, *Eisenbahn – Spielzeug, Modell, Vorbild*, *Eisenbahn-Journal*), in denen neben einer Fülle inspirierender und informativer Artikel auch Anzeigen der spezialisierten Läden zu finden sind. Natürlich ist auch das Internet eine Fundgrube: GartenBahn.de oder MIBA Online, ein Print- und Online-Magazin mit Händlerverzeichnis.

Diese erste Aufklärungsrunde sollte Ihnen zumindest einen Eindruck über die diversen Spurweiten verschaffen. Die meisten beginnen mit Spur H0 oder der kleineren N, wenn wenig Platz vorhanden ist. In beiden Spurweiten sind Modelle in großer Auswahl verfügbar. Die Grundlagen zu Maßstäben und Spurweiten (der Abstand der Innenseiten der Schienen voneinander) werden im Detail in den meisten Büchern zum Thema erklärt.

Nach der Wahl der Spur beginnen die meisten Modelleisenbahner mit einer ovalen Gleisanlage mit einem Abstellgleis. Der seit 150 Jahren im deutschsprachigen Raum führende Modelleisenbahn-Anbieter Märklin bietet „Startpackungen" ab € 140,– an. Dafür erhält man eine Lokomotive in Metallausführung, zwei Wagen, ca. 3 m Schienen, ein digitales Fahrgerät und einen Transformator. Ihre Kinder können praktisch auf der Stelle mit dem Erlebnis Modelleisenbahn beginnen! Es ist wichtig, die Züge vorrangig zum Laufen zu bringen, damit die Kinder bei der Stange bleiben, aber der weit größere Spaß kommt erst – besonders für Kinder, die gerne basteln und malen.

Grundplatten-Module

Jede Modellbahnanlage braucht eine Grundplatte, auf der sie steht – dadurch wird aus einer Spielzeugeisenbahn eine Modellbahnanlage.

Die Grundplatte aus Modulen zu errichten ermöglicht, die Anlage bescheiden zu beginnen und mit der nötigen Zeit und nach Maßgabe des Geldes zu erweitern. Ein bewährte Größe für Module ist 1,220 x 610 mm. Solche Module können dann so oft verbaut werden, wie es die Größe der Anlage verlangt.

Die hier erläuterten Prinzipien des Grundplattenbaus sind vielseitig: Die so gebauten Grundplatten können frei stehen, an einer Wand stehen oder Teil eines größeren modularen Systems sein, das man für den Transport oder zum Platz sparenden Verstauen demontieren kann.

Fangen Sie damit an, Ihre Kinder die Schienen nach ihrem Geschmack auslegen zu lassen, und messen Sie dann den Platzbedarf ab. Denken Sie daran, Raum außerhalb der Gleise für Landschaften und Ausgestaltung zu berücksichtigen.

Für den Rahmen hat sich 50 x 25 mm Kantholz bewährt. Die oberste Platte sollte aus 9 mm Sperrholz oder einer 12 mm MDF-Platte bestehen. Die MDF-Platte ist leichter zu bearbeiten, das Sperrholz sorgt für mehr Stabilität. In Selbstbauläden können Sie die Platten zwecks einfacherem Transport zuschneiden lassen, aber dieser Service ist nicht kostenlos. Sich in großen Baumärkten mit nicht zugeschnit-

Sie benötigen:

- Hammer
- Freispannsäge oder Fuchs-schwanz
- Schraubenzieher
- Bohrmaschine
- Maßband
- Winkeleisen
- Spitzbohrer
- Zwingen
- Schleifblock
- Stift
- Tragbare Werkbank

Materialien für die Grundplatte:

- 1 Sperrholz- oder MDF-Platte, zugeschnitten in der gewünschten Größe
- 3 St. 2.700 mm Kantholz (50 mm x 25 mm)
- 20 St. 38 mm No. 8 (4,2 mm) Stahl-Flachkopfholzschrauben
- 24 St. 25 mm No. 8 (4,2 mm) Stahl-Flachkopfholzschrauben
- Weißleim
- Koppelbare Verbindungsstifte (zwei Paare pro Verbindung)
- 75 St. 8 mm Sechskant-Schrauben zur Verbindung mehrerer Grundplatten
- Flügelmuttern und 38 mm Beilagscheiben (je zwei Sets pro Verbindung)
- 50 St. 5 mm Flachkopfschrauben für alle lösbaren Verbindungen
- 5 mm T-Nut-Muttern und 25 mm Beilag-scheiben für die lösbaren Verbindungen

Die speziellen Materialien für den Grundplattenbau finden Sie über Anzeigen in Modellbahnmagazinen oder in Fachgeschäften.

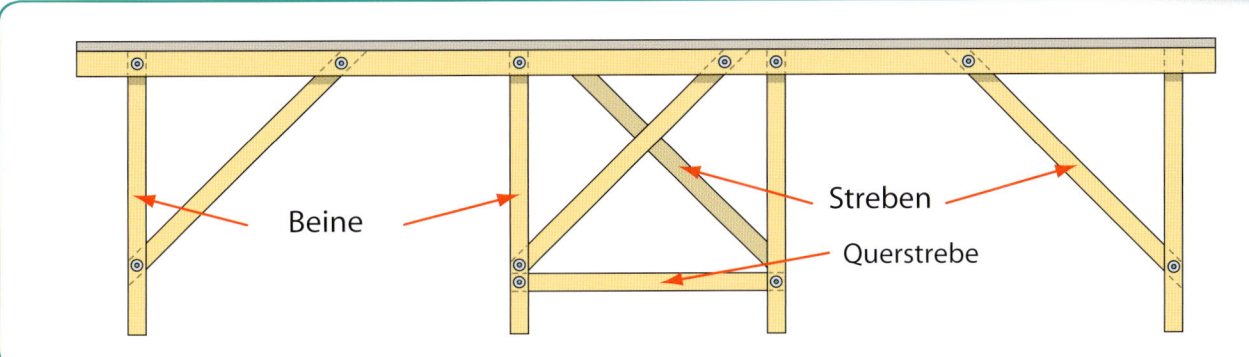

Beine

Streben

Querstrebe

tener Ware zu versorgen kann helfen, einiges an Kosten zu sparen.

Die Schritte zur Herstellung des Rahmens für die Grundplatte und des Rahmens für die Anbaumodule sind im Prinzip identisch, weshalb eine Schritt-für-Schritt-Anleitung nicht notwendig ist.

Für den Mittelteil der Grundplatte, der auch für sich allein stehen kann, ist hier ein steifer Rahmen vorgesehen. Zusätzliche Rahmen für Anbaumodule werden ‚huckepack' an die Zentraleinheit montiert, weshalb sie nur an einer Seite Beine brauchen. Das Schema auf der vorherigen Seite illustriert das Prinzip. Das System ermöglicht eine Vielzahl verschiedener Grundplatten-Konfigurationen.

Die Steifheit der Zentraleinheit verleiht dem ganzen Unterbau die Stabilität. Die Steckverbindungen zwischen dem Zentral- und den Anbaumodulen ermöglichen die einfache und rasche Demontage; das macht das System transportabel bzw. platzsparend verstaubar.

Verwenden Sie durchgehend geleimte und geschraubte Stoßverbindungen. Messen Sie die Materialien regelmäßig nach, da die Dimensionen von gehobeltem Holz verschiedener Anbieter erheblich variieren können.

Für Extra-Stabilität kann man bei den obersten Verbindungen zwei Sperrholz-Verstärkungen anbringen.

Die Beine der Anbaumodule, die dieselbe Breite wie die Rahmenkonstruktion aufweisen, werden mit einer Spezialverbindung aus Schrauben und T-Nut-Muttern an der Platte fixiert.

Alle Verbindungselemente der Rahmenkonstruktion bzw. der Verbindung von Rahmen und Platte sind identisch und werden mit Standard-Bauteilen ausgeführt.

Es gibt verschiedene Möglichkeiten, einen zerlegbaren Unterbau herzustellen; in unserem Fall werden 5 mm Flachkopfschrauben, kleine Beilagscheiben und passende T-Nut-Muttern verwendet. Die Zacken der Muttern halten sie im Holz fest und machen den Einsatz zusätzlicher Beilagscheiben und Flügelmuttern unnötig. Passen Sie die Teile genau lotrecht ins Holz ein, damit nichts verkantet.

Fixieren Sie die beiden Teile mit einer Zwinge und bohren sie durch beide ein Loch mit 6 mm. Auf 7 mm weiten falls nötig, um die T-Nut-Mutter unterzubringen.

Zuletzt muss man sich Gedanken über die Höhe der Grundplatte machen. Die genormte Küchen-Arbeitsflächenhöhe ermöglicht bequem das Basteln und Bedienen im Sitzen. Etwas höher angelegt wird die Sache jedoch optisch interessanter, weil es sich so der Augenhöhe der kleineren Familienmitglieder annähert – schießen Sie aber dabei nicht übers Ziel hinaus!

Gebäude und Landschaften

Nachdem die Grundplatte errichtet und die Schienen gelegt wurden wird es Zeit, die Anlage in ein Abbild des Ortes zu verwandeln, den Sie im Auge haben. Das kann die getreuliche Nachbildung einer wirklichen, zeitgenössischen oder historischen Szenerie sein, oder vollkommen der Fantasie entspringen. Von beidem gibt es viele Varianten, die dem Anlagenbauer genug Möglichkeiten zur Entfaltung lassen.

Einige fertige Gebäude, etwas Bahnschotter und z. B. etwas Grün, um die Platte abzudecken, machen sofort einen großen Unterschied. Dann gibt es Straßen, Flüsse, Felder und Bäume. Anregungen zuhauf finden sich in Modellbau-Magazinen! Die größeren Modelleisenbahn-Anbieter haben auch z. B. komplette Gebäude im Sortiment, passend zu den Maßstäben der Spuren H0 oder N.

Wenn Sie einen wirklichen Schauplatz nachbauen wollen, benötigen Sie gutes Referenzmaterial. Büchereien, Fotos, Magazine und das Internet sind hilfreich. Besuchen Sie z. B. einmal FREMO (www.fremo-net.eu), den Freundeskreis europäischer Modellbahner e. V.

Das Angebot an Modellbausätzen für die häufigsten Spurweiten H0 und N ist riesig, und für jene, die schnellere Resultate brauchen, werden auch immer mehr fertige Gebäude angeboten. Plastik ist und bleibt bei Kindern beliebt, doch auch Kartonbausätze werden angeboten.

Ob Sie eine bestehende Anlage mit Bäumen und Häusern ergänzen oder den Streckenverlauf mit einer Brücke verändern, ist egal – der Spaß besteht darin, sie mit den Kindern gemeinsam zusammenzubasteln. Achten Sie deshalb darauf, Ihr Kind nicht vor unlösbar komplexe Aufgaben zu stellen oder sich selbst mit allzu einfachen Bausätzen zu langweilen.

Ein guter Ausgangspunkt für die Reise in die Welt des Modellbahnbaus ist ein Besuch von www.hornby.de; unter dem Dach dieses Händlers sind Marken zu allem versammelt, was es in Sachen Modelleisenbahn gibt.

Für Plastik-Bausätze werden einige Werkzeuge benötigt – Skalpell, Feinsäge, Pinzette, Feinbohrer, ein Satz Nadelfeilen, Geodreieck und Schneidunterlage; das meiste davon können Sie aber jahrelang verwenden, die Erstinvestition zahlt sich aus.

Achten Sie auf gute Durchlüftung, wenn Kinder mit Plastikklebern arbeiten. Am besten trägt man den Kleber mit einem Pinsel auf, das ist exakter und sauberer. Eine Tube Sekundenkleber ist praktisch, wenn man Metall an Metall oder Plastik kleben möchte, Sie müssen sich aber sicher sein, dass Ihre Kinder wissen, wie man mit Cyanacrylat-Klebstoffen umzugehen hat.

Auch wenn es schwierig ist: Versuchen Sie Ihre Kinder dazu anzuhalten, sich für die Modellbausätze viel Zeit zu lassen. Das sorgfältige Zusammenbauen macht viel Spaß und die Ergebnisse sind weitaus besser als bei eilig zusammengebauten Teilen. Achten Sie auf die Einhaltung aller Sicherheitsregeln im Umgang mit Schneidwerkzeugen, Klebstoffen und Lösemitteln.

Die Bausatzteile sollten auf der Schneidunterlage ausgebreitet werden. Feilen oder schneiden Sie Grate sorgfältig ab und setzen Sie alles zunächst ‚trocken' zusammen. Erfahrungsgemäß ist es oft ratsam, die kleinsten Teile anzumalen, bevor man sie aus der Gussform bricht.

Vor dem Kleben hält man die Teile fest zusammen. Dann trägt man mit einem Pinsel eine kleine Menge Klebstoff auf die nicht sichtbare Verbindungsstelle auf; er wird durch Kapillarwirkung eingezogen. Nach wenigen Sekunden ist die Stelle verschweißt. Am Ende einer Klebe-Session den Pinsel mit Lösemittel reinigen.

Bemalen

Die Bausatzteile aus Plastik genügen in der Regel ihrem Zweck. Der Plastikglanz und die unrealistisch perfekten Oberflächen können aber auf Dauer störend sein. Die Lösung besteht im Bemalen mit matten Farben bzw. im ‚Altern' (siehe rechte Seite). Dabei können die Kinder sich eifrig mit dem Pinsel beteiligen.

Man benötigt eine Grundausstattung: feine, rundspitzige Marderhaarpinsel für Detailarbeiten in den Größen 000 bis 1 und Pinsel mit breiterem Kopf der Größen 0–2 für größere Flächen. Acrylfarben, auch Reste von Autolack eignen sich als Grundierung am besten. Verwenden Sie Weiß, Grau, Rostrot oder Schwarz, abhängig davon, welche Farbe am ehesten der Farbe des fertigen Modells entspricht. Eine sehr dünne Grundierung ist ausreichend.

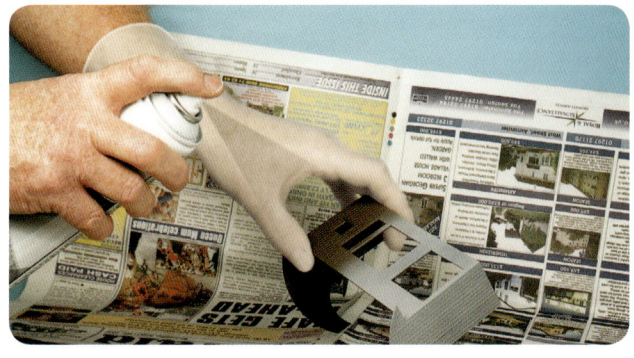

Matte Emailfarbe kann in sehr kleinen Tiegeln gekauft werden, die praktisch aufzubewahren sind und genug Farbe für eine Reihe kleiner Modelle enthalten. Mehrere Schichten verdünnter Farbe ergeben ein besseres Resultat, weil unverdünnte Farbe schlechter auf die oft winzigen, komplexen Details aufzutragen ist. Verwenden Sie einen passenden Verdünner und denken Sie an die ausreichende Belüftung des Arbeitsplatzes.

Achten Sie darauf, dass die Kinder das Bemalen nicht übereilen, und lassen Sie jede Schicht gut trocknen, bevor Sie die nächste auftragen. Wenn Sie auf eine noch feuchte Schicht malen, ziehen Sie sie mit dem Pinsel wieder ab!

Am besten beginnt man mit den hellen Farben und setzt falls nötig Abdeckband ein. Die kleinsten Ecken und Details sind als Erstes dran, dann die größeren Flächen.

Altern? Was ist das?

Nach dem Auftragen der Emailfarben sehen die Modelle ein bisschen zu gut aus, um wahr zu sein. Keine der Witterung ausgesetzte Oberfläche ist in der Wirklichkeit perfekt. Dächer sind von Vogelkot verschmutzt, Mauern haben unebene Stellen und die Farben müssen dem Wetter Tribut zollen. Viele Modellbauer ‚verschlechtern' deshalb gerne ihre neu glänzenden Modelle, um sie realistischer zu machen; das nennt man ‚altern'. Das Prinzip ist wirklich einfach.

Verwenden Sie matte Plastikfarben in Grau und Braun, um die Schäden durch die Umweltverschmutzung, die Industrie und die Verwitterung nachzumachen; praktisch jede stumpfe Farbe eignet sich für den gewünschten Effekt. Schütten Sie die oben auf den Farben schwimmende, ölige Flüssigkeit vor dem Verdünnen fast zur Gänze weg. Beim Auftragen muss der Pinsel fast trocken sein, wischen Sie daher die meiste Farbe in ein Papier und probieren Sie den ganzen Vorgang zunächst an einer uneinsehbaren Stelle aus. Malen Sie abwärts, so wie der Regen den Schmutz nach unten wäscht. Lokal begrenztere Bemoosung stellt man mit gelber und grüner Farbe und einem feineren Pinsel dar. Ermuntern Sie Ihre Kinder, sich echte Gebäude anzusehen, um eine realistische Vorstellung von den Verwitterungsfolgen zu bekommen.

Variationen dieser Technik können für ländliche, industrielle und Bahnnebengebäude verwendet werden, z. B. für Schmauchspuren über Tunneleinfahrten oder die weißlichen Rückstände von Zementwerken. ‚Betonkrebs' oder dunkle Rostflecken sind weitere Möglichkeiten. Ihre Kinder werden mit Begeisterung an Plastikabfall die besten Alterungseffekte üben! Vielleicht opfern Sie sogar einen billigen Bausatz nur für diese Experimente.

Worauf warten Sie denn noch?

Wie Sie sehen, bieten Modellbahnanlagen unendlich viele Möglichkeiten, die über das Züge-im-Kreis-fahren-Lassen hinausgehen.

Modellbahn Anlagenplanung: Der richtige Weg zur vorbildgetreuen Modellbahn von Joachim M. Hill ist eine von vielen Publikationen, aus denen sich zu diesem unerschöpflichen Thema noch viel mehr erfahren lässt. Vergessen Sie aber bei Ihren Modellbau-Höhenflügen nicht auf die Grundlagen: die Schienen müssen ordnungsgemäß verlegt und die Verkabelung perfekt sein, damit die Anlage über Jahre problemlos funktionieren und Freude bereiten kann. Nehmen Sie im Zweifelsfall (oder auch weils ohnedies netter ist) mit Ihrem lokalen Modelleisenbahn-Verein Kontakt auf und lernen Sie u. a. alles über DCC (Digital Command Control), den modernen Steuerungsstandard für Modelleisenbahnen.

Wie funktioniert das?

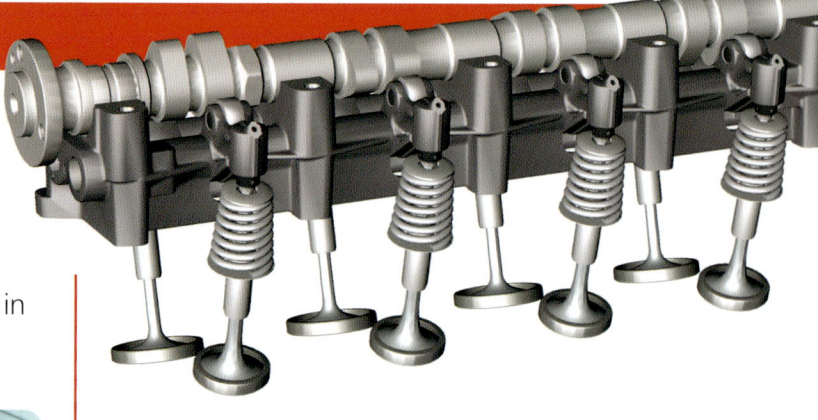

Automotor

Ein Automotor ist im Grunde eine simple Maschine, die chemische Energie (des Treibstoffs) in mechanische Bewegungs-Energie umwandelt.

Der Motor besteht aus einer Anzahl von Zylindern – zwischen 2 (recht selten) und 16 (die fortschrittlichsten Hochleistungs-Motoren). Die häufigste Zahl bei gewöhnlichen Autos ist vier. Jeder Zylinder enthält einen Kolben und ist mit einem Zylinderkopf verschlossen. Die Zylinder sind im Zylinderblock, der größten Einzelkomponente des Motors.

In den Zylinderköpfen sind Ein- und Auslassventile montiert. Die Ventile lassen das Luft-Benzin-Gemisch in die Zylinder und die Abgase ins Abgassystem. Das Öffnen und Schließen der Ventile übernimmt die Nockenwelle, die von der Kurbelwelle über eine Pleuelstange betrieben wird.

Damit der Treibstoff verbrennen kann, muss er mit Luft vermischt werden. Die Verbrennung erfolgt in der Brennkammer oben im Zylinder. Die Vermischung von Luft und Treibstoff wird entweder im Ansaugtrakt oder direkt in der Brennkammer durchgeführt.

Fast alle PKW-Motoren (Diesel und Benzin), die nach 1990 gebaut wurden, verwenden jedoch heute eine Benzineinspritzung, was bedeutet, dass der Treibstoff mit Druck

Oben: Eine Nockenwelle mit Ventilen beim Ford. Wenn sich die Nockenwelle dreht, drückt sie auf Hebel, die die Ventile gegen den Druck der Federn öffnen, welche sie normalerweise schließen.

in die Motoren gepresst wird. Der Treibstoff wird entweder in den Ansaugtrakt gespritzt, wo er mit Luft vermischt wird, oder direkt in die Brennkammer; dann spricht man von Benzindirekteinspritzung.

Bewegt sich der Kolben im Zylinder nach oben, komprimiert er das Treibstoff-Luft-Gemisch. Wird das Gemisch entzündet, wird der Kolben durch die im Zuge der Verbrennung expandierenden Gase sehr schnell nach unten gedrückt. Am Boden jedes Zylinders ist eine Pleuelstange angebracht, die mit der Kurbelwelle verbunden ist. Die vertikale Bewegung (der Hub) des Kolbens wird durch diese Vorrichtung in die kreisförmige Bewegung der Kurbelwelle umgewandelt. Die Kurbelwelle überträgt die gesamte Energie aus dem Motor auf das Getriebe, das die Räder des Wagens antreibt.

Die meisten Ottomotoren sind Viertakter; das bedeutet, dass jeder Kolben sich zweimal noch oben und zweimal nach unten bewegt, um einen Kraftimpuls zu produzieren.

Links: Schnitt eines 1,8 Liter Motors. (Ford)

Unten: Das Treibstoff-Luft-Gemisch entsteht in der Brennkammer und wird in einem Benzinmotor mit der Zündkerze entzündet. (Ford)

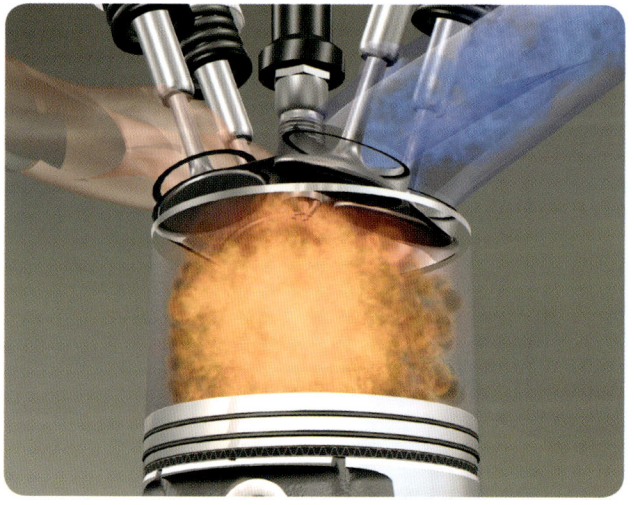

Verschiedene Systeme sorgen dafür, dass der Motor ruhig läuft, darunter die Motorschmierung, die Kühlung und die Motorsteuerung.

Motorschmierung

Motoren brauchen Schmierung, um die Reibung zwischen den beweglichen Teilen zu vermindern und zur Kühlung beizutragen.

Bei ausgeschaltetem Motor befindet sich das Öl in der Ölwanne unter dem Zylinderblock. Läuft der Motor, wird das Öl von hier aus zu allen beweglichen Teilen gepumpt. Dabei passiert es den Ölfilter, der kleine Schmutzpartikel herausfiltert. Dieser Filter verstopft nach einer gewissen Zeit, weshalb er bei jedem Ölwechsel ebenfalls erneuert werden muss.

Kühlung

Die Kühlung verhindert das Überhitzen des Motors und hält ihn stets auf der idealen Betriebstemperatur.

Die Kühlflüssigkeit wird von einer Wasserpumpe um den Motor gepumpt und nimmt im Vorbeifließen die Motorabwärme auf. Die heiße Kühlflüssigkeit gelangt zum Kühler (zwischen den Scheinwerfern), wo sie vom eindringenden Fahrtwind gekühlt wird.

Motorsteuerung

Eine moderne Motorsteuerung (auch Engine Control Unit oder ECU) ist ein eigens entwickelter Computer (Steuergerät), der die Steuerung der Zündung, der elektronischen Einspritzanlagen und des Abgassystems übernimmt, indem er alle Funktionen über Sensoren permanent überwacht, diese Informationen verarbeitet und entsprechende Signale an alle wichtigen Systeme aussendet.

Der Viertakter

Die vier Takte in einem Viertaktmotor sind:

1 Ansaugen – der Kolben bewegt sich abwärts und saugt das Treibstoff-Luft-Gemisch in den Zylinder.

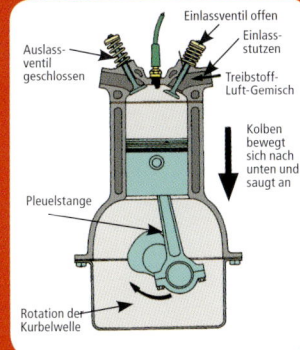

2 Verdichten – der Kolben geht hoch, die Ventile sind geschlossen; das Gemisch wird komprimiert und schließlich entzündet (durch eine Zündkerze in Benzinmotoren, durch Hitze und Druck in Dieselmotoren).

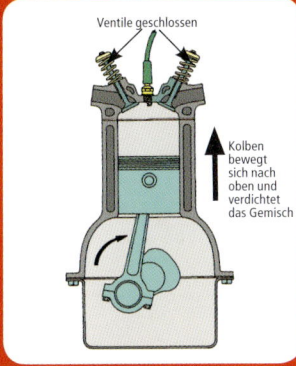

3 Arbeitstakt – von der Kraft der kontrollierten Explosion wird der Kolben nach unten gedrückt, weil die Gase sich ausdehnen.

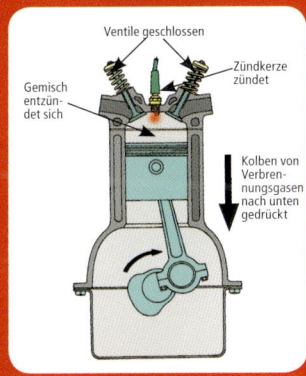

4 Ausstoßen – durch den Impuls beim Arbeitstakt bewegt sich der Kolben wieder hoch. Die verbrannten Gase werden durch das offene Auslassventil ausgestoßen. Nun beginnt der Kreislauf von vorne mit Takt 1, ansaugen.

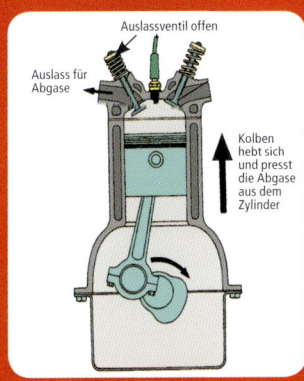

Flugzeug

Flugzeuge fliegen, indem sie die Naturkräfte für sich einspannen. Sehen wir uns das an.

Vier Kräfte wirken auf ein Flugzeug ein:

Die vier Kräfte, die im Flug auf ein Flugzeug wirken:

AUFTRIEB

WIDERSTAND

SCHWERKRAFT

VORTRIEB

- Schwerkraft – das Gewicht des Flugzeugs.
- Auftrieb – eine aerodynamische Kraft, die durch die unterschiedliche Geschwindigkeit der Luftströmung ober- und unterhalb der Tragflächen entsteht.
- Widerstand – abhängig von der Form des Flugzeugs muss ein unterschiedlich großer Luftwiderstand überwunden werden.
- Vortrieb – durch Propeller oder Düsenantrieb.

Auftrieb und Widerstand sind aerodynamische Kräfte, weil sie durch die Bewegung des Flugzeugs durch die Luft entstehen.

Die vier Kräfte bilden Gegensatzpaare – Auftrieb vs. Schwerkraft und Vortrieb vs. Widerstand. Damit das Flugzeug fliegen kann, müssen diese Kräfte kontrolliert werden. Beim Start muss der Vortrieb den Widerstand überwinden, damit sich das Flugzeug vorwärts bewegt, und der Auftrieb muss größer als das Gewicht werden, damit ein Abheben möglich wird. Fliegt ein Flugzeug mit konstanter Geschwindigkeit, geradeaus und waagrecht, sind alle Kräfte im Gleichgewicht. Die Landung erfordert die umgekehrten Verhältnisse wie der Start.

Schwerkraft, Widerstand und Vortrieb sind leicht zu verstehen, nur der Auftrieb braucht eine Erklärung. Er wird von den Tragflächen erzeugt. Für eine praktische Demonstration halten Sie ein Stück Papier vor sich (die Hand unterm Kinn) und blasen Sie darüber: es hebt sich in die Höhe. Auch wenn Sie eine Büroklammer anstecken, hebt es sich – je fester Sie pusten, desto mehr Büroklammern (Gewicht) am Papier werden hochgehoben. Zieht man das Blatt durch die Luft, wird derselbe Effekt erzielt.

Das physikalische Prinzip dahinter wurde Mitte des 18. Jahrhunderts von dem Schweizer Forscher Daniel Bernoulli erstmals beschrieben. Bernoulli entdeckte, dass eine Erhöhung der Fließgeschwindigkeit von Fluiden mit einer Verringerung des Drucks einhergeht. Bläst man über ein Blatt, erhöht sich das Tempo des Luftflusses auf der Oberseite; damit verringert sich oben der Druck und der auf der Unterseite nunmehr höhere Druck hebt das Blatt hoch. Genauso funktioniert eine Tragfläche.

Im Diagramm unten sieht man es genau: Die auf die Tragfläche stoßende Luft wird in zwei Ströme aufgeteilt. Aufgrund des Profils der Tragfläche ist der Weg der Luft oben länger als unten; sie muss schneller fließen, um gleichzeitig mit dem unteren Luftstrom ans Ende der Tragfläche zu gelangen. Der Luftdruck wird (Bernoulli-Effekt!) oben geringer als unten: Auftrieb entsteht.

Flugzeuge fliegen, weil sie Tragflächen haben, die genügend Auftrieb erzeugen, um ihr Gewicht zu überwinden.

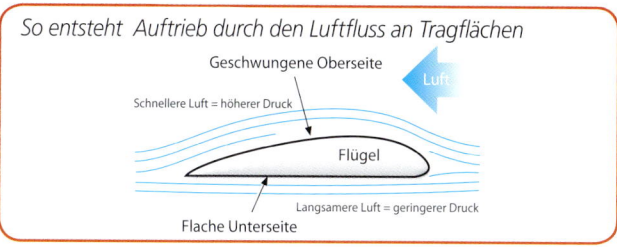

So entsteht Auftrieb durch den Luftfluss an Tragflächen

Geschwungene Oberseite
Luft
Schnellere Luft = höherer Druck
Flügel
Langsamere Luft = geringerer Druck
Flache Unterseite

Steuerung eines Flugzeugs

Flugzeuge ändern ihre Flugrichtung durch Rotation um ein bis drei Achsen:

- Querachse – von Flügelspitze zu Flügelspitze; die Bewegung um diese Achse wird ,Nicken' genannt.

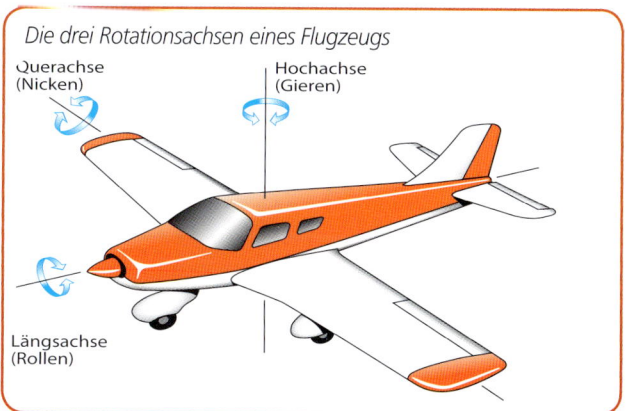

Die drei Rotationsachsen eines Flugzeugs

Querachse (Nicken)
Hochachse (Gieren)
Längsachse (Rollen)

Hochachse – vertikal durch den Rumpf des Flugzeugs; die Bewegung um diese Achse heißt ,gieren'.
- Längsachse – vom Bug zum Heck; um diese Achse ,rollt' ein Flugzeug.

Ein Pilot steuert ein Flugzeug mit dem Steuerknüppel (Steuerhorn, Sidestick) und den Seitenruderpedalen. Er spricht damit bewegliche Teile an: Seiten-, Höhen-, Quer- und Trimmruder:

- Das Nicken um die Querachse wird vom Höhenruder am Heckleitwerk gesteuert.

Steuerungselemente eines Flugzeugs

Querruder
Höhenruder
Seitenruder
Schwanzfläche
Höhenruder
Trimmruder
Querruder

- Das Gieren ist Sache des Seitenruders an der senkrechten Flosse des Heckleitwerks.
- Gerollt wird mittels der Querruder an den Tragflächen.

Zieht der Pilot den Steuerknüppel zu sich, stellt sich das Höhenruder auf und das Flugzeug steigt. Drückt er das Steuer nach vorne, passiert das Gegenteil: Sinkflug.

Querruder sind üblicherweise Klappen an den Tragflächen, die gleichzeitig und entgegengesetzt bewegt werden. Drückt ein Pilot den Steuerknüppel nach links, hebt sich das linke Querruder (verringerter Auftrieb) und das rechte senkt sich (erhöhter Auftrieb). So entsteht eine Rollbewegung um die Längsachse, in diesem Beispiel nach links.

Drückt der Pilot auf das linke Seitenruderpedal, bewegt sich das Seitenruder nach links, was das Flugzeug zum Gieren in diese Richtung veranlasst. Wird das rechte Pedal betätigt, giert das Flugzeug nach rechts.

Um ein Flugzeug zu wenden, muss der Pilot die Querruder mit dem Steuerknüppel und das Seitenruder gleichzeitig bedienen. Nur so bleiben die Kräfte in Balance und die Kurve kann gelingen.

Und so fliegt ein Flugzeug!

Elektrizität

Elektrizität ist der Fluss winziger Teilchen, der Elektronen. Elektronen gehören zu den Bestandteilen von Atomen. Sie sind unvorstellbar winzig: Damit eine Taschenlampe eine Sekunde lang Licht abgibt, braucht es den Fluss von etwa einer Million mal einer Million mal einer Million Elektronen!

Bevor wir den Fluss der Elektronen erklären können, müssen Sie ein wenig über den Aufbau von Molekülen und Atomen wissen. Moleküle sind die Grundbausteine der Materie und bestehen aus zwei oder mehr miteinander verbundenen Atomen. Ein einzelnes Atom hat einen ‚Kern' (oder Nukleus, in der Mitte), der von einer Anzahl von Elektronen umkreist wird – wäre unser Sonnensystem ein Atom, entspräche die Sonne dem Kern und die Planeten den umkreisenden Elektronen.

LINKS: Elektronen umkreisen den Kern eines Atoms.

Alle Stoffe sind entweder ‚Leiter' oder ‚Isolatoren' – Leiter gestatten den Durchfluss von Elektrizität, Isolatoren nicht. Die besten Leiter sind die Metalle; sie leiten Elektrizität, weil die äußeren Elektronen sich in einem atomaren oder molekularen Verbund von Metallatomen frei von einem Teilchen zum nächsten bewegen können. Diese Elektronen werden ‚freie' Elektronen genannt; sie machen der Elektrizität den Durchfluss durch das Metall leicht, weil sie die elektrische Energie von einem Atom zum nächsten transportieren.

Elektrizität fließt also gut durch Metalle, aber damit das passiert, braucht es etwas, das diesen Fluss von einem Punkt zum anderen überhaupt einmal auslöst. Die einfachste Methode dafür besteht im Einsatz eines ‚Generators'. Der nützt den Zusammenhang zwischen Magnetismus und Elektrizität, um den Elektronenfluss in Gang zu bringen; wir müssen also jetzt ein wenig über Elektrizität und Magnetismus erklären, um zu verstehen, wie ein Generator funktioniert.

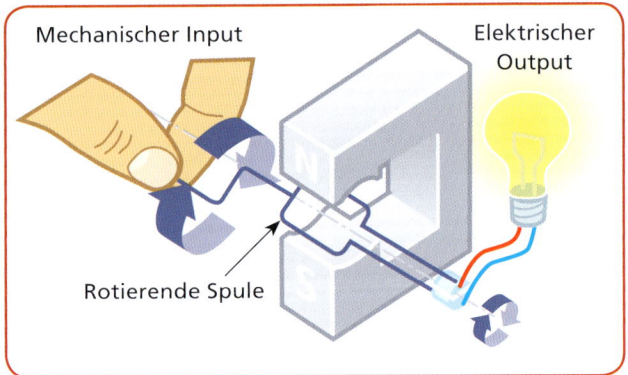

Mechanischer Input — Elektrischer Output

Rotierende Spule

Wenn Elektrizität durch einen Draht fließt, entsteht rund um den Draht ein Magnetfeld. Analog dazu erzeugt ein Magnet, wenn er nahe einem Draht bewegt wird, einen Elektronenfluss im Draht. Ein Generator ist ein Apparat mit einem nahe bei einem Draht rotierenden Magneten, wodurch ein steter Strom von Elektronen im Draht entsteht. Ein Generator ‚pumpt' Elektrizität durch den Leiter wie eine Pumpe Wasser durch einen Schlauch – mit einem bestimmten Druck und einer bestimmten Wassermenge. Ein Generator kann ebenfalls eine bestimmte Menge an Elektrizität befördern (die in ‚Ampere' gemessene ‚Stromstärke'), aber auch mit einem bestimmten ‚Druck pumpen' (die in ‚Volt' gemessene ‚Spannung').

Batterien stellen eine weitere Möglichkeit dar, Elektrizität in Bewegung zu bringen. Batterien nützen eine chemische Reaktion, um einen Elektronenfluss anzuregen; die Elektronen müssen vom negativen zum positiven Pol fließen, damit die Reaktion erfolgen kann. Das bedeutet, dass Batterien nur dann einen Fluss von Elektronen erzeugen, wenn die Pole in einem Stromkreis miteinander verbunden sind.

Unabhängig davon, wie die Elektrizität produziert wird, muss die Stromquelle (Generator, Batterie) immer zwei Pole, einen positiven und einen negativen, haben, und die Elektronen werden immer vom negativen Pol durch einen Draht oder einen Stromkreis zurück zum positiven Pol fließen.

An einen Stromkreis kann man eine ‚Last' anschließen; diese ‚Stromsenke' (im Gegensatz zur Quelle) kann jede Art von Stromverbraucher sein, eine Lichtquelle, ein Fernseher, ein Herd, ein Kühlschrank usw.

Da Sie nun also wissen, woher die Elektrizität kommt und

wie ihr Fluss entsteht, lassen Sie uns ihrem Lauf vom Kraftwerk bis zu Ihrem Zuhause folgen.

In Kraftwerken wird Strom durch Generatoren erzeugt, die im Prinzip so funktionieren wie eben beschrieben. In den meisten Kraftwerken werden die Generatoren entweder von wasser- oder dampfbetriebenen Turbinen in Gang gehalten, in jüngerer Zeit sind auch von Windkraft betriebene Generatoren immer häufiger anzutreffen. Die Dampfturbinen gehören zu den Dinosaurier-Systemen: Kohle-, Öl- und Atomkraftwerke.

Der Strom fließt in jedem Fall zu einem ‚Transformator', wo die vom Generator bereitgestellte Spannung in Hochspannung umgewandelt wird, damit der Strom über große Entfernungen fließen kann. Dann wird er über dicke Hochspannungsleitungen ins Stromnetz eingespeist. Wenn der Strom zu einem Ort gelangt, fließt er wieder durch einen Transformator, der die Hochspannung auf das in Haushalten übliche Maß bringt. Dann geht es durch weitere Drähte zu Wohnungen, Büros und Geschäften, wo der Strom seine Magie zeigt – jedes Mal, wenn wir einen Schalter umlegen.

OBEN LINKS: Alte Kohlekraftwerke sind furchtbare Luftverschmutzer.

LINKS: Aber erneuerbare Energieformen wie z. B. Windkraftanlagen sind weitaus freundlicher zur Umwelt.

RECHTS: Hochspannungsmasten für den Stromtransport über große Distanzen.

UNTEN: Typische Transformatorenanlage eines Kraftwerks.

Telefon

Telefone sind erstaunlich simple Apparate aus ganz wenigen Bauteilen.

Ein gewöhnliches Telefon besteht aus folgenden Teilen:

- Mikrofon – wandelt die Schallwellen der Stimme in elektrische Signale um.
- Lautsprecher – wandelt die elektrischen Signale von einem anderen Telefon wieder in Schallwellen um.
- Gabelumschalter – verbindet (analoge) Telefone mit dem Fernsprechnetz.
- Schwingspule – Antriebseinheit der Schallwandler.
- Tastenfeld und Mehrfrequenzgeneratoren – für elektrische Signalerzeugung beim Wählen einer Nummer.
- Klingelsignalgeber (Glocke oder elektronischer Schaltkreis) – teilt Ihnen mit, dass Sie angerufen werden.

Wenn Sie den Hörer abnehmen, verbindet Sie der Gabelumschalter mit der Vermittlungsstelle. Wenn Sie eine Nummer wählen, erzeugen die Wähltasten eine dazu passende Reihe elektrischer Impulse. In der Vermittlungsstelle werden diese Impule elektronisch gelesen und ausgewertet, um den Anruf mit der gewünschten Nummer verbinden zu können. Dieses ‚Routen' kann auch andere nationale und internationale Vermittlungsstellen verbinden und über Kabel, Glasfaserkabel, Radiowellen oder Satelliten erfolgen.

Die Vermittlungsstelle sendet ein Signal zum Angerufenen, dessen Telefon daraufhin läutet. Wird abgehoben, stellt das Netzwerk eine Verbindung her und das Telefonat kann beginnen.

Sehen wir uns nun an, wie ein Telefon Ihre Stimme durch die Leitung zu einem anderen Telefon trägt. Wenn Sie ins Mikrofon Ihres Telefons sprechen, werden die Schallwellen in elektrische Signale umgewandelt. Im Mikro ist eine dünne Metallmembran eingebaut, die mit den auftreffenden Schallwellen vibriert. Unter der Membran ist ein kleiner Behälter mit Kohlegranulat. Ein lauter Klang bewegt die Membran stark und die Partikel werden stark zusammengepresst; leisere Klänge üben weniger Druck aus. Die Partikel stehen unter Spannung – aus der Telefonleitung oder von einer Batterie im Telefon –, damit Strom fließen kann. Die Stärke des Stromflusses hängt davon ab, wie dicht die Kohlepartikel gepresst sind – je dichter (lauterer Klang), desto mehr; die Stromstärke, die durch die Telefonleitung ins Netz vermittelt wird, verändert sich daher beim Sprechen ständig. Diese laufend unterschiedlichen Signale werden durch die verschiedenen Übertragungswege und Vermittlungsstellen bis zum Telefon des Angerufenen gebracht.

Wenn die Signale das Telefon, das Sie anrufen, errei-

Die wichtigsten Bestandteile eines Telefons

Lautsprecher

Tastenfeld und Mehrfrequenzgenerator

Klingelsignalgeber

zur Steckdose

Mikrofon

Schwingspule

Gabelumschalter

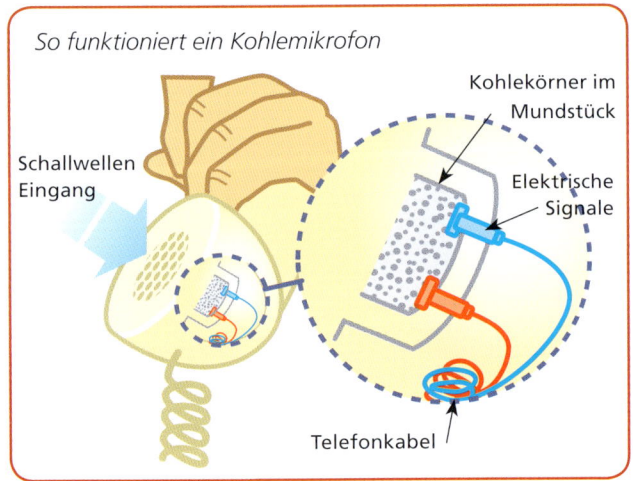

So funktioniert ein Kohlemikrofon

Kohlekörner im Mundstück

Schallwellen Eingang

Elektrische Signale

Telefonkabel

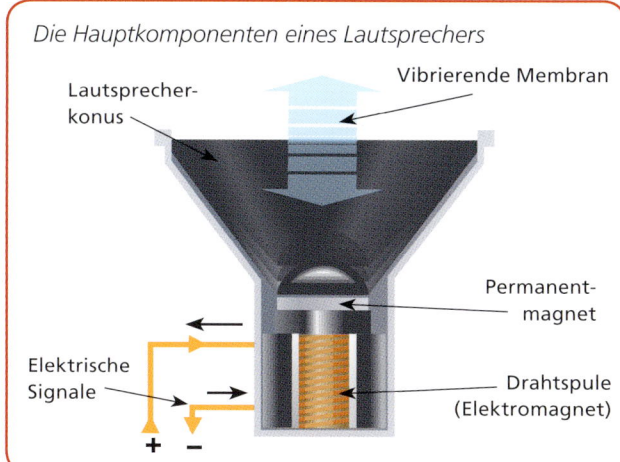

Die Hauptkomponenten eines Lautsprechers

Lautsprecher-konus

Vibrierende Membran

Permanent-magnet

Elektrische Signale

Drahtspule (Elektromagnet)

+ −

Mobil-telefonie

Handys sind tragbare Telefone, die über Funk und daher ortsunabhängig mit dem Telefonnetz kommunizieren.

chen, fließen Sie durch einen Elektromagneten im Lautsprecher und erzeugen ein Magnetfeld, das an einer dünnen Metallscheibe zieht (eine weitere Membran). Wie viel die Membran sich bewegt, hängt von der Stromstärke ab, die durch den Elektromagneten gelangt. Auf jeden Fall bewegt die Membran auch die Luft, die sie umgibt, und erzeugt auf diese Art Schallwellen. Die Bewegung der Membran verwandelt die elektrischen Signale wieder zurück in Schallwellen, die mit denen, die am anderen Ende der Leitung ins Mikrofon gelangt sein, beinahe identisch sind. Weil die elektrischen Signale extrem schnell unterwegs sind, können Sie sich mit der Person am anderen Telefon unterhalten, als hielten Sie sich beide im selben Raum auf.

Schnurlostelefon

Ein Schnurlostelefon verwendet Radiosignale; im Telefonhörer sind ein Sender und ein Empfänger eingebaut. Das System funktioniert genau wie ein normales Telefon, nur dass alle elektrischen Signale in Radiosignale umgewandelt und an eine Basisstation gesendet werden. Diese verfügt ebenfalls über Sender und Empfänger und ist mit der Telefonleitung verbunden. Die Basiseinheit verbindet den Mobilteil mit dem Telefonnetz und ermöglicht es, Gespräche zu führen – solange man sich in Reichweite der Basisstation befindet. Die Reichweite ist vom Gerät und der Anzahl an Hindernissen abhängig.

Das Telefon sendet seine Signale zum nächstgelegenen Mobilfunkmasten, in dem sich eine kleine Radiostation befindet. Es gibt unzählige Mobilfunkmasten, um ein möglichst flächendeckendes Netz zu unterhalten: Mobiltelefonie ist nur möglich, wenn das Handysignal einen der Masten erreichen kann. Geschieht das, wird Ihr Signal an die Vermittlungsstelle Ihres Anbieters weitergeleitet. Diese ist mit dem übrigen Mobilfunknetz und auch mit dem leitungsgebundenen Festnetz verbunden. ‚Ihr' Mast kann während eines Gesprächs wechseln – wenn Sie sich bewegen und ein anderer Mast der nächstgelegene wird.

Radio

Der von Radios erzeugte Klang wird von unsichtbaren Wellen durch die Luft transportiert. Wir sind ständig von Tausenden von Radiowellen umgeben, und da sich diese mit Lichtgeschwindigkeit fortpflanzen, vergeht zwischen dem Senden und Empfangen praktisch keine Zeit. Radiowellen können eine Vielzahl von Informationen übermitteln, z. B. Klang, TV-Bilder und die Signale von Satellitennavigationssystemen und Funkfernsteuerungen.

Radiosysteme wandeln Signale (wie Klang oder TV-Bilder) in elektrische Signale um. Diese Signale kontrollieren eine Radiowelle, die durch das kontinuierliche Verändern eines Stromflusses in einem Kabel erzeugt wird. Dabei entsteht eine ‚Sinuswelle‘, eine gleichmäßig schwingende Welle. Wird die Sinuswelle durch eine Leitung geschickt, entsteht eine Radiowelle, die über eine Funkantenne (z. B. der einer Radiostation) durch die Luft oder sogar ins Weltall gesendet werden kann.

Die Sinuswelle ist ein Trägersignal, das selbst keine Information enthält. Das lässt sich aber durch eine sogenannte ‚Modulation‘ ändern. Dies kann auf drei Arten geschehen:

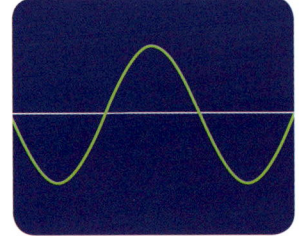

Pulsmodulation

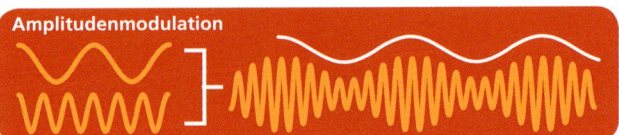

■ Eine Pulsmodulation (PM) verändert die Trägerwelle durch einfaches Ein- und Ausschalten. Dieses System wird z. B. zur Übertragung von Morsezeichen – wie beim ersten transatlantischen Radiosignal 1901 – verwendet.

Amplitudenmodulation

■ Die Amplitudenmodulation (AM) verändert die ‚Amplitude‘ (die Höhe) der Trägerwelle und hängt von der Spannung ab, mit der die Welle erzeugt wurde. AM wird von Mittelwelleradiostationen und zur Übertragung von TV-Signalen verwendet.

Frequenzmodulation

■ Frequenzmodulation (FM) verändert die ‚Frequenz‘ der Sinuswelle. Die Frequenz einer Welle bezieht sich auf den Abstand zwischen den Wellenbergen. Kleine Abstände bedeuten eine hohe Frequenz, größere eine niedrigere. FM wird für UKW-Radio, TV-Audiosignale und die Mobiltelefonie eingesetzt.

Die Information, die man übertragen möchte (Sprache, Musik usw.), wird also zum Modulieren der Trägerwelle verwendet, und wenn diese Welle in die Atmosphäre geschickt wird, überträgt sie dabei die Information. Die Aufgabe, die Information in elektrische Signale umzuwandeln, mit denen das Trägersignal moduliert werden kann, und das Abschicken der Welle übernimmt der ‚Sender‘.

Um die auf die Trägerwelle aufmodulierte Information verstehen zu können, braucht man einen ‚Empfänger‘. Radios und Fernseher sind Empfänger, Handys Sender und Empfänger.

Ein Empfänger verfügt über eine Antenne, mit der er Radiowellen in der Luft finden kann. Weil zu jeder Zeit tausende Radiowellen vorhanden sind, werden die von der Antenne aufgefangenen Wellen an einen ‚Tuner' (‚Einsteller') geschickt, der das erwünschte von allen anderen Signalen trennt. Wenn Sie sich ein Programm im Radio anhören, ist Ihr Radio auf den Sender eingestellt, den Sie hören wollen. Die Radiostation sendet auf einer ganz bestimmten Frequenz; indem Sie den Radioempfang einstellen (‚tunen') sagen Sie dem Tuner, welche Frequenz er durchlassen soll (und dass er alle anderen ignorieren soll). Der Tuner schickt das Signal weiter zum ‚Detektor', der die Information auf der Trägerwelle wieder in elektrische Signale umwandelt. Das elektrische Signal landet beim Verstärker und gelangt von dort zum Lautsprecher.

Weil so viele Geräte Radiowellen verwenden und ständig zigtausende Radiowellen unterwegs sind, müssen sich alle Signale voneinander unterscheiden, damit es keine Verwirrung und kein Dazwischenfunken geben kann. Deshalb hat jedes Signal eine eigene ‚Frequenz' (der Abstand

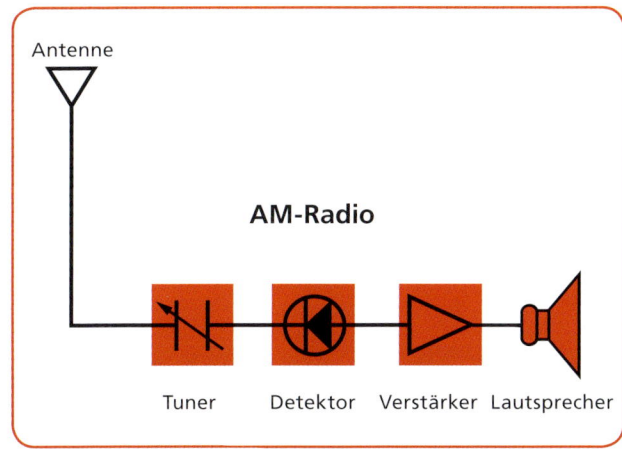

Antenne

AM-Radio

Tuner   Detektor   Verstärker Lautsprecher

zwischen den höchsten Wellenausschlägen). Wenn Sie von einem Radiosender genug haben, wechseln Sie einfach – mit dem Tuner – die Frequenz und hören einem anderen zu.

Die Verwendung von Radiofrequenzen ist gesetzlich geregelt, sodass in einem Gebiet immer nur eine Frequenz für einen bestimmten Zweck verwendet werden kann.

Fernsehen

TV-Bilder und -Klänge werden in elektrische Signale umgewandelt – in der Regel von einer Fernsehkamera oder einem Videorekorder – bevor Sie über Radiowellen oder Kabel gesendet werden.

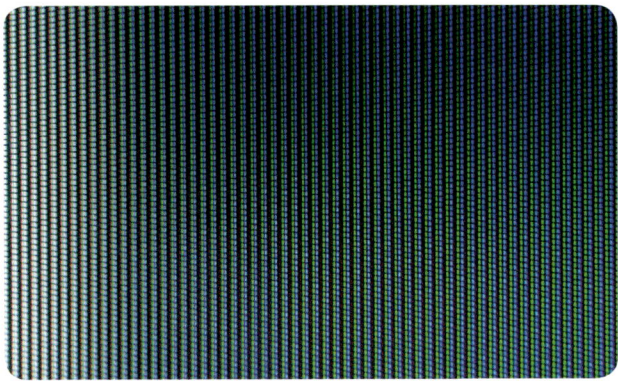

Die elektrischen Signale, die man für TV-Sendungen benötigt, werden genau wie Radiosignale übertragen, auch wenn es zwei separate Signale sind (Bild und Ton). Ein Fernseher hat einen Empfangsteil ähnlich einem Radioempfänger, der die Radiosignale decodiert und wieder in elektrische Signale umwandelt.

Der Ton wird genau wie in einem Radio erzeugt und die Klangsignale zu Lautsprechern geschickt. Ton und Bild werden synchronisiert, damit das Geschehen auf dem Bildschirm realistisch wirkt.

Das Fernsehbild macht sich die Art zunutze, wie das menschliche Gehirn Informationen zusammensetzt. Es besteht aus tausenden winzigen Farbpunkten, und weil sie so winzig sind, kann das Gehirn sie zu einem Bild zusammensetzen. Diese winzigen Bildpunkte werden Pixel genannt.

Die Bewegung am Schirm wird durch eine rasche Abfolge unbewegter Bilder simuliert. Jedes Bild unterscheidet sich etwas vom vorhergehenden, weil sich etwas bewegt hat. Werden diese Bilder schnell genug hintereinander gezeigt, setzt das Gehirn die einzelnen Veränderungen in fortlaufende Bewegung um. Für eine realistisch wirkende Darstellung von Bewegung braucht es mindestes 15 Bilder pro Sekunde. Alles was darunter ist, fängt an zu ruckeln.

Es gibt drei gängige Arten von Fernsehbildschirmen: den Kathodenstrahlröhrenbildschirm (der traditionelle Fernseher), den Plasma- und den Flüssigkristallbildschirm (LCD für Liquid Crystal Display).

Die Röhre

Der Kathodenstrahlröhrenbildschirm besteht aus einer großen Vakuumröhre und einem Bildschirm (das, was Sie sehen). Hinter dem Schirm befindet sich ein Elektronenemitter, der drei Elektronenstrahlen auf den Schirm feuert. (In dem Abschnitt über Elektrizität wird erklärt, was ein Elektron ist.) Die drei Strahlen entsprechen den drei Farben, mit denen das TV-Bild erzeugt wird – Rot, Grün und Blau.

Damit die Elektronenstrahlen kontrolliert über den Bildschirm wandern und ein sinnvolles Bild erzeugen, werden sie von einem veränderbaren Magnetfeld gesteuert.

Der Bildschirm ist mit tausenden winzigen Phosphorpunkten bedeckt, einer chemischen Substanz, die aufleuchtet, wenn sie von Elektronen getroffen wird. Es werden drei Arten von Phosphoren verwendet: eine leuchtet rot, eine grüne und eine blau. Sie sind jeweils in Dreiergruppen zusammengefasst – eines von jeder Farbe –, die ein Pixel bilden. Wie hell ein Farbpunkt aufleuchtet, hängt von der Intensität des auftreffenden Elektronenstrahls ab. Mit den drei Farbpunkten zusammen lässt sich jede Farbe erzeugen.

Um den Bildschirm mit einem Bild zu füllen, rast der Elektronenstrahl in waagrechten Zeilen über den Schirm. Genauer gesagt sind es 625 Zeilen, und da der ganze Bildschirm 25–30mal pro Sekunde ‚beschrieben' wird, bewegt sich der Elektronenstrahl mehr als 15.000-mal pro Sekunde!

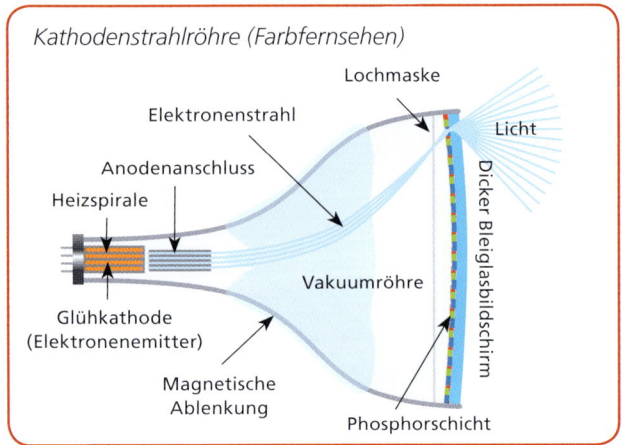

Kathodenstrahlröhre (Farbfernsehen)

Lochmaske

Elektronenstrahl

Licht

Anodenanschluss

Heizspirale

Dicker Bleiglasbildschirm

Vakuumröhre

Glühkathode (Elektronenemitter)

Magnetische Ablenkung

Phosphorschicht

Plasmabildschirm

Plasmafernseher funktionieren nach einem ähnlichen Prinzip wie die Röhren: winzige Phosphorpunkte, zu Pixeln zusammengefasst, werden zum Leuchten gebracht. Allerdings nicht mit einem Elektronenstrahl, sondern mit Plasma. Das Plasma für Bildschirme ist ein Gas, das Licht abgibt, wenn Elektrizität durchfließt.

Der Schirm besteht aus tausenden Phosphorpünktchen, alle in ihrer eigenen, versiegelten, plasmagefüllten Zelle. Ein Netz aus Elektroden verläuft über dem Schirm, und indem man die Stromzufuhr zu den Elektroden genauestens regelt, lässt sich die Menge an Licht, die jede Zelle produziert, kontrollieren – und damit die Farbe jedes einzelnen Pixels. Die Stromzufuhr zu den Elektroden ist computergesteuert angepasst an die Bildsignale aus dem TV-Empfänger. Sie kann für jede einzelne Zelle tausende Male pro Sekunde geändert werden, um das auf dem Schirm dargestellte Bild zu verändern.

LCD-Display

Dafür werden ‚Flüssigkristalle' verwendet, eine Substanz irgendwo zwischen einem festen Kristall und einer Flüssigkeit. Wie beim Plasma-TV besteht auch der LCD-Schirm aus tausenden Zellen, die in Dreiergruppen Pixel bilden. Statt Phosphor und Plasma ist in diesen Zellen jedoch ein Flüssigkristall mit einem roten, grünen oder blauen Farbfilter.

Der Flüssigkristall produziert selbst kein Licht, aber die Menge an Licht, die er durchlässt, lässt sich analog zur Stromstärke variieren. LCD-Displays benötigen daher eine Lichtquelle; in der Regel sind das fluoreszierende Röhren hinter dem Bildschirm.

Auch in diesem Fall kontrolliert ein Computer die Stromzufuhr zu jeder einzelnen Zelle, um die passierbare Lichtmenge zu variieren, was wiederum das auf dem Schirm dargestellte Bild verändert.

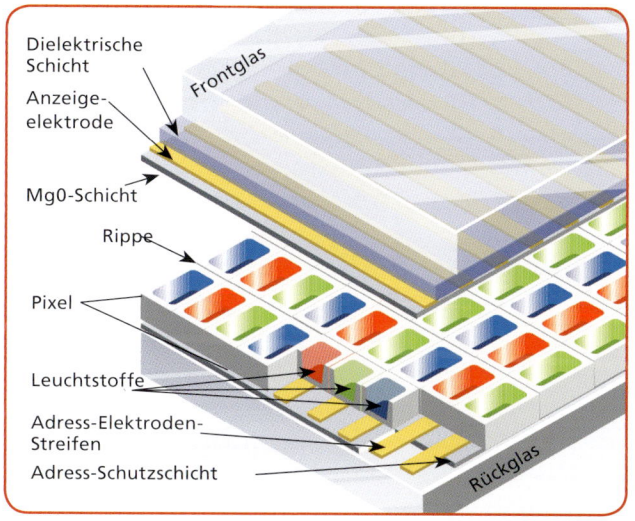

- Dielektrische Schicht
- Anzeigeelektrode
- Frontglas
- Mg0-Schicht
- Rippe
- Pixel
- Leuchtstoffe
- Adress-Elektroden-Streifen
- Adress-Schutzschicht
- Rückglas

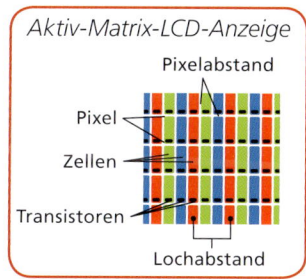

Aktiv-Matrix-LCD-Anzeige

- Pixelabstand
- Pixel
- Zellen
- Transistoren
- Lochabstand

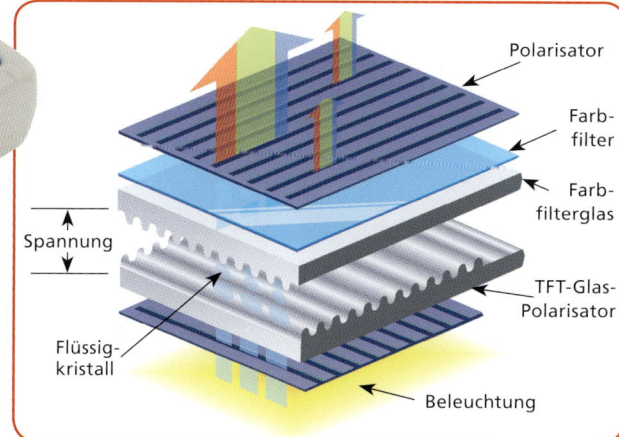

- Polarisator
- Farbfilter
- Farbfilterglas
- TFT-Glas-Polarisator
- Beleuchtung
- Flüssigkristall
- Spannung

Computer

Computer sind Maschinen, die Millionen von Rechenoperationen pro Sekunde durchführen können. Sie brauchen drei Dinge, um arbeiten zu können: Hardware, Software und eine Eingabe.

- Zur Hardware gehört der Computer und seine internen Bestandteile sowie Peripheriegeräte wie Maus, Tastatur, Monitor, Drucker usw.
- Software werden die Programme genannt, die der Computer verwendet, um seine Arbeit zu erledigen.
- Die Eingabe besorgt der Mensch, der den Computer bedient, indem er eine Taste drückt oder einen Mausklick macht.

Das Herz jedes Computers ist die Central Processing Unit (CPU), ein Mikroprozessor, der all die Informationsverarbeitungsschritte durchführt, die nötig sind, damit ein Computer die ihm gestellten Aufgaben erfüllen kann.

Mikroprozessoren führen Kalkulationen unter Verwendung des ‚binären' Zahlensystems durch – in dem es nur die beiden Ziffern ‚0' und ‚1' gibt, um alle Zahlen darzustellen. (In unserem Alltag verwenden wir ‚Dezimalzahlen'.) Um das Binärsystem verstehen zu können, sehen wir uns erst einmal an, wie das Dezimalsystem funktioniert.

Eine Dezimalzahl wie 3.568 besteht aus drei Tausendern (3.000 oder 3 x 10 x 10 x 10), fünf Hundertern (500 oder 5 x 10 x 10), sechs Zehnern (60 oder 6 x 10) und acht Einern (8 oder 8 x 1). Nun das Wichtigste – 1.000 (10 x 10 x 10) lässt sich auch als 10^3 oder ‚zehn hoch drei' schreiben, 100 (10 x 10) als 10^2 oder ‚zehn hoch zwei', und 10 (1 x 10) kann man auch als 10^1 bzw. 1 als 10^0 darstellen. Beginnt man am rechten Ende einer Zahl, steht die erste Ziffer für 10^0, die nächste für 10^1, die nächste für 10^2 und die in unserem Beispiel letzte für 10^3 (es geht – unendlich – weiter). 3.568 ist also:

$$(8 \times 1) + (6 \times 10) + (5 \times 100) + (3 \times 1.000) = 3.568.$$

Genau wie die Zahl, die wir uns gerade angesehen haben, aus Zehnerpotenzen aufgebaut ist, besteht eine binäre Zahl aus Zweierpotenzen. Nehmen wir als Beispiel die binäre Zahl 10010. Wenn wir wieder rechts beginnen, steht die erste Ziffer der Zahl 10010 für 2^0 (die Einerstelle), Ziffer zwei steht für 2^1 oder ‚2' im Dezimalsystem, die dritte Ziffer repräsentiert 2^2 oder 4, die vierte 2^3 oder 8 und die letzte Ziffer ‚zwei zur vierten Potenz' oder 2^4 oder 16 (2 x 2 x 2 x 2). Die Zahl 10010 setzt sich demnach so zusammen:

$$(0 \times 1) + (1 \times 2) + (0 \times 4) + (0 \times 8) + (1 \times 16) = 18.$$

Daran erkennt man, wie sich jede Zahl darstellen lässt – allein mit den Ziffern ‚0' und ‚1'.

Mikroprozessoren sind wirklich komplexe Systeme aus aber-tausenden Schaltungen; die Informationsverarbeitung geschieht durch das Umlegen dieser Schalter. Die Schalter werden über Stromspannung gesteuert. Wenn zwei verschiedene Spannungs-zustände in einem Schaltkreis, in dem sich der Schalter befindet, verwendet werden, können diese beiden Spannungen für zwei verschiedene Zahlen stehen: ‚0' und ‚1' (bzw. ‚Ein' und ‚Aus'). So führt ein Mikroprozessor unter Zuhilfenahme binärer Zahlen Millionen von Rechenoperationen pro Sekunde durch.

Sehen wir uns die anderen wichtigen Computerbestandteile und ihr Zusammenwirken mit der CPU an:

- ■ Netzteil – sorgt für die Stromversorgung.
- ■ Betriebssystem – die Software, die für das grundlegende Funk-tionieren des Computers sorgt.
- ■ Speicher – damit der Computer sich Informationen ‚merken' kann. Es gibt verschiedenste Speichersysteme, aber die beiden wichtigsten sind RAM (Random Access Memory), der Arbeits-speicher für Informationen, mit denen der Computer gerade zu tun hat, und ROM (Read Only Memory), ein Permanent-speicher für die Aufbewahrung von Informationen, die nicht mehr verändert werden.
- ■ Motherboard – Bauteil mit den wichtigsten Schaltkreisen, der CPU, dem RAM und diversen anderen Systemen.
- ■ Festplatte – ein Speicher für die Speicherung großer Informati-onsmengen wie Programmen, eigenen Dateien usw.
- ■ Modem – übersetzt die digitalen Signale eines Computers in analoge Signale, die über eine Telefonleitung gesendet wer-den können.
- ■ Maus – übersetzt die Bewegung Ihrer Hand in Signale, die der Computer verstehen kann.
- ■ Tastatur – übersetzt Anschläge auf die Tasten in Signale, die der Computer verstehen kann.
- ■ Monitor – macht die eingegebenen und ausgegebenen Daten sichtbar.
- ■ Anschlüsse – über die diverse Peripheriegeräte wie Drucker, Scanner, Kameras usw. mit dem Computer verbunden werden können.
- ■ Speichermedien – externe Medien wie CDs, DVDs oder USB-Sticks, auf denen Daten abgespeichert und von denen Daten eingelesen werden können.
- ■ Soundkarte, Grafikkarte usw. – wandeln die digitalen Signale des Computers in Klänge, Bilder usw. um.

All diese Komponenten sind verbunden – die Festplatte ist über Interfaces mit den diversen Peripheriegeräten verbunden, damit ein Datenaustausch möglich ist. Als Interfaces bezeichnet man elektronische Schaltkreise, die der Festplatte und der CPU die Kommunikation mit den Peripheriegeräten ermöglicht.

Internet

Das Internet ist ein Netzwerk aus Netzwerken. Wenn sich Ihr Computer mithilfe Ihres Service Providers (ISP) mit dem Web verbindet, erlangen Sie Zugang zum ISP-Netzwerk, das mit zehntausenden weiteren Netzwerken in Verbindung steht.

Die Millionen Signale, die durchs Internet reisen, werden durch ‚Router' an die richtige Adresse geführt. Router verbinden Netzwerke, indem sie Informationen von einem zum anderen schicken.

Jeder Computer mit Internetanschluss hat eine IP-Adresse (Internet Protocol), die ihn identifiziert. Mithilfe der IP-Adresse können zwei kommunizierende Computer sicherstellen, dass die gesendete Information zum richtigen Computer geroutet wird.

Verlagsleitung	Louise McIntyre
Lektorat	Ian Heath
Gestaltung	Richard Parsons und James Robertson
Illustrationen	Rob Loxston
Technische Zeichnungen	Matthew Marke

THEMA	VERFASSER	FOTOS
EINLEITUNG So werden Sie zum Super-Dad	Andrew Parkinson	istockphoto.com
SPIELZEUGBASTELN Stelzen Alle anderen Themen	Richard Blizzard Andrew Parkinson	R J Coleman James Mann
EINFACH SPASS Alle Themen	Andrew Parkinson	James Mann und istockphoto.com
FERTIGKEITEN Rad fahren Skateboarden Knoten knüpfen Jonglieren	Pete Shoemark Andrew Parkinson Andrew Parkinson Andrew Parkinson	istockphoto.com, Paul Buckland James Mann istockphoto.com istockphoto.com
SPORTLICHE GRUNDLAGEN Alle Themen	Martin Sayers	istockphoto.com
SPIELE Alle Themen	Andrew Parkinson	James Mann, istockphoto.com, alamy.com
TRICKS Alle Themen	Andrew Parkinson	James Mann, istockphoto.com
OUTDOOR-FUN Alle Themen	Andrew Parkinson	istockphoto.com
SPASS IN DER KÜCHE Alle Themen	Maggie Pannell	istockphoto.com, foodanddrinkphotos.com
WACHSENDES VERGNÜGEN Alle Themen	Zia Allaway	Brian North
SACHEN BAUEN Gokart Strickleiter Modellbahnanlage	Steve Rendle Richard Blizzard Robert Iles	Steve Rendle, Paul Buckland R J Coleman Peco publications and publicity
WIE FUNKTIONIERT DAS? Alle Themen	Steve Rendle	istockphoto.com, Ford

Der Verlag dankt allen Mitwirkenden für ihre Beiträge zum Papa-Handbuch, insbesondere Andrew Parkinson für seine Ideen, Zeit und Förderung des Projekts (dem die Tatsache zugute kam, dass er offenbar ein großartiger Vater ist!).